创新型素质教育精品教材

互联网+教育改革新理念教材

大学生创新创业

主审　陈巨红

主编　康潇珊　罗　浩　陈　春

镇　江

内 容 提 要

本书从实用角度出发，采用通俗易懂的语言系统阐述了大学生创新创业的相关知识，旨在全面培养大学生的创新意识与创业信念，提升大学生的创新与创业能力。全书共 9 个模块，内容包括开启创业梦想、修炼创业素质、组建创业团队、捕捉创业机会、掌控创业风险、整合创业资源、设计商业模式、撰写创业计划、开办创业组织。

本书内容全面、形式新颖、案例丰富、深入浅出，具有系统性强、实用性强等特点，可作为高等职业院校创新创业教育课程的教材。

图书在版编目（CIP）数据

大学生创新创业 / 康潇珊，罗浩，陈春主编. -- 镇江 : 江苏大学出版社，2023.7（2024.2 重印）
ISBN 978-7-5684-1975-8

Ⅰ. ①大… Ⅱ. ①康… ②罗… ③陈… Ⅲ. ①大学生－创业－高等职业教育－教材 Ⅳ. ①G647.38

中国国家版本馆 CIP 数据核字(2023)第 025530 号

大学生创新创业
Daxuesheng Chuangxin Chuangye

主　　编 / 康潇珊　罗　浩　陈　春
责任编辑 / 夏　冰
出版发行 / 江苏大学出版社
地　　址 / 江苏省镇江市京口区学府路 301 号（邮编：212013）
电　　话 / 0511-84446464（传真）
网　　址 / http://press.ujs.edu.cn
排　　版 / 三河市悦鑫印务有限公司
印　　刷 / 三河市悦鑫印务有限公司
开　　本 / 787 mm×1 092 mm　1/16
印　　张 / 16.75
字　　数 / 387 千字
版　　次 / 2023 年 7 月第 1 版
印　　次 / 2024 年 2 月第 2 次印刷
书　　号 / ISBN 978-7-5684-1975-8
定　　价 / 45.00 元

如有印装质量问题请与本社营销部联系（电话：0511-84440882）

本书编委会

主　审　陈巨红

主　编　康潇珊　罗　浩　陈　春

副主编　周徐娜　冯宝贵　刘秀清

李珊珊　阳　智　赵　旭

张　建

PREFACE

前言

近年来，“大众创业、万众创新”成为我国社会经济发展的重要引擎。高校作为高层次人才培养的主阵地，担负着培养新时代创新型人才的重任。创新创业教育作为教育现代化的重要组成部分，不仅关系立德树人的教育大计，还与创新型国家战略紧密相关。

为了培养大学生的创新创业能力，使其适应社会的发展，未来能为国家的经济建设做贡献，我们精心编写了这本《大学生创新创业》。本书具有以下几个特点。

- 育人性：党的二十大报告指出，育人的根本在于立德。本书有机融入党的二十大精神，为提升课程铸魂育人效果，所选案例展现了大量创新创业榜样人物的事迹，以引导学生践行社会主义核心价值观，涵养学生奋斗精神、敬业精神、奉献精神、创新精神、工匠精神、法治精神、绿色环保意识等。
- 模块化：本书分为 9 个模块，每个模块由引导案例、理论初识、知识拓展、课堂活动和延伸阅读组成。其中，引导案例通过创新创业故事引出正文，以激发学生的学习兴趣；理论初识、知识拓展的框架设计分别突出基础知识和理论（即是什么、为什么）、基本方法和流程（即做什么、如何做）；课堂活动则让学生及时参与互动，完成技能训练；延伸阅读可以拓宽学生视野，使其思维更加活跃、发散。
- 系统性：本书系统地介绍了大学生创新创业的基本理论与方法，通过整合国内最新研究成果构建内容体系，便于学生更好地学习。
- 实用性：本书突出强调理论联系实际，设置了大量课堂活动，并通过“知识链接”“案例阅读”“提示”等小栏目增强了内容的实用性。同时，本书采用近年来的相关典型案例辅助知识讲解，既便于教师教学，又能加深学生对重点和难点知识的理解。
- 前沿性：本书在进行内容讲解时参考了最新的创新创业政策与相关法律文件，力求为学生提供最新的创新创业知识，便于其更好地进行创新创业实践。

- **可读性：**本书将“互联网+”思维融入教材，学生借助手机或其他移动设备扫描二维码即可获取书中的微课视频，随扫随学，非常方便。

本书由陈巨红担任主审，康潇珊、罗浩、陈春担任主编，周徐娜、冯宝贵、刘秀清、李珊珊、阳智、赵旭、张建担任副主编。在本书编写过程中，编者参考了大量文献资料和网络资料，在此，向这些资料的作者表示诚挚的谢意。由于部分资料来自网络，我们未能确认出处，也暂时无法联系到原作者。对此，我们深表歉意，并欢迎原作者随时与我们联系，我们将按规定支付酬劳。

此外，本书配有优质的教学资源包，读者可以登录文旌综合教育平台“文旌课堂”（www.wenjingketang.com）自行下载。如果读者在学习过程中有什么疑问，也可登录该网站寻求帮助。

由于编者水平和经验有限，书中难免存在疏漏与不当之处，敬请广大读者批评指正。

目录
CONTENTS

模块一

开启创业梦想

内容导读

创业是创业者通过寻找和把握创业机会，为消费者提供产品和服务、为个人和社会创造价值与财富的过程。在创业过程中，考验的是创业者的综合素质和创业精神。同时，创业者还要选择合适的创业模式，了解创业政策。

学习目标

知识目标

- 理解创业的概念、要素和分类，熟悉创业的过程，了解创业的意义。
- 理解创业精神的内涵、作用及培育途径。
- 熟悉创业者应具备的素质及其提升方法。
- 了解创业动机和创业模式的相关知识。
- 了解“大众创业、万众创新”政策和大学生创新创业扶持举措。

能力目标

- 能够分析自身具备的创业素质，发现自身素质的不足并找到有效的提升方法。
- 能够根据实际情况选择合适的创业模式。
- 具备分析和利用创业政策的能力。

引导案例

创业点亮人生，奋斗成就梦想

26 岁的小毛，毕业于江西省某大学商学院，现任上海某实业有限公司总经理。小毛校内外创业 3 次，连续创业多年。这一路走来，他历尽千帆，屡战屡败，却愈战愈勇。怀揣着梦想和初心，他始终坚定这样一个信念——要把更好的产品和服务带给千家万户，要为社会创造更多的价值，要让自己的青春在奋斗中大放异彩。

2020 年 6 月，小毛荣获由江西省高等院校毕业生就业工作办公室主办的“闪亮的日子——青春该有的模样”大学生就业创业人物事迹一等奖。

乘长风破万里浪，有志者奋斗无悔

2013 年，作为一名大二学生，小毛跑去上海注册了公司，开启了他人生中的第 3 次创业。2015 年，他和 3 名同班同学挤在一间出租屋里为生活发愁，为梦想奋斗。2016 年，小毛毕业之际，创业团队规模已扩大到 20 人。几年的时间里，他经历了起起落落，在数次的探索和实践中终于确定了快时尚创业路线。

创业期间，他一直秉持“质量第一，顾客至上”的经营理念，赢得了无数顾客的认可。他了解到，虽然家居市场是每年销售额近 5 万亿元的庞大市场，但是“缺乏设计感、生产周期长、缺乏性价比”是行业发展的三大痛点。于是，小毛带领团队从一款台灯做起，逐步发展到现在 8 大品类、5 000 多款产品，缔造了属于自己的家居版图。小毛成功缔造家居版图的秘诀就在于“三快”：快设计、快制造、快营销，这是目前许多大型家居企业都不能完全做到的事，而这支成员平均年龄只有 26 岁的创业团队做到了。

“自信人生二百年，会当水击三千里”，小毛的团队勇于尝试和探索，将个人使命和时代使命相结合，立志打造顾客最信赖、员工最幸福的平台。

初心不改担使命，心系社会馈恩情

创业道路上，小毛一直心系母校，关心学弟学妹的就业状况，积极和母校开展校企合作，为更多的母校毕业生提供优质平台和机会，与母校一起培养更多的符合社会需求，有责任、有能力、有担当的综合性人才。据统计，目前小毛带动就业人数过万，其中帮助校友 316 人就业，帮助学弟学妹 8 人成功创业。

奋斗不止再进发，争做时代先锋

现如今，小毛的公司拥有收纳、清洁、灯饰照明等 8 大品类、5 000 多款产品；拥有 18 名专业数据分析师，可运用专业模型实时分析消费及生产信息，保证每天近 5 款产品上新；拥有 425 家合作厂家和完善的管理体系，自建 5 000 平方米的自动化仓储和生产基地，47家店铺覆盖全网各大平台；累计服务700多万个家庭。

2018年“双十一”期间，小毛的公司以日销售额500万元的成绩创下淘宝平台小家具销售第一的纪录。2019年，小毛不忘初心，砥砺前行，带领公司取得销售额超2亿元的成绩。2020年，小毛在江西省赣江新区完成了200亩的征地计划，开始建设产业园，积极打造并推动江西电子商务的区块链技术和产业创新发展相融合。小毛立志集好物，目标是在未来3年内每年服务中国上千万个家庭，把产品销往全世界，占领全球市场。

理论初识

一、创业的基本知识

（一）创业的概念

“创业”一词，在《现代汉语词典》中的解释为“创办事业”，而“事业”是指人所从事的，具有一定目标、规模和系统而对社会发展有影响的经常活动；在《辞海》中的解释为“创立基业”，而“基业”是指事业的基础。通过以上解释可以看出，创业的实质是创办事业。这是从广义上理解的创业。

狭义的创业通常是指创业者通过寻找和把握创业机会，投入已有的知识和技能，配置相关资源，创建新企业，从而为消费者提供产品和服务，为个人和社会创造价值与财富的过程。本书所讲的创业是指狭义的创业。

创业包含以下几层含义：

（1）创业是一个创造的过程。

（2）创业的本质在于发掘与利用机会的商业价值，即要认识或创造事物的商业用途。

（3）创业的潜在价值需要通过市场来体现，即市场是实现创业价值的渠道。

（4）创业以追求回报为目的，包括个人价值的实现、知识与财富的积累等。

（二）创业的要素

1. 创业的关键要素

创业的关键要素包括创业机会、创业团队和创业资源。

创业的三大核心要素

（1）创业机会是指创业者可以利用的商业机会。创业机会是创业的起点，创业过程就是围绕着创业机会进行识别、开发和利用的过程。

（2）创业团队是指在创业初期（包括企业成立前和成立早期），由一群才能互补、责任共担、愿为共同的创业目标奋斗的人所组成的特殊群体。

（3）创业资源是指企业在创造价值的过程中需要的特定资产，包括有形资产和无形资产。它是企业创立和运营的必要条件，主要包括创业人才、创业资金和创业技术等。

2．创业各要素之间的关系

我们可以从以下几个方面来认识创业各要素之间的关系：

（1）创业机会是创业的重要驱动力，创业团队是创业过程的主导者，创业资源是创业成功的必要保证。创业过程始于创业机会，而不是创业团队或创业资源。开始创业时，创业机会比强大的创业团队和合适的创业资源更重要。在创业过程中，创业机会与创业资源之间有一个“适应—差距—适应”的动态过程。

（2）创业过程是创业机会、创业团队和创业资源 3 个要素匹配和平衡的结果。创业团队要善于配置和平衡要素，包括对创业机会的理性分析和把握，对创业资源的合理配置和利用，以及对创业团队适应性的正确认识和分析等，以不断推进创业过程。

（3）创业是一个连续不断地寻求要素平衡的行为组合。3 个要素的绝对平衡是不存在的，但创业过程要保持发展，必须追求一个动态的平衡。其间，创业团队必须思考以下几个问题：目前的团队能否领导企业未来的成长？企业面临怎样的资源状况？下一阶段的企业运作与成功面临哪些困难与陷阱？这些问题在企业发展的不同阶段会以不同的形式出现，并会严重影响企业的可持续发展。

案例阅读

快递单上印广告　吸引千万投资

小郭曾就读于四川省某职业学校，因家里生活困难，她便在课余时间找了一份发传单的工作。工作期间，小郭发现，很多人为了尽快发完传单，会将几张传单发给同一个人，还会把发不完的传单丢进垃圾桶，这使得传单的营销效果大打折扣。

如何让一份传单被更多的人看到呢？小郭想到了快递单。如今，网络购物的人很多，如果将广告印在快递单上，至少能保证送件员和收件人可以看到。同时，广告投放商也可以很便捷地查询投放广告的有效数量。

当晚，小郭便就该创业点子与同学李某进行了交流。次日，她们又召集了两名女同学讨论，大家一致认为这个创业点子很好。之后，这 4 名女生又找了些同学，组建了 10 余人的创业团队。他们将团队成员分成两组：一组负责联系快递公司，以免费提供快递单为条件，换取快递单上的广告位；另一组则去寻找愿意在快递单上做广告的商家。

半个月过去了，虽然有几家快递公司愿意合作，但是他们仍没找到愿意投放广告的商家。一些同学开始有了放弃的念头，小郭也开始怀疑自己的创业模式。

这段时间，小郭正试图与一家网上售卖零食的食品公司合作。连续一周，她每天都会给这家公司的前台打电话，但对方均以“相关领导不在”婉拒了小郭。后来，她乔装成快递员，将“快递单广告”的宣传资料放在信封内，让该公司前台转交给相关领导。

等待一周后，该公司领导终于与她联系了。见面交流后，该公司支付 8 000 元买下了快递单上的两个广告位。首笔订单不仅解决了团队的资金问题，而且给团队带来了巨大的精神鼓励。

后来，这个年轻的创业团队遇到了一位年长的投资人李哥。“我打算投 1 000 万元给这个项目。”李哥表示。他非常看好“快递单广告”项目。他认为，这群学生提供了很好的创业点子，虽然他们欠缺社会经验，但可塑性很强，且有创业激情，所以他愿意与他们合作。

小郭团队创业两个月时，已有 11 家快递公司与其合作，50 多个商家投放广告，营业额达到了 95 万元。某快递公司分部经理表示，该分部每天的同城快递约有 2 000 份，每张快递单的成本为 3 角钱，使用小郭团队免费提供的快递单后，该分部每天能节约 600 多元成本；投放广告的某商家表示，网购人群以年轻白领居多，正是他们的目标客户群，所以广告投放效果不错，每天能增加 30～40 个订单。

（三）创业的分类

1. 按创业动机划分

按创业动机划分，创业可分为机会型创业与就业型创业。

（1）机会型创业：指创业的出发点并非谋生，而是为了抓住和利用市场机遇。它以市场机会为目标，能创造出新的需求或满足潜在的需求，因而会带动新的产业发展，而不是加剧市场竞争。

（2）就业型创业：指创业者为了谋生而走上创业之路。这类创业是在现有的市场上寻找创业机会，并没有创造新需求，大多属于尾随型和模仿型创业，因而往往难以做大做强。

把握时代需求，开辟专创融合新天地

湖南某旅游职业学院 2013 届高尔夫球运动与管理专业毕业生李某飞，受高尔夫行业快速发展的鼓舞，与一群热爱高尔夫并有多年高尔夫行业经验的团队成员秉持“倡导健康运动，传播高尔夫文化精神”的理念创办了广州某体育科技有限公司。在此之前，李某飞已经连续创业多年，始终耕耘在高尔夫行业。

李某飞本身就是高尔夫运动爱好者，在学校期间，他通过专业学习逐渐体验到高尔夫运动的魅力所在，还代表湖南省参加了高尔夫比赛。就是在此期间，他的心中萌生了向全民普及高尔夫运动的想法。毕业后，李某飞就与搭档联合创办了一家高尔夫运动培训公司。很多人认为高尔夫运动是一项“高大上”的神秘运动，其实这项运动在国外已经很普及了。因此，李某飞和搭档想通过自身的努力，让更多的人了解和熟悉高尔夫运动。

李某飞表示，高尔夫运动是一项既有竞技性又有健身功效的运动，虽然该运动在我国的发展起步较晚，但发展速度却很快。随着我国经济的迅猛发展，人们对美好生活的不断追求、消费观念的转变，以及高尔夫行业的日趋规范和完善，高尔夫行业发展的空间会越来越大。未来，高尔夫运动会被越来越多的中国人接受，必将呈现出加速发展的趋势。

李某飞敏锐地察觉到这一时代需求，借助互联网新媒体，以高尔夫运动为载体，深耕高尔夫教学领域，打造“线上+线下，户外+室内，理论+实践”的商业运营模式，搭建了高尔夫商务共创共享平台，努力推动高尔夫运动在我国的发展。李某飞说：“可以与志同道合的朋友一同把热爱的运动作为一项事业去发展是非常难得的，但同时也很有挑战性。当前，国家鼓励创新创业，很多人未出校门就想着创业，但苦于没有好的想法。我建议从自身的专业出发，开辟出一片专创融合的新天地。”

提　示

虽然创业动机与主观选择相关，但创业者所处的环境及其所具备的能力对于创业动机类型的选择起决定性作用。因此，通过教育和培训来提高创业能力可增加机会型创业的数量，不断开辟新的市场，减少同质化、低水平竞争。

2. 按创业起点划分

按创业起点划分，创业可分为创建新企业与企业内创业。

（1）创建新企业：指创业者个人或团队从无到有地创建出全新的企业组织。这个过程充满挑战，创业者的想象力、创造力可得到最大限度的发挥，但风险和难度也很大，创业者往往缺乏足够的资源、经验和支持。

（2）企业内创业：指在现有企业内的有目的的创新过程。企业流程再造本质上也是一种创业行为。企业内创业是动态的，只有通过二次创业、三次创业乃至连续不断的创业，企业的生命周期才能不断地在循环中延伸。

3. 按创业者数量划分

按创业者数量划分，创业可分为独立创业与团队创业。

（1）独立创业：指创业者个人独立创办企业。其特点在于产权归创业者个人独有，企业由创业者个人完全掌控；但创业者要独自承担风险，创业资源整合也比较困难，并且受个人才能的限制。

（2）团队创业：指与他人共同创办企业。其优劣势正好与独立创业相反。

4. 按创业项目性质划分

按创业项目性质划分，创业可分为传统技能型创业、高新技术型创业和知识服务型创业。

（1）传统技能型创业：指使用传统技术、工艺的创业项目。独特的传统技能具有永恒的生命力，尤其是在酿酒、中药、工艺美术品、服装与食品加工等与人们日常生活紧密相关的行业中，许多现代技术都无法与之竞争。

（2）高新技术型创业：指知识密集度高，具有前沿性、研究开发性的新技术、新产品项目，如航天等高新技术领域的成果转化项目。

（3）知识服务型创业：指为人们提供知识、信息的创业项目。当今社会，信息量越来越大，知识更新越来越快，各类知识性咨询服务机构不断增加，如律师事务所、会计师事务所、管理咨询公司、广告公司等，这类项目投资少、见效快，竞争也日渐激烈。

5．按创业方向或创业风险划分

按创业方向或创业风险划分，创业可分为依附型创业、尾随型创业、独创型创业和对抗型创业。

（1）依附型创业：一是依附于大企业或产业链，为其提供配套服务，如专门为某个或某类企业生产零配件，或生产、印刷包装材料等；二是使用特许经营权，如加盟连锁店等。

（2）尾随型创业：指模仿他人创业，“学着别人做”。其特点一是短期内只求能维持下去，随着学习的深入，再逐步进入强者行列；二是在市场上拾遗补阙，不求独家承揽全部业务，只求在市场上分得一杯羹。

（3）独创型创业：指企业提供的产品或服务能够填补市场空白。独创型创业也可以是旧内容、新形式，如产品销售送货上门，其经营的产品并无变化，但在服务方式上有所变化，也能更具竞争力。

（4）对抗型创业：指创业者进入其他企业已形成垄断地位的某个市场，与之对抗较量。这类创业风险最高，必须在知己知彼、科学决策的前提下，抓住市场机遇、乘势而上，把自己的优势发挥到极致。

6．按创新内容划分

按创新内容划分，创业可分为基于产品创新的创业、基于营销模式创新的创业和基于组织管理体系创新的创业。

（1）基于产品创新的创业：指基于技术创新或工艺创新等产生了新的产品和消费群体，从而导致创业行为的发生。例如，将原来的玻璃杯做成紫砂杯，甚至紫砂保温杯，可以使品茶爱好者买到中意的茶杯。

（2）基于营销模式创新的创业：指采取有别于其他企业的市场营销模式，让消费者获得更高的满足度。零售店的开架销售模式就是最典型的例子，从中进一步开发出的连锁超市模式，更是日用商品零售端的革命性变革。

（3）基于组织管理体系创新的创业：指采取有别于其他企业的组织管理体系，从而更高效地实现产品的商业化和产业化。例如，采用事业部制组织结构既保留了直线职能制组织结构的优点，又使得组织的管理和控制规模得到较大的扩展，在一定程度上抵消了“大企业病”对组织的危害。

 知识链接

创业者的含义和分类

创业者的含义分为狭义和广义两个方面：狭义的创业者是指参与创业活动的核心人员；广义的创业者是指参与创业活动的全部人员。一般情况下，在创业过程中，狭义的创业者会比广义的创业者承担更多的风险，也会获得更多的收益。

按照创业目标的不同，创业者可分为以下 3 种类型：

（1）谋生型创业者。这类创业者绝大部分是以较少资金起步的，创业范围一般局限于商业贸易领域，也有少数从事实业，但多为规模较小的加工业。

（2）投资型创业者。这类创业者已经拥有一定经济基础与实力，他们的创业目标主要是获取更大的经济回报。

（3）事业型创业者。这类创业者把实现自己的人生理想作为创业目标，把创业企业当作自己毕生的事业。这类创业者成就意识很强，不甘于为别人打工，愿意为理想放弃一份稳定的工作。

（四）创业的过程

创业的过程是从产生创业想法到创建新企业并获取回报的整个过程，通常包括以下 6 个主要环节。

1. 产生创业动机

创业动机是创业者创业的原动力，它能够推动创业者去发现和识别市场机会。创业活动的主体是创业者，创业活动能否开展首先取决于个体或团队是否希望成为创业者。同时，创业动机不仅仅是创业者打算创业的一时兴起，更是其对创业目标与预期收益的深思熟虑。

2. 识别创业机会

识别创业机会是指创业者对可能成为创业机会的诸多事件的分析和对创业预期结果的判断。国家产业政策的调整、新技术的出现、人口和家庭结构的变化、人们物质需求和精神需求的变化、流行时尚的变化等都可能带来创业机会。创业者应具有敏锐的观察力，及时、准确地识别创业机会，并对创业机会进行评估和筛选。

识别创业机会

3. 整合有效资源

资源是创业的基础条件，整合资源是创业者开发机会的重要手段。之所以强调资源整合，是因为创业者可以直接控制的可用资源往往很少，许多创业者都需要白手起家。创业

者需要整合的资源包括人力资源（如合作者、雇员等）、财务资源、技术资源等。

4．创建新企业

创建新企业需要进行大量的准备工作。其中，创业计划、创业融资和注册登记尤为关键。创业想法能否变成现实，关键看创业者能否制订一个周密的创业计划；资金短缺往往是制约企业发展的“瓶颈”，因此创业融资在企业的创建过程中起着至关重要的作用；创业者完成创业计划并获得融资之后，就可以按照法定程序注册登记，包括确定企业的组织形式、设计企业名称、向市场监督管理机关提出企业登记注册申请、领取营业执照等。

5．实现机会价值

创业者整合资源、创建新企业的目的是实现机会价值。在创业过程中，确保新创建的企业得以生存是创业者必须面对的挑战。同时，创业者更应认识到企业若不成长，就无法生存得更好，在激烈的竞争环境中尤其如此。因此，创业者必须了解企业成长的一般规律，预见企业在不同成长阶段可能面临的问题，以便采取有效措施予以防范和解决，使机会价值得到充分实现，同时应不断地开发新的机会，把企业做活、做大、做强。

6．收获创业回报

追求创业回报是创业者开展创业活动的目的。创业回报可以是多种多样的，创业者对创业回报的满意度在很大程度上取决于其创业动机。有调查显示，部分创业者的创业动机首先是自己当老板，然后才是追求财富。对于这些人来说，当老板的感受就是一种创业回报。

大学生创业与就业的差别

所谓大学生创业，是指大学生在学习期间创办事业或毕业后不选择就业而直接成立公司创业。这是大学生主动参与社会竞争的一种尝试。创业与就业是大学生寻求出路的两种完全不同的方式，主要有以下几个方面的差别：

（1）担当的角色差异。创业者与就业者在企业中的地位、肩负的责任和使命均有较大差异。创业者通常处于新创企业的高层，在企业实体的创建过程中，创业者始终是负责人，始终参与其中；而就业者通常处于企业中低层，到达高层需要一个过程，同时也不需要对企业的成长负责，只需要做好本职工作就可以了。

（2）要求的技能差异。创业者通常需身兼多职，既要有战略眼光，也要有具体的经营技能，因此要求其具备相当全面的知识和技能；就业者通常具备一项专业技能即可开展自己的工作。

（3）收益与风险差异。就业的主要投入是数年的教育成本，而创业除了投入教育成本外，还包括前期准备中投入的人力、物力和资金成本。一旦失败，就业者并不会丧失教育成本，但创业者会损失在创业前期投入的几乎一切成本。而一旦成功，就业者只能获得约定的工资、奖金及少量的利润，创业者则会获得大多数经营利润。

（4）依赖因素的差异。就业很大程度上依靠企业实体，但创业主要依靠自身的经验、学识与财力，以及各种需求和资源占有等。

（五）创业的意义

1．创业对社会的意义

就整个社会而言，创业不仅可以缓解就业压力，还可以推动社会进步，增强经济活力，加速科技创新。

（1）创业是社会就业的扩容器。就业是民生之本，是人民改善生活的基本前提和基本途径。我国有 14.1 亿人口，就业压力非常大。目前，中国的改革已进入攻坚阶段，产业结构正进行优化和调整，在这个重大社会转型期，就业矛盾更加突出。没有全社会广泛的创业活动，就业问题将直接影响我国社会经济的发展进程与和谐社会的建立。

（2）创业是社会进步的推动器。创业是将创造性概念带进组织的一种形式，其核心就是创新，包括技术创新、组织创新、管理创新和制度创新。实际上，我国的企业制度创新就是从中小企业开始的，体制改革也是首先以中小企业为实验田的。

创业繁荣了市场，丰富了人们的生活，提高了人们的生活质量。大量的新创中小企业利用其灵活的机制，通过“多品种”“小批量”的个性化服务，以及参与垄断行业和新兴产业领域的竞争，激发了市场活力，促进了市场竞争和社会进步。

（3）创业是科技创新的加速器。当前中国经济结构调整的重点是发展高新技术产业和进行传统产业的升级改造。而创业过程中往往会有新技术、新产品、新工艺、新方法进入市场，这对加速中国科技创新发展和提高综合国力有着巨大的促进作用。

（4）创业促进了全新成才观的形成。大学生创业观的出现，对传统的成才观造成了猛烈的冲击。在新的社会环境中，大学生对未来的选择日趋多元化，创业也可以作为未来的就业选择，这势必对大学生的学习生活产生深远的影响。他们将重新设计自己的成才道路，并为成才做好应有的准备。

可以这样说，虽然最终选择自主创业的学生只是少数，但通过创业教育使大学生树立创业意识比创业本身更有意义。因为在创业意识的推动下，大学生将更加重视自身素质的提高和完善，从而促进了自我发展。

2．创业对个人的意义

创业是实现人生理想和价值、获得自身全面发展的有效途径。创业对创业者自身来说具有以下重要意义：

（1）充分发挥自己的才能。许多上班族之所以感到厌倦、积极性不高，重要原因之一是个人的创意得不到肯定，个人的才能无法充分发挥，工作缺乏成就感；而自主创业则可以使其完全摆脱原有的种种羁绊，充分施展自己的才华，发挥自己的最大潜能。

（2）享受过程，激励人生。在创业过程中，创业者会时刻面临诸多困难和挑战，也会发现很多机遇。通过不断战胜这些困难和挑战，创业者将会变得更加坚强、自信，从而体会到工作、生活的美好。

二、创业精神与创业素质

（一）创业精神的内涵和作用

1. 创业精神的内涵

创业精神是创业者在创业过程中重要行为特征的高度凝练，主要表现为勇于创新、敢于担当、甘冒风险、团结合作、坚持不懈、诚实守信等。

（1）创新是创业精神的灵魂。创业精神中的创新，就是将新的理念和设想通过新的产品或服务、新的流程、新的市场需求有效地融入市场，进而创造出新的价值或财富。缺乏创新，就不会有新企业的诞生和小企业的成长壮大。

（2）冒险是创业精神的天性。没有甘冒风险和勇担风险的魄力，就难以成为创业者。中外无数创业者虽然成长环境、成长背景和创业机缘各不相同，但绝大多数都是在条件极不成熟和外部环境极不明晰的情况下，敢为人先，勇于做“第一个吃螃蟹的人”。

（3）合作是创业精神的精髓。社会发展到今天，行业分工越来越细，没有人能独自完成创业所需要的所有事情。真正的创业者都是善于合作的，而且还能将这种合作精神传递给企业的每个员工。面临困境时，团队成员能团结一心，“心往一处想，劲往一处使”。

（4）执着是创业精神的本色。创业的道路是坎坷的，选择了创业就是选择了面对更多困难、迎接更多挑战，而创业精神就体现在战胜困难与挑战的过程中。因此，创业者必须坚持不懈，只有知难而进，在战胜困难中学会成长，才能抓住属于自己的机会。

2. 创业精神的作用

创业精神能够激发人们进行创业实践的欲望，是一种内在的动力机制。它在很大程度上决定着一个人是否敢于投身创业实践活动，支配着人们对创业实践活动的态度和行为，并影响着态度和行为的方向及强度。

具体来讲，创业精神可渗透到 3 个领域并产生作用：一是个人成就的取得，即个人如何创建自己的企业；二是企业的成长，也就是企业如何使其整个组织持续焕发创业精神，创造更高速的成长，从而具有更强的竞争力；三是国家的发展，也就是如何实施创新驱动发展战略，使国家更富强、人民更幸福、社会更和谐。

创业精神能够帮助个人、企业乃至整个国家或地区，在面对错综复杂的竞争环境时走向成功。当前，世界产业结构正在发生转变，弘扬创业精神有利于促进我国经济持续健康快速发展。

（二）创业者应具备的素质

现代社会，竞争日趋激烈，创业者能否在竞争中占据优势、成功创业，主要取决于其所拥有的各种素质。

创业者应具备哪些素质

1．心理素质

（1）独立自主。创业者要有独立自主的个性心理。独立自主主要体现在以下几个方面：① 抉择自主，即在选择职业发展方向、创业目标时，有自己的见解和主张；② 行为自主，即在行动上不受他人的影响和支配，能将自己的想法、主张和决策贯彻到底；③ 行为独创，即能够开拓创新，不因循守旧、步人后尘。

（2）自信乐观。创业也许很顺利，也许充满荆棘。但不管怎样，对于一个创业者来说，首先要自信乐观，要相信自己的选择是正确的，相信自己能成功。自信乐观是事业和人生成功的基础，一个对自己有信心、拥有积极心态的人，在未来的生活中才能承受更多的压力和挫败。

（3）敢于冒险。在市场经济的大潮中，机会与风险并存。要想创业成功，就必须敢闯敢干、不怕失败，胆小怕事、不敢冒险的人是把握不住稍纵即逝的市场机遇的。但是，敢于冒险绝不意味着冒进、蛮干，创业者必须能对市场机会，如投入与风险大小、盈亏平衡点、所需条件等进行全面、科学的分析。

（4）顽强执着。顽强执着是创业成功的保证。一般来说，创业之路都充满着艰辛，创业者除了会面对种种困难，还经常会面对一次次的失败。如果创业者没有顽强执着的精神，创业活动极可能半途而废。纵观每一个成功的企业，都是在创业者顽强执着的努力下，经历了一次次的失败，最终带领员工摆脱逆境而取得成功的。

2．道德素质

（1）诚实守信。诚实守信就是“诚实无欺，信守诺言，言行相符，表里如一”。诚实守信不仅是为人处世的基本准则，而且是企业安身立命之本。在创业过程中，诚实待人、守信誉、重承诺是创业者的“金名片”，也是其参与各种商业活动的竞争利器。

（2）责任心强。责任心是一个人对自己、对家庭、对企业乃至对社会主动担负责任的意志和品质。责任心是创业成功的基础，责任心强的人，会在工作中表现出成熟的举动和行为，会尽自己最大的努力来履行自己的职责。在开创人生事业的时候，我们既需要对自己负责任，也需要对企业员工负责任，还需要对社会负责任。

（3）守法律己。守法律己是指创业者要严格依据法律法规来创办和经营企业，不从事违法活动，不实施与法律相对抗的行为。市场经济也是法治经济，创业者不仅要经受市场经济的考验，还要接受法律法规的制约。倘若创业者不依法经营和管理企业，不仅会使个人身败名裂，还会给企业带来灭顶之灾。只有提高自己的法律意识，遵纪守法，企业才能得到良好和持久的发展。

（4）勤劳节俭。俗话说："成由勤俭败由奢。"勤劳节俭一直是中华民族的传统美德，也是永远不会过时的优良品质。对于创业者，尤其是那些白手起家的创业者来说，勤劳可以创造财富，节俭可以聚集财富。坚守勤劳节俭的美德，有助于提高企业的经营效率，降低企业的生产成本。

3. 专业素质

（1）专业能力。专业能力是指企业中与经营方向密切相关的主要岗位或岗位群所要求的能力。创业者应具备的专业能力具体体现在两个方面：① 企业中主要岗位的必备专业知识和技能；② 理解和接受与所办企业经营方向相关的新技术的能力。

通常来说，创业者在工作中不需要面面俱到，但是扎实的专业知识、精湛的专业技能却是保证自己在业内游刃有余的必备条件。尤其是在竞争激烈的今天，没有过硬的专业能力，就无法带领队伍创造出能充分满足市场需求的产品和服务。例如，要创办一家软件开发公司，倘若创业者自身不懂软件，那么他不仅控制不了产品质量，还容易使队伍朝着错误的方向前进。

（2）社交能力。创业者在从事经济活动时，不仅要与消费者、雇员打交道，还要与供应商、金融机构、本行业同仁打交道，更要与各种管理部门打交道。因此，创业者必须有较强的社交能力。社交能力在很大程度上决定了创业者的人脉资源。一个创业者如果不能在短时间内建立起广泛的人际网络，那么他的创业就可能会非常艰难。

（3）管理能力。企业的成功离不开创业者的管理能力。管理能力是指对人员、资金的管理能力，它既包括人员的选择、使用、组合和优化，也包括资金的聚集、核算、分配、使用和流动。管理能力是一种较高层次的综合能力，创业者管理能力的形成要从学会经营、学会管理、学会用人、学会理财几个方面去努力。

（4）创新能力。创新是知识经济的主旋律，是企业化解外界风险和取得竞争优势的有效途径。创新能力包括两个方面的含义：一是大脑活动的能力，即创造性思维、创造性想象、独立性思维和捕捉灵感的能力；二是创新实践的能力，即在创新活动中完成创新任务的工作能力。创新能力也是一种综合能力，与创业者的知识、技能、经验、心态等有着密切的关系。

三、创业动机与创业模式

（一）创业动机的概念及分类

1. 创业动机的概念

创业动机是指创业者由于个体内在或外在的需要，而在创业时表现出来的目标或愿

景。它内源于创业者个体的心智与教育成长环境，是个体在综合自我、环境、价值、目标等诸多因素之后所形成的内在的、个人的初始动力，是创业的开始，也是创业最基本的驱动力。创业动机常常决定着创业者的行业选择、目标定位等具体取向。

2. 创业动机的分类

根据需求层次理论，创业动机可分为以下 5 类：

（1）生存的需要。生存是人类的第一需要。为了谋生，有些人会选择自己创业，如工人、农民、学生等，这些人占中国创业者的绝大部分。

（2）谋求发展的需要。当生活有了基本保障后，有些人会谋求进一步的发展，并为此而走上创业之路。

（3）获得独立的需要。有些人不愿意替别人干活，而喜欢自己当老板，自己选择商业伙伴和确定业务内容，自己决定工作时间、薪水和休假。这类人不愿意到企业就业，而自愿走上自主创业之路，目的就是通过创业使自己获得更大的独立和自由。

（4）赢得尊重的需要。有的人放弃高薪工作而去创业，是为了更加受人尊重，想通过自己的能力去打造属于自己的领域，获得较高的社会地位。

（5）实现人生价值的需要。任何社会都有一些具有崇高思想境界的人，这类人以改造社会、造福人类为己任，把贡献社会作为实现自我人生价值的目标。

（二）常见的创业模式

俗话说：“他山之石，可以攻玉。”了解常见的创业模式，对大学生创业者选择适合自己的创业模式非常重要。常见的创业模式有创办新企业、收购现有企业、依附创业、SOHO 创业、兼职创业等。

1. 创办新企业

创办新企业是创业的典型模式，即将创意发展为高成长性企业。与其他创业模式相比，创办新企业所面临的工作要更多一些。例如，创办新企业要经过工商注册登记，为企业选择合适的组织形式（个人独资、合伙等）、地址，组建管理团队，办理税务登记等。但同时，拥有属于自己的企业的成就感是其他创业模式所无法比拟的。

2. 收购现有企业

收购现有企业是目前常见的创业模式之一，主要包括两种方式：一是接手别人的企业；二是收购企业后对其进行重组、转卖。收购现有企业之前，要对预收购企业进行全面评估，深入了解收购可能带来的负面影响，如资产负债高、商誉不佳、产品利润率低等。如果有办法控制或降低这些风险，有把握改善收购企业的经营局面或通过业务转型实现收购企业的超常发展，或者发现了其资产的价值空间，就可以进行收购。

3. 依附创业

依附创业包括特许经营、代理经销等，是创业模式中内容最丰富的一种。这种创业模式不需要创业者去开发创意和新产品，只需要创业者关注市场营销问题。

（1）特许经营。特许经营是指特许人（即盟主）将自己所拥有的商标（包括服务商标）、商号、产品、专利（专有）和专有技术、经营模式等以合同的形式授予被特许人（即加盟商）使用，被特许人按合同规定，在特许人统一的业务模式下从事经营活动，并向特许人支付相应的费用。

① 特许经营的类型。特许经营主要有以下 3 种类型：

一是生产特许。在该类特许经营中，加盟商要自己投资建厂，并使用盟主的专利、技术、设计标准等加工或制造取得特许权的产品，然后向批发商或零售商出售。该类加盟商通常不与最终用户（即消费者）直接联系。

二是产品和品牌特许。在该类特许经营中，加盟商仍保持其原有企业的商号，只是单一地或在销售其他商品的同时销售盟主生产并取得商标所有权的产品。此类型通常适用于零售商，主要流行于汽车、加油站、电器、化妆品及珠宝首饰等行业。

三是经营模式特许。在该类特许经营中，加盟商有权使用盟主的商标、商号名称、企业标识及广告宣传，完全按照盟主的模式来经营；加盟商在公众中完全以盟主企业的形象出现，盟主对加盟商的内部管理、市场营销等方面具有很强的控制。该类特许经营逐渐成为当今主导的模式，它集中体现了特许经营的优势，目前在很多行业迅速推广，如快餐食品、酒店、汽车租赁等服务性行业。

以上 3 种特许经营类型的比较如表 1-1 所示。

表 1-1　3 种特许经营类型的比较

特许经营类型	授权主要内容	特许人特征	特许人战略控制	加盟商获利来源	主要应用领域
生产特许	商标/标志、专利、生产技术、产品生产权、产品分销权	强势品牌、专利和专有技术持有者	专利、专有技术、原材料等	生产利润、分销利润	生产制造领域
产品和品牌特许	商标/标志、产品分销权	品牌制造商	货源、价格	分销利润、零售利润	商品流通领域
经营模式特许	经营模式、视觉形象、运营管理系统、产品分销权	拥有全面自主知识产权的企业	全面统一管理：品牌、经营计划、选址、配送、促销、价格、管理制度等	服务利润、零售利润和财务利润	服务领域、商品流通领域

② 特许经营的步骤。特许经营创业的成败与盟主的品牌和支持力度密切相关，加盟商可以通过以下 3 个步骤来进行特许经营模式的创业：

一是选择行业。加盟时要尽量选择自己熟悉的领域，或者至少是自己感兴趣的领域。每个行业都有自身的特点。例如，餐饮业的毛利高、分类细，其中火锅、快餐相对容易复制，中西式正餐较复杂；美体健身行业的装修、器械成本高，且不同商家的服务同质性较

高。加盟商多是中小投资者，本身有一定的资金压力，因此要根据自己期望的资金回报率来选择行业。

二是选择盟主。加盟商可以从以下6个方面对盟主进行考察：看直营店，好的品牌一定会先把直营业务做强做大；看店的统一性，如陈列、面积、服务态度等；看重复加盟商的数量和比例，加盟商之所以开第二家店、第三家店，是因为第一家店能够盈利，所以重复加盟体现了可复制性；看同店增长率，通过是否推出新产品，判断其是否具有让老店盈利持续增长的能力；看特许经营合同，合同越详细越好；看盟主的品牌数量，最好选择专注经营单一品牌的盟主。

三是维护好双方关系。加盟意味着双方要维持长久的合作关系，因此要有协议对经营的各个方面进行详尽约定，对各种情况加以明确，避免日后产生纠纷。此外，加盟商使用盟主的特许经营资源、商标、视觉形象时，要有维护品牌的意识；要认同盟主的经营理念，但也可以经盟主同意后，根据当地的情况做一些有特色的服务或宣传创新。

加盟连锁便利店

某连锁便利店是世界上最大的便利店特许经营组织。该连锁便利店自1992年起，就以自营的方式在深圳开展业务，并以出售区域特许权的方式在中国开展特许经营业务。

为分店着想的特许经营制度

该连锁便利店的店铺营业面积统一规定为100平方米左右；店铺的商品构成为食品75%，杂志、日用品25%；店铺的商圈为300米，经营品种达300种，都是比较畅销的商品；店铺内部的陈列布局由总部统一规定、设计。另外，总部每月会向分店推荐80个新品种，给顾客以新鲜感。

该连锁便利店成功的特许经营制度包括以下内容：

（1）培训受许人及其员工。为了使受许人适应最初的经营，消除他们的不安和疑虑，在新的特许经营分店开业之前，总部会对受许人进行课堂训练和商店训练，使其掌握POS系统的使用方法、接待顾客的技巧、商店的经营技术等。另外，总部还会应分店店主的要求，围绕商品管理、顾客接待等内容，对员工集中进行短期的基础培训，以提高其业务能力。

（2）合理进行利润分配。总部将毛利额的57%分给24小时营业分店（16小时营业分店则分得35%），其余为总部所得。分店开业5年后，可根据实际的经营情况，按成绩增加1%～3%，当作对分店的奖励。如果毛利额达不到预订计划，分店仍可以得到一个最低限度的毛利额，以保证其收入。

（3）给予多项指导。总部为分店提供开业前的市场调查服务，并从经营技巧培训、人才的招募与选拔、设备采购、配货等方面为分店提供支持。此外，总部还指导分店的日常经营、财会事务等工作，负责向分店提供各种现代化的信息设备及材料等。

加入连锁便利店体系的程序

（1）总部接待潜在受许人。负责接待的总部人员为了能使来访者成为受许人，须向他们仔细介绍公司特许权的情况，并与之认真协商。

（2）介绍便利店的详细情况。具体包括：① 调查店址，为确定某一地址能否作为分店经营场所，总部要进行商圈、市场等方面的详尽调查，并将搜集的数据认真加以分析、研究；② 说明特许合同的内容，就特许权的各项内容和规定，向申请人逐条解释说明；③ 签订特许合同，在申请人充分研究业务内容和合同内容并决定加入后，正式签订合同。

（3）商店的设计与装修。设计部门详细研究受许人的经营对策后，设计分店装修方案。

（4）签订建筑承包合同。分店设计装修完成后，总部负责介绍建筑施工公司，并负责签订建筑承包合同，同时协助分店进行融资。

（5）准备开业。在建筑公司施工的同时，订购各种设备和柜台，并进行店内布局设计和促销准备工作。

（6）店主培训。针对开业所必需的准备事项、计算机系统的操作管理、店铺运营技巧等方面，对店主进行培训指导。

（7）开业前的进货及陈列。总部有关人员亲临分店，选择供应商，提供进货信息，传授陈列技巧。

（8）交钥匙。在开业前一天，将分店的钥匙与竣工证书一同交给分店店主。

（9）开业。通过各种途径发放开业的广告宣传品。

（10）开启信息系统。连通分店的计算机终端与总部的主机，以便于总部指导和支持分店运营。

（11）现场支持人员对各分店进行巡回指导，对巡回过程中发现的经营问题及时协助分店解决。

（2）代理经销。代理经销也是一种常见的创业模式。要弄清楚这种模式，创业者首先要理解代理商、经销商与分销商的基本概念。

代理商是代理厂家打理生意，由厂家授权在某地区销售某种产品的商户。代理商不需要买断厂家的产品，对产品的销售价格无自主权，所代理产品的所有权仍属于厂家。成为代理商的条件比较苛刻，但代理商无须承担产品无法售出的风险，甚至无需很大的资金投入。

经销商是经营某种产品的商户。其一般与厂家签订销售合同，并预付一定的保证金

（或货款的一部分甚至全部）。产品销售价格一般由经销商自己决定，厂家不直接干预价格的设定，也不对产品销售情况的好坏承担责任，最多只对质量有问题的产品予以退换，其余问题一概由经销商负责。经销商的利润来源于进销差价，利润空间较大，但风险也较大。

分销商是从经销商处分销产品的商户。其产品销售价格通常受经销商控制，所需的资金较少，风险相应小一些，但利润空间也较小。

代理商和经销商的区别主要在于是否从厂家购买产品以取得产品所有权。代理商是代理厂家销售产品，本身并不购买厂家的产品，也不享有产品的所有权，其关系是厂家—（代理商）—消费者；而经销商是从厂家购买产品，取得产品所有权后销售，其关系是厂家—经销商—消费者。

知识链接

大学生创业者选择代理或经销产品应注意的问题

大学生创业者进行代理或经销创业的第一步就是选择有发展前景的产品，这一过程中应注意以下问题：

（1）选择的厂家要有较强的研发能力和资源优势。了解这些背景情况有助于大学生创业者深入了解产品的技术含量和企业相应的宣传策略。它们也是赢得市场的根本保障，能够提升创业者和消费者对产品的信心。

（2）最好是上市不久，处于起步阶段的产品。因为这类产品的品牌知名度尚未打开，竞争对手还无暇顾及或未引起足够的重视，厂家对代理商的选择要求也不会很高，留给大学生创业者运作的空间较大。而且作为上市新品，这类产品在市场推广容易赢得厂家的支持。

（3）卖点突出，差异化明显。在众多的同质化产品中，大学生创业者要尽可能选择具有个性的产品，而不要因贪图抵扣率、大差价而迷失方向。很多行业的竞争很激烈，如果选择的产品没什么特色，今后的市场运作将很困难。

（4）价位在目标消费者能够接受的范围内。大学生创业者所选择的产品价位偏高时，虽说利润空间增大，但市场推广慢，难以吸引更多的购买者；相反，所选择的产品价位偏低时，会因为产品推广、终端运作、配送服务成本太高等冲淡利润，因此合适的产品价位也是要考虑的重要因素。

4. SOHO 创业

SOHO 是“small office”和“home office”的缩写，就是“小型办公、居家办公”的意思，特指那些在家办公的自由职业者。形象地说，SOHO 创业就是“个体户”在互联网时代的“升级版”。具体地说，SOHO 创业者是指基于互联网，按照自己的兴趣和爱好自由选择工作，且不受时间、地点和发展空间限制的自由职业者。

SOHO创业者分为个人和团体两种。有的创业者基于个人独立接活，并独立完成相关任务，如自由撰稿人、音乐人、画家、平面设计师、自由摄影师等，可以认为是“home office”的代表。而另一些创业者以“工作室”的形式开展业务，几个志同道合的朋友相互合作，以便完成更复杂、要求更高的工作，如动画制作、游戏制作、理财与投资、幼儿教育、商务代理、广告与音乐制作等，以及婚礼、发布会等活动策划和项目策划。这些创业者可以认为是“small office”的代表。两者在工作和生活方式上的差别并不十分显著，创业者可以根据个人的特点、性格及能力，选择更适合自己的SOHO创业方式。

5．兼职创业

兼职创业是指创业者在不放弃或中断自己的学习和事业的前提下，从事创业活动的创业模式。选择这种模式的创业者通常会瞄准时间投入要求较灵活的行业，而且创业者对学习或事业和创业的时间、精力的安排必须合理，否则可能造成两头皆失的糟糕结果。

从大学生创业者的角度来看，选择这种创业模式主要有以下两种情况：

（1）为大学学习服务，即创业是为了更好地完成大学的学习。

（2）降低创业的风险，即直接全职创业的风险太高，为保守起见，先选择兼职创业。

影响创业成功的关键因素

某学者将过去许多学者的研究成果加以归纳，总结出以下15项影响创业成功的关键因素：

（1）资金能力：拥有较强资金能力的创业活动，相对容易成功。

（2）财务控制：缺乏财务控制的创业活动，相对容易失败。

（3）产业经验：无产业经验的创业者从事创业活动，失败的概率相对较大。

（4）管理经验：无管理经验的创业者从事创业活动，失败的概率相对较大。

（5）企业规划：创业者事先未做详细创业规划的创业活动，失败的概率相对较大。

（6）专业咨询：善用专业咨询与产业网络资源的创业活动，成功的概率相对较大。

（7）教育水准：受过高等教育的创业者比未受高等教育的创业者，创业成功的概率较大。

（8）员工能力：能吸引并留住具有良好素质的员工的创业公司，成功的概率相对较大。

（9）产品策略：选择太新或太旧产品的创业公司相对于选择正在成长阶段产品的创业公司，前者失败的概率相对较大。

（10）市场时机：在整体市场环境不景气时创业比在整体市场环境景气时创业，更容易失败。

（11）创业年龄：年纪越轻且创业经验越不足的创业者，创业失败的概率相对越大。

（12）合伙团队：个人创业比团队创业更容易失败。
（13）家庭背景：具有经商家庭背景的创业者，创业相对容易成功。
（14）股权比重：创业者拥有较高股权比例时，创业相对容易成功。
（15）营销能力：市场经验丰富与营销能力较强的创业者，创业相对容易成功。

知识拓展

一、创业精神的培育

培育创业精神，通常从培育创业人格、培养创新能力和强化创业实践等方面进行。

（1）培育创业人格。创业个性特征，尤其是独立性、坚持性、敢为性等对创业者来说非常重要。创业者的人格塑造与创业精神培育相辅相成。因此，创业者要树立心理健康意识，提高心理素质，增强适应能力，自觉培养坚韧不拔的意志品质和艰苦奋斗的精神。此外，还可以通过剖析成功创业者的人格特征，掌握形成良好心理素质与人格特征的途径和方法。

（2）培养创新能力。创新是创业精神的灵魂。创业者要保持个性发展和好奇心、求知欲，勇于突破前人、突破书本、突破难题，自觉培养科学精神，训练创新思维，提高创新能力。

（3）强化创业实践。“纸上得来终觉浅，绝知此事要躬行。”创业者应该积极参加创业模拟和社会实践活动，增强对企业的了解和对社会的认知，在实践中磨炼自己，从而培养自身的创业精神。

北大青年创业宣言

未名湖涤荡胸襟，充盈我生命。
新时代激荡风云，召唤我前行。
我们拥抱科技，以价值创造引领行业未来。
我们恪守底线，以社会贡献诠释商业操守。
我们坚持信仰，抱磨杵成针之心。
我们相信奋斗，存穷且益坚之志。
我们是北大青年创业者。
以团结，披荆斩棘。

以担当，砥砺前行。
以使命，报效祖国。
以责任，回馈社会。
今时如此，日日皆然。

二、提升创业者素质的方法

（一）提升心理素质的方法

1. 培养独立能力

要想成为一个独立自主的人，首先要从内心深处认定自己是一个能够独立的人，要认可自己，不要藐视自己。其次，要培养自己独立决策的能力，即按照自己的意志和思维做决策。但独立决策绝不能闭门造车、固执己见，而是要在学习一切有益经验的基础上独立思考、审时度势，同时开阔思维，透过现象看到本质。

2. 提升自信心

提升自信心的方法有以下几种：

（1）肯定自己的优点和成就。一个人的自信心，往往是在成功实践的基础上，通过他人或自我的肯定逐渐树立起来的。因此，我们可以经常想想自己的优点，回忆自己做过的成功的事，以帮助自己树立和增强自信心。

（2）掌握一项技能。拥有一技之长的人，在任何时候都会比那些一无所长的人有底气。打造自己的一技之长，能够在某个领域给予别人帮助，给别人提供价值，从而帮助自己树立自信心。

（3）积累知识。自信源于知识的积累。一个学识丰富的人，即使性格内向、少言寡语，他也不会被他人轻视。因此，我们应努力提高自己的学识，广泛积累知识。当然，知识的积累是一个长期的过程，不是一朝一夕就能实现的，但只要我们勤勉苦学，持之以恒，总有一天会博学多才并无比自信的。

（4）做足事前功夫。很多时候，做事没有自信是因为对事情不了解，害怕出错和失败。如果充分了解要做的事的每一个步骤，了解出现问题时相应的解决方法，那么，还有什么害怕的呢？因此，做足事前功夫，深入、细致地了解要做的事，详细询问过来人的经验，有不懂的地方多请教他人，会让自己在处理这件事时信心倍增。

（5）敢于表现自己。现实中一些很有才华和见解的人，由于缺少当众表现自己的勇气，不但失掉了很多机会，而且容易给人留下不自信的印象。因此，不管做得好或不好，都要敢于尝试、敢于表现自己，这其实是积极、主动的表现，它能够给人带来自信，带来激情，带来力量，也带来机会和成功。

3．提高胆量

人的胆量虽然与先天遗传因素有关，但也可以通过后天的训练来提高。提高胆量的方法主要有以下几种：

（1）多实践、多行动。多实践、多行动就是敢于做自己想做的事，在实践和行动中磨炼自己，培养自己临危不惧、泰然自若地应对各种突发事件的能力。

（2）多和有胆量的人接触。正所谓“近朱者赤”，经常与有胆量的人接触，学习他们的勇敢精神和大胆的行事方式，自己的胆量也会增大。

（3）挑战自己害怕的事。在道德和法律允许的范围内，在保证生命安全的前提下，适当挑战自己害怕的事。做完之后，你会发现很多事情并没有想象中那么困难。

4．培养毅力

坚强的毅力是创业成功的基础和保障。培养毅力的方法主要有以下几种：

（1）做事情要有始有终，不能因为遇到困难就轻易放弃。

（2）专注于做好事情，并抵制住外界的诱惑或干扰，不能“三天打鱼两天晒网”。

（3）做事情要有明确的目标和有效的计划，要一步一步地深入下去。

（4）不断地反省自我，正确地认识自己，从而帮助我们找到培养毅力的更好方法。

（二）提升道德素质的方法

1．培养诚信品质

培养诚信品质需要做到以下几点：

（1）认识诚信的重要性，要知道诚信是各行各业生存的根本，坑蒙拐骗、以假乱真、以次充好的企业是不可能长久经营下去的。

（2）以诚待人，努力做到言行一致、表里如一，做老实人、说老实话、办老实事。

（3）以信立业，努力建立企业的良好信誉，要“言必行，行必果”。

2．培养责任心

培养责任心需要从身边的小事做起，即在日常生活、学习及工作中不懒惰，不怕艰难困苦，敢于承担各种责任。对于大学生来说，应发奋学习科学知识和各种技能，增强从业或创业本领，对自己负责任；也应节省开销，尽力为父母减轻经济负担，对家庭负责任；还应力所能及地帮助有困难的同学和朋友，遵守公共秩序，保持公共卫生，对社会负责任。

3．增强法律意识

要增强法律意识，首先，应学习法律知识，深入理解法律在现代社会中的重要作用。其次，应树立法律信仰。一个人只有从内心深处真正认同、信任和信仰法律，才会自觉遵守法律，自觉维护法律的权威。最后，应从身边的小事做起，以实际行动践行法律精神，如养成良好的行为习惯，遵守校纪校规，不侵犯他人隐私，不抄袭他人劳动成果等。

4. 养成节俭习惯

节俭习惯可通过以下几个方面来养成：

（1）积极行动，从身边的小事做起，如在生活中爱惜粮食，不挑食、不剩饭；不随便扔衣物、用具；晚上睡觉前切断电脑、电视机等的电源；出门及时关灯、关水等。

（2）有计划地进行消费，如每个月都提前做一个预算，等到月底看看花的钱和当初的预算是否吻合；遇到想买的东西时，先问自己是否真的需要，这笔钱是否在计划内。

（3）不与他人攀比，不向家长提出过分的物质要求。

（三）提升专业素质的方法

1. 提高专业能力

任何一次成功的创业都是通过创业者在某个领域取得了成就而实现的。要想在某个领域取得成就，就必须具备相应的专业知识，达到专业水平。因此，我们要努力学习目标创业领域的专业知识，提高自己的专业能力。具体来说，需要做到以下两点：

（1）努力学好专业知识，为创业打好理论基础。

（2）在实践中不断提高专业技能，重视专业技术和职业技能的训练。

2. 提高社交能力

提高社交能力的方法主要有以下几种：

（1）找出自己在社交上的困扰，以便对症下药，解决自身存在的问题。

（2）以包容的心态对待与自己有不一样想法的人，不要因为与对方“不投缘”就拒绝与其交往；遇到比自己能力强的同学、朋友，不要自卑，要学习他人的优点。

（3）多阅读一些待人接物方面的书籍，以便了解和掌握一些社交心理和社交技巧。

3. 培养管理能力

培养管理能力的方法主要有以下几种：

（1）学会管理时间，分析自己每天的时间分配，排除那些没必要花费时间的事后，通过改进办事方法提高时间利用效率。

（2）学会用人所长。每个人都存在优缺点，真正优秀的管理者会根据他人的长处来安排工作。

（3）遵从要事优先原则，即集中精力先处理重要的事情。

（4）锻炼自己的信息收集和处理能力，以便敏锐地洞察商机和挑战，并做出正确的决策。

4. 提高创新能力

要提高创新能力，首先，应发展自己的个性、好奇心和求知欲，勇于突破前人经验和书本知识的束缚。其次，应积累广博的知识，打下扎实的专业基础知识，具备熟练的专业技能和丰富的实践经验。最后，应保持积极、乐观的心态，不断勉励自己，永不言弃。

三、大学生创业动机的培养

（一）树立创业意识

虽然很多大学生在校期间已开始思索人生的意义，有的人也会产生毕业后当老板的创业意识，但这种意识是相当薄弱的，而且大多数学生可能认为创业离自己很遥远，从没有想过要自己创业。因此，必须通过正式的以课堂形式为主的创业教育帮助大多数学生树立创业意识，激发他们的创业动机。

（二）激发创业需要

当前大学生创业的主导需要是生存和安全的需要，因此现有的大学生创业者多为被动创业，如因找工作困难、迫于生活的压力不得不自谋生路，这种创业者的积极性不高，创业成功的概率较低。要激发大学生的创业需要，可通过以下两种途径实现：

（1）在校内举办简单的创业模拟、创业设计大赛等活动，让大学生在活动中获得成功的体验，从而获得创业的信心和成就感。

（2）邀请成功人士来学校为大学生做讲座，或通过报纸、广播、网络等媒介向大学生宣传创业的成功案例，以激发大学生的创业需要。

（三）营造有利的创业环境

营造有利的创业环境可以减少大学生创业过程中的阻力，具体措施如下：

（1）高校应开设专门的创业教育课程，加强大学生的创业教育；通过多种媒介传播有关创业的信息，营造创业的良好氛围；建立创业指导部门，配备专业的指导老师，切实做好大学生创业的扶持工作。

（2）政府为大学生的创业提供政策支持，维护公平公正的市场秩序，为大学生创业营造良好的市场环境。

（3）社会应包容大学生的创业行为，对于创业成功者给予鼓励与支持，对于创业失败者予以宽容与保护。

总之，高校、政府和社会应重视大学生的创业教育工作，通过各方努力和通力合作，激发学生的创业动机，鼓励学生的创业行为，切实调动大学生的创业积极性，使更多的大学生投身到创业活动中来。

不可取的创业动机

对于创业者来说，即便是最棒的商业机会，如果创业动机是错的，创业也很可能失败。一般来说，不可取的创业动机包括以下几种：

(1)“我厌倦了要一直努力工作，压力很大。”

(2)“这是我的爱好，变成职业后一定能赚钱。”

(3)“我绝望了，因为我找不到合适的工作。”

(4)“我家是商业世家，所以我有遗传天赋。”

(5)“我讨厌当小职员，讨厌被老板管。”

(6)“我的朋友都拥有热门产业，我肯定也能做好。”

课堂活动

一、做好创业思想准备

根据自身情况回答以下问题，了解自己是否已经做好创业的思想准备：

（1）我的创业动机是什么？能长时间保持创业激情吗？

（2）我的身体和精神状态适合创业吗？

（3）我的策划和组织能力如何？我的团队组建和管理能力如何？我的决策和综合管理能力如何？我目前所积累的知识、能力及经验如何？我在创业方面有没有比较好的人际关系储备？

（4）我知道创业的风险吗？我的风险规避能力如何？创业最坏的结果是什么？我能否承受失败？

（5）我了解当前的创业环境与创业优惠政策吗？

二、模拟创办小吃店

在全班同学中挑选出 3 名同学，1 名扮演房东，另外 2 名扮演客人。其他同学每 6 人组建一个创业团队，模拟合伙创办小吃店。小吃店启动资金为 80 000 元。其中，房租 5 000～8 000 元，店铺装修费和设备费 50 000 元，剩余资金为现金储备。

（1）各团队内部协商，确定组织架构和分工。

（2）各团队派出 1 名成员与“房东”谈判，争取以最低的价格租下店铺。

（3）各团队内部协商，确定具体经营的项目、店铺装修风格和营销策略等（要有特色、有创意），并整理成纸质材料。

（4）2 名“客人”查看各店铺创办计划，并与“房东”一起根据表 1-2 为各团队打分。

表 1-2　活动评价表

评分标准	满分	实际得分	备注
人员分工合理	20		
房租合适（房租越低，得分越高）	20		
经营项目合理且有创意	20		
店铺装修风格有创意	20		
营销策略合理且有创意	20		
总分	100		

三、创业故事分析

《中国合伙人》是一部有关年轻人创业的励志故事片。该影片主要讲述了 3 个拥有同样的梦想的年轻人，一起打拼事业、成就梦想的故事。他们在创业的过程中曾不被人看好，也遇到了很多困难，经历了很多磨难，但最终凭借努力获得了成功。

推荐同学们观看这部影片，看完影片后，请他们思考以下问题：

（1）电影中，成东青、孟晓骏、王阳为什么能创业成功？

（2）他们 3 个分别具有哪些创业者素质？

（3）结合影片，谈谈创业者的素质对创业成功的重要作用。

四、创业能力测评

（一）测评说明

无论是刚从学校毕业进入就业市场的年轻人，还是在社会上打拼了多年的上班族，许多人都希望拥有一份属于自己的事业。然而，并非每个人都具有创业潜力，下面的测试可帮助你了解自己是否适合创业。（测试结果仅供参考）

请根据实际情况回答“是”或“否”。在回答问题时，一定要根据第一反应回答，不要做过多的思考。

（二）测评题目

（1）你是否曾经为了某个理想而制订了 2 年以上的长期计划，并且按计划执行，直到完成？

（2）在学校和家庭生活中，你能否脱离老师和父母的督促，自觉完成学习任务或老师和家长分派的其他任务？

（3）你是否喜欢独自完成工作，并且做得很好？

（4）当你与朋友在一起时，你的朋友是否经常寻求你的帮助和建议？

（5）在校期间，你有没有赚钱的经验？

（6）你是否能够专注地投入个人兴趣连续10个小时以上？

（7）你是否有保存重要资料的习惯，并且能将其整理得井井有条，以备需要时可以随时提取和查阅？

（8）在日常生活中，你是否热衷于社会服务工作？

（9）你是否喜欢音乐、美术、体育等课程？

（10）在校期间，你是否曾经带领同学们完成过大型活动，如运动会、歌唱比赛等？

（11）你喜欢在竞争中生存吗？

（12）当你为别人工作时，若发现其管理方式不当，你是否会主动思考更加恰当的管理方式并向其提议？

（13）当需要别人帮助时，你是否能充满自信地寻求帮助并成功说服别人？

（14）在募捐或义卖时，你是否充满自信？

（15）当要完成一项重要工作时，你是否能留给自己足够的时间去认真完成，而不是虚度时间，在匆忙中草率完成？

（16）参加重要聚会时，你是否会准时赴约？

（17）你是否有能力安排一个合适的环境，以使自己在工作时不受干扰？

（18）你交往的朋友中，是否有许多有成就、有智慧、有眼光、有远见、老成稳重的人？

（19）在工作或学习团体中，你被认为是一个受欢迎的人吗？

（20）你是一个理财高手吗？

（21）你是否可以为了赚钱而牺牲个人娱乐？

（22）在工作时，你是否总是独自承担责任？

（23）在工作时，你是否有足够的耐心与耐力？

（24）你是否能在很短的时间内结交许多新朋友？

（三）测评标准

（1）回答“是”得1分，回答“否”得0分。

（2）请参照以下评分标准，确定自己的创业能力。

0～5分：目前不适合自己创业，应在为别人打工的过程中努力学习专业技术和专业知识。

6～10分：需要在旁人指导下创业，才有创业成功的可能。

11～15分：非常适合自己创业，但对于那些答案为“否”的问题，还应总结出自己的缺陷并加以改善。

16～20分：自身的性格特质足以使你从小事业开始，在创业的过程中逐步获得经验，从而成为成功的创业者。

21～24分：你有无限的创业潜能，只要懂得把握时机，就会成为优秀的创业者。

五、创业素质测评

创业者要具备较高的心理素质、道德素质和专业素质。你是否具备这些素质？通过下面的活动，能够使你对自己的创业素质有一个基本的了解。

（1）表 1-3 至表 1-13 是有关创业素质的测评表，各表中的 A 栏和 B 栏均有一些表述。如果 A 栏中的表述更符合你自身的情况，请在相应项目右侧的单元格中填写 2（表示得 2 分）；如果 B 栏中的表述更符合你自身的情况，则应在相应项目右侧的单元格中填写 2（表示得 2 分）。填写完毕后，对每栏的得分进行求和。

表 1-3　独立自主素质测评表

A		B	
不惧怕问题，因为问题是生活的组成部分，会想办法解决每一个问题		认为解决问题很难，通常会害怕这些问题，有时干脆不去想它们	
不会等待事情的发生，而是努力促使事情发生		喜欢随波逐流并等待好事降临	
总是尝试做一些与众不同的事情		只喜欢做擅长做的事情	
在行动上很少受他人影响和支配，能将自己的主张和决策贯彻到底		在行动上会受他人影响，觉得对方意见好，就会按照别人的想法去做	
遇到困难时，会尽全力去克服困难		遇到困难时，会试图忘掉它们，或等待其自行消失	
总　计		总　计	

表 1-4　敢于冒险素质测评表

A		B	
认为要在生活中前进就必须冒风险		不喜欢冒风险，即便有机会得到很大的回报也是这样	
认为风险中也蕴含机会		如果可以选择，愿意以最稳妥的方式做事	
如果认定一个想法，会不计利弊地冒风险去实施		只有在权衡了利弊之后才会冒风险	
可以接受投资于自己企业的资金亏掉的现实		难以接受投资于自己企业的资金会亏掉	
不论做什么事，就算对这件事有足够的控制权，也不会总是期待完全控制局面		喜欢完全控制自己所做的事情	
总　计		总　计	

表 1-5　自信乐观、顽强执着素质测评表

A		B	
即使面对极大的困难，也不会轻易放弃		如果存在很多困难，就不愿意继续奋斗	
不会为挫折和失败沮丧太久		挫折和失败对自己的影响很大	
相信自己有能力扭转局势		认为一个人能力有限，运气起到很大的作用	
如果有人对自己说不，会泰然处之，并会尽最大的努力改变他们的看法		如果有人对自己说不，会感觉很糟，并会放弃这件事	
在危急情况下，能保持冷静并找出最佳的应对办法		当危机升级时，会感到慌乱和紧张	
总　计		总　计	

表 1-6　诚实守信素质测评表

A		B	
言行相符，所做的即是心里所想的		心里所想的和所表现出来的行为往往不相符	
在路上拾到钱包后会主动归还给失主		在路上拾到钱包后会据为己有	
乘坐公共汽车或地铁时从不逃票		常常为逃票而沾沾自喜	
对别人承诺的事情一定要做到		会经常因为某些原因而未能履行对他人的承诺	
认真完成老师布置的每一次作业		觉得作业完成得差不多就行，没必要追求精益求精	
总　计		总　计	

表 1-7　责任心素质测评表

A		B	
在公共汽车或地铁上，见到老人会主动让座		在公共汽车或地铁上，见到老人上车装作没看到	
外出时，若找不到垃圾桶，会把垃圾带回家		外出时，若找不到垃圾桶，会随便找个隐蔽的地方将垃圾扔掉	
节省开销，尽力为父母、为家庭减轻负担		只要是自己喜欢的就会购买，很少考虑自身的经济实力	
经常帮助有困难的同学和朋友		很少帮助有困难的同学和朋友	
努力学习，不荒废大学时光		认为学习不重要	
总　计		总　计	

表 1-8　守法律己素质测评表

A		B	
有令必行，敢于担当		做错事找借口，推卸责任	
在生活和学习中严格要求自己		觉得差不多就行，从不严格要求自己	
严格遵守校纪校规		经常违反校纪校规	
熟悉法律，依法办事		不了解法律，触犯法律自己却不知情	
能控制自己的情绪、行为和习惯		不能控制自己的情绪、行为和习惯	
总　计		总　计	

表 1-9　勤劳节俭素质测评表

A		B	
花钱有计划，合理分配每月的生活费		每月的生活费都不够花	
爱惜粮食，不挑食、不剩饭		经常将吃不完的饭菜扔掉	
出门前会关灯、关水		出门前经常忘记关灯、关水	
会有意识地节省开销		只要是自己喜欢的就会购买	
不与别人比吃穿		认为别人有的，自己也要有	
总　计		总　计	

表 1-10　专业能力测评表

A		B	
热爱自己所学的专业		对自己所学的专业毫无兴趣	
努力学习专业知识和各种技能		认为学习不是首要的事，经常逃课	
除了学习课本上的知识外，还经常参与课外实践		很少参与课外实践	
一次性通过各科考试，没有“挂科”的情况		偶尔会有“挂科”的情况	
精通自己所学的专业知识		对专业知识一知半解	
总　计		总　计	

表 1-11　社交能力测评表

A		B	
能与别人沟通得很好		与别人沟通有困难	
很喜欢当众演讲		为自己的演讲水平不佳而苦恼	
喜欢结交朋友，参加社交活动		朋友很少，很少参加社交活动	
愿意做会议主持人		想到要做会议主持人就发怵	
喜欢在宴会上致祝酒词		不喜欢在宴会上说话	
总　计		总　计	

表 1-12　管理能力测评表

A		B	
喜欢做大型活动的组织者		不擅长组织大型活动	
做事情有计划，无论何时何地，都能有目的地行动		做事情没有计划，想到什么就做什么	
一旦需要做出决定，常能很快完成		会尽可能推迟做决定的时间	
经常思考对策，扫除实现目标的障碍		很少进行思考和总结	
能严格约束自己的行为		不能严格约束自己的行为	
总　计		总　计	

表 1-13　创新能力测评表

A		B	
擅长讲笑话、说趣事		不擅长讲笑话、说趣事	
有想法，喜欢尝试新事物		从来不做那些没有把握的事	
遇到问题能从多个方面探索它的可能性，而不是拘泥于一条路		认为按部就班、循序渐进才是解决问题的方法	
不拘泥于一成不变的生活		喜欢传统的、稳定的生活方式	
总是想办法说服别人接受自己的观点		喜欢接受别人的观点，而不是说服他人接受自己的观点	
总　计		总　计	

你的得分：

将每项创业素质的总分分别填入表 1-14 中 A 栏和 B 栏对应的单元格内，然后依据得分，在其右侧相应的单元格内打“√”。

① 如果 A 栏中某一项素质的得分为 6～10 分，说明这项素质是你的强项，请在“强”下方的单元格内打“√”。

② 如果 A 栏中某一项素质的得分为 0～4 分，说明你的这项素质或能力不太强，请在“不太强”下方的单元格内打“√”。

③ 如果 B 栏中某一项素质的得分为 0～4 分，说明你的这项素质或能力有点弱，请在“有点弱”下方的单元格内打“√”。

④ 如果 B 栏中某一项素质的得分为 6～10 分，说明这项素质或能力是你的弱项，请在“弱”下方的单元格内打“√”。

表 1-14　创业素质评价表

素质	A	强 （6～10 分）	不太强 （0～4 分）	B	有点弱 （0～4 分）	弱 （6～10 分）
独立自主						
敢于冒险						
自信乐观、顽强执着						
诚实守信						
责任心						
守法律己						
勤劳节俭						
专业能力						
社交能力						
管理能力						
创新能力						

如果 A 栏的总分为 60 分或更高，说明你具备较高的创业素质。

如果 B 栏的总分为 60 分或更高，说明你需要对自己的弱项加以改进，将弱项转变为强项。

（2）自我测试后，请你的同学或朋友利用上面的表格再对你进行一次评价。结合两次评价的结果，更加客观、准确地认识自己的创业素质。

（3）以“我所具备的创业素质”为题目，写一份约 800 字的报告，要求写出针对自身不具备的创业素质的具体改进措施。

延伸阅读

一、“大众创业、万众创新”政策

推进大众创业、万众创新，是发展的动力之源，也是富民之道、公平之计、强国之策，对于推动经济结构调整、打造发展新引擎、增强发展新动力、走创新驱动发展道路具有重要意义，是促进社会纵向流动、公平正义的重大举措。为大力推进大众创业、万众创新，国家出台了一系列相关扶持政策。

2015 年 3 月，国务院办公厅印发了《关于发展众创空间推进大众创新创业的指导意见》，部署推进大众创业、万众创新工作。文件明确，推进大众创新创业的基本原则是坚持市场导向、加强政策集成、强化开放共享、创新服务模式，重点任务是加快构建众创空间、降低创新创业门槛、鼓励科技人员和大学生创业、支持创新创业公共服务、加强财政资金引导、完善创业投融资机制、丰富创新创业活动、营造创新创业文化氛围。

2015 年 6 月，国务院印发了《关于大力推进大众创业万众创新若干政策措施的意见》，为改革完善相关体制机制，构建普惠性政策扶持体系，推动资金链引导创业创新链、创业创新链支持产业链、产业链带动就业链，提出具体措施：创新体制机制，实现创业便利化；优化财税政策，强化创业扶持；搞活金融市场，实现便捷融资；扩大创业投资，支持创业起步成长；发展创业服务，构建创业生态；建设创业创新平台，增强支撑作用；激发创造活力，发展创新型创业；拓展城乡创业渠道，实现创业带动就业；加强统筹协调，完善协同机制。

2015 年 7 月，国务院印发了《关于积极推进“互联网+”行动的指导意见》（以下简称《指导意见》）。《指导意见》提出，要坚持开放共享、融合创新、变革转型、引领跨越、安全有序的基本原则，充分发挥我国互联网的规模优势和应用优势，坚持改革创新和市场需求导向，突出企业的主体作用，大力拓展互联网与经济社会各领域融合的广度和深度。这是推动互联网由消费领域向生产领域拓展，加速提升产业发展水平，增强各行业创新能力，构筑经济社会发展新优势和新动能的重要举措。

2016 年 5 月，国务院办公厅印发了《关于建设大众创业万众创新示范基地的实施意见》，指出为在更大范围、更高层次、更深程度上推进大众创业万众创新，加快发展新经济、培育发展新动能、打造发展新引擎，按照政府引导、市场主导、问题导向、创新模式的原则，加快建设一批高水平的双创示范基地，扶持一批双创支撑平台、突破一批阻碍双创发展的政策障碍、形成一批可复制可推广的双创模式和典型经验。

2017 年 7 月，国务院印发了《关于强化实施创新驱动发展战略进一步推进大众创业万

众创新深入发展的意见》，进一步系统性优化创新创业生态环境，强化政策供给，突破发展瓶颈，充分释放全社会创新创业潜能，在更大范围、更高层次、更深程度上推进大众创业、万众创新。

2018 年 9 月，国务院印发了《关于推动创新创业高质量发展打造“双创”升级版的意见》，要求深入实施创新驱动发展战略，通过打造“双创”升级版，进一步优化创新创业环境，大幅降低创新创业成本，提升创业带动就业能力，增强科技创新引领作用，提升支撑平台服务能力，推动形成线上线下结合、产学研用协同、大中小企业融合的创新创业格局，为加快培育发展新动能、实现更充分就业和经济高质量发展提供坚实保障。

2020 年 7 月，国务院办公厅印发了《关于提升大众创业万众创新示范基地带动作用 进一步促改革稳就业强动能的实施意见》，要求深入实施创新驱动发展战略，聚焦系统集成协同高效的改革创新，聚焦更充分更高质量就业，聚焦持续增强经济发展新动能，强化政策协同，增强发展后劲，以新动能支撑保就业保市场主体，尤其是支持高校毕业生、返乡农民工等重点群体创业就业，努力把双创示范基地打造成为创业就业的重要载体、融通创新的引领标杆、精益创业的集聚平台、全球化创业的重要节点、全面创新改革的示范样本，推动我国创新创业高质量发展。

二、大学生创新创业扶持举措

2021 年 10 月 12 日，国务院办公厅印发了《关于进一步支持大学生创新创业的指导意见》（国办发〔2021〕35 号，以下简称《意见》）。《意见》聚焦大学生创新创业需要，从教育、资金、服务、空间、成果等方面提出各项举措，涵盖了大学生创新创业全链需求，具体内容如下。

（一）数十万导师开展创新创业教育

师资力量是创新创业教育质量的根本保障。截至 2021 年 10 月，全国高校已普遍开设创新创业课程 3 万余门，并聘请行业优秀人才担任双创教师，其中，专职教师近 3.5 万人，兼职导师 13.9 万余人。《意见》指出，打造一批高校创新创业培训活动品牌，组织双创导师深入校园举办创业大讲堂，进行创业政策解读、经验分享、实践指导等，培养和增强大学生创新精神、创业意识和能力。

（二）政府投资孵化器提供免费场地

大学生创新创业环境优化依托于孵化载体与平台建设。《意见》提出，要推动众创空间、孵化器、加速器、产业园全链条发展，鼓励各类孵化器面向大学生创新创业团队开放一定比例的免费孵化空间，降低大学生创新创业团队入驻条件；政府投资开发的孵化器等创业载体应安排 30%左右的场地，免费提供给高校毕业生。

（三）风险救助机制保障大学生创业

精准有效的帮扶措施可减少大学生创业的后顾之忧。《意见》要求落实大学生创业帮扶政策，加大对创业失败大学生的扶持力度，按规定提供就业服务、就业援助和社会救助。加强政府支持引导，发挥市场主渠道作用，鼓励有条件的地方探索建立大学生创业风险救助机制，可采取创业风险补贴、商业险保费补助等方式予以支持，积极研究更加精准、有效的帮扶措施，及时总结经验、适时推广。毕业后创业的大学生可按规定缴纳“五险一金”，减少大学生创业的后顾之忧。

（四）各项“减税降费”政策减轻创业负担

各项财税扶持政策着力为大学生创业减轻负担。《意见》提出，高校毕业生在毕业年度内从事个体经营，符合规定条件的，在 3 年内按一定限额依次扣减其当年实际应缴纳的增值税、城市维护建设税、教育费附加、地方教育附加和个人所得税；对月销售额 15 万元以下的小规模纳税人免征增值税，对小微企业和个体工商户按规定减免所得税。

（五）普惠金融服务助力解融资难题

金融服务帮助解决大学生创业融资难题。《意见》提出，落实创业担保贷款政策及贴息政策，将高校毕业生个人最高贷款额度提高至 20 万元，对 10 万元以下贷款、获得设区的市级以上荣誉的高校毕业生创业者免除反担保要求；对高校毕业生设立的符合条件的小微企业，最高贷款额度提高至 300 万元；降低贷款利率，简化贷款申报审核流程，提高贷款便利性，支持符合条件的高校毕业生创业就业。

（六）拓宽成果转化渠道支持新成果落地

为促进高校科技成果和大学生创新创业项目落地发展，《意见》提出推动地方、企业和大学生创新创业团队加强合作对接，拓宽成果转化渠道，为创新成果转化和创业项目落地提供帮助。鼓励国有大中型企业和产教融合型企业利用孵化器、产业园等平台，支持高校科技成果转化，促进高校科技成果和大学生创新创业项目落地发展。汇集政府、企业、高校及社会资源，加强对中国国际“互联网+”大学生创新创业大赛中涌现的优秀创新创业项目的后续跟踪支持，落实科技成果转化相关税收优惠政策，推动一批大赛优秀项目落地，支持获奖项目成果转化，形成大学生创新创业示范效应。

（七）设立专项基金促创新创业大赛发展

2021 年 10 月，第七届中国国际“互联网+”大学生创新创业大赛圆满落幕。作为我国创新创业教育改革深化的抓手，“互联网+”大学生创新创业大赛极大地调动和激发了广大青年的创新创业热情和潜能。自创办以来，累计 603 万个团队 2 533 万名大学生参赛，仅 6 届大赛的 400 多个金奖项目就带动就业人数达 50 多万人。

为促进大赛持续发展，《意见》提出，鼓励省级人民政府积极承办大赛，压实主办职责，进一步加强组织领导和综合协调，落实配套支持政策和条件保障。坚持政府引导、公益支持，支持行业企业深化赛事合作，拓宽办赛资金筹措渠道，适当增加大赛冠名赞助经费额度。充分利用市场化方式，研究推动中央企业、社会资本发起成立中国国际“互联网+”大学生创新创业大赛项目专项发展基金。

江西省大学生创业优惠政策

政策一：创业培训补贴

（1）政策内容：符合条件的高校毕业生、职业院校非毕业学年的在校生，以及符合条件的初创企业经营者参加创业培训，且培训后取得创业培训合格证的，给予个人或培训主体职业培训补贴。非毕业学年的在校生在校期间只能享受一次创业培训补贴。对毕业前一年的7月1日至毕业当年的12月31日之间的高校毕业生、离校2年内未就业高校毕业生，通过项目制方式由政府向具备资质的创业培训机构整建制购买培训项目，为培训对象提供免费创业培训。

（2）补贴标准：按培训种类给予300元/人至1 500元/人的补贴，或实施免费创业培训。

（3）政策依据：《江西省人力资源和社会保障厅 江西省财政厅关于印发〈江西省就业补助资金职业培训补贴管理办法〉的通知》（赣人社发〔2019〕3号）、《江西省人力资源和社会保障厅 江西省财政厅关于做好失业保险基金支持职业技能提升行动资金使用管理工作的通知》（赣人社发〔2019〕38号）、《江西省人力资源和社会保障厅 江西省财政厅关于进一步做好职业技能提升行动专账资金使用管理工作的通知》（赣人社字〔2020〕151号）。

（4）经办单位：公共就业人才服务机构。

政策二：创业担保贷款并贴息

（1）政策内容：放宽创业担保贷款申请条件，对获得市级以上荣誉称号以及经金融机构评估认定信用良好的大学生创业者，原则上取消反担保，符合条件的高校毕业生自主创业可申请最高20万元创业担保贷款；合伙创业或组织起来共同创业并经工商管理部门注册登记的，执行最高50万元贷款额度和全贴息政策；对合伙人员或组织起来共同创业人员数量较多的，执行最高90万元贷款额度，按符合条件人员人均15万元额度执行贴息政策。高校毕业生创办的小微企业，可申请最高600万元的创业担保贷款，其中300万元以内贷款按国家、省里现行政策贴息。

（2）政策依据：《江西省人力资源和社会保障厅等五部门关于做好当前形势下高校毕业生就业创业工作的通知》（赣人社发〔2019〕30号）。

（3）经办单位：创业项目所在地的人社部门所属创业担保贷款经办机构、经办金融机构。

政策三：一次性创业补贴

（1）政策内容：在本省行政区域内创办企业或从事个体经营且稳定经营 1 年以上的在校生和毕业 5 年内（申请人高校毕业证记录的签发时间到申请一次性创业补贴时不超过 5 周年）自主创业并已领取“就业创业证”的高校毕业生，可申请一次性创业补贴。一次性创业补贴标准为 5 000 元，每人可享受一次。

（2）政策依据：《江西省财政厅 江西省人力资源和社会保障厅关于印发〈江西省就业补助资金管理办法〉的通知》（赣财社〔2019〕1 号）。

（3）经办单位：创业项目所在地的公共就业人才服务机构。

政策四：创业孵化基地运行费补贴

（1）政策内容：对高校毕业生入驻创业孵化基地发生的物管费、卫生费、房租费、非生产性水电费按其每月实际费用的 60%给予补贴，每个入驻实体每季度最高补贴不超过 1 万元，补贴期限不超过 3 年。

（2）政策依据：《江西省人民政府印发关于做好当前和今后一个时期促进就业工作若干政策措施的通知》（赣府发〔2018〕41 号）、《江西省财政厅 江西省人力资源和社会保障厅关于印发〈江西省就业补助资金管理办法〉的通知》（赣财社〔2019〕1 号）。

（3）经办单位：公共就业人才服务机构。

政策五：优秀创业项目资助

（1）政策内容：项目库中的高校毕业生创业项目被创业者采用后成功创业的（稳定经营 1 年以上），由项目登记注册所在地人社部门、财政部门从就业补助资金中对项目提供者按每个项目 5 000 元标准给予奖励。对高校毕业生创业项目获得人社部和省级人社部门牵头举办的创业大赛前三名（含行业、组别），并在我省登记注册经营的项目，由登记注册所在地人社部门、财政部门从就业补助资金中给予资助。其中，获得人社部牵头举办的创业大赛前三名（含行业、组别）的，按照名次由高到低依次资助 20 万元、18 万元、16 万元；获得省级人社部门牵头举办的创业大赛前三名（含行业、组别）的，按照名次由高到低依次资助 10 万元、8 万元、6 万元。省、市两级人社部门评选有发展潜力和带头示范作用的初创企业经营者，按不超过每人 2 万元的标准资助其参加高层次进修学习或交流考察。

（2）政策依据：《江西省财政厅 江西省人力资源和社会保障厅关于印发〈江西省就业补助资金管理办法〉的通知》（赣财社〔2019〕1 号）。

（3）经办单位：公共就业人才服务机构。

政策六：扶持电子商务创业就业

（1）政策内容：经工商登记注册的网络商户从业高校毕业生，同等享受各项就业创业扶持政策；未进行工商登记注册的从业高校毕业生，可认定为灵活就业人员，享受灵活就业人员扶持政策，其中通过网上交易平台实名制认证、稳定经营三个月以上且信誉良好的网络商户从业高校毕业生，可按规定享受创业担保贷款及贴息政策。

（2）政策依据：《江西省人民政府关于大力推进大众创业万众创新若干政策措施的实施意见》（赣府发〔2015〕36号）。

（3）经办单位：公共就业人才服务机构。

模块二

修炼创业素质

内容导读

创新是人类特有的认识能力和实践能力，是实现自我价值的重要方式，是推动民族进步和社会发展的不竭动力。一个人要想取得成就，一个民族要想走在时代前列，就一刻也不能停止各种创新。

大学生要想实现创新，就必须培养自身的创新素养。创新素养通常包括创新意识、创新精神、创新思维、创新能力和创新方法等方面。作为一名大学生，我们不仅要增强自己的创新意识，敢于打破常规，发扬创新精神，还要养成科学的思考和学习习惯，努力提高自己的创新能力，同时应坚持不懈地发现问题并找寻解决问题的办法，开拓进取，持续提升自身的核心竞争力。

学习目标

知识目标

- ✧ 了解创新的内涵、类型和原则。
- ✧ 了解创新意识的含义、特征和作用。
- ✧ 了解创新思维的内涵和形式。
- ✧ 了解 5 种常用创新方法的要点。

能力目标

- ✧ 能够结合所学内容激发自己的创新潜能。
- ✧ 能够摆脱惯性思维的束缚，用创新思维解决现实中的问题。
- ✧ 能够在学习和生活中培养自己的创新思维和创新能力。
- ✧ 能够运用头脑风暴法、奥斯本检核表法、5W2H 分析法、组合创造法和分析列举法提出创新建议。

引导案例

创新意识激发创业构想，寝室洗澡“洗”出创业明星

杨某炜，长沙某职业技术学院2020届毕业生，他主导的创业项目荣获2019年湖南黄炎培职业教育奖创业规划大赛一等奖（高职组第一名）、第三届中华职业教育创新创业大赛金奖（高职组冠军）。他本人也荣获第六届“新时代湖南向上向善好青年”、2020年度“湖南省普通高校百名优秀大学生党员”、第二届“青春正当时 三湘追梦人”湖南省高校大学生就业创业优秀典型人物等荣誉称号。杨某炜毕业后便创立了自己的公司，奋力奔跑在创新创业的道路上。

寝室洗澡现痛点，创新意识渐萌芽

早在大学期间，杨某炜就走上了自主创业的道路，他的创业项目始终聚焦于困扰大众的痛点问题。在大学学习的三年里，有一句话始终激励着杨某炜——“上为国家分忧，下为群众解愁”。这句话让杨某炜的创业信念愈发坚定，他认为，国家从来都不缺企业家，而是缺能为国家和群众做实事的创业者。

带着这份强烈的责任感，杨某炜把目光放在了大学生日常生活中。在校生活期间，大学生在寝室洗澡时经常会遇到热水供应不足、出水压力不够、蓄水温度不高等问题。洗澡这件几乎每天都要重复的事，却成为许多同学的生活痛点。杨某炜自己对此也深有感触，大学一年级时，杨某炜就经常遇到在寝室洗澡没热水或者热水压力很小的窘况。

经过调查发现，出现热水压力小、热水流量小等现象的主要原因是学校中央热水系统机组的增压阀未开启。然而，如果一直开启增压阀，会导致能源浪费和设备老化速度加快等；如果选择在学生集中洗澡的时间段临时开启增压阀，又需要后勤工作人员到每一栋宿舍楼的楼顶手动操作控制箱，而这个时间段往往是下班休息时间。杨某炜意识到，想要解决这个长期给学校后勤工作人员和大学生们带来困扰的问题，必须另辟蹊径。由此，创新意识在杨某炜的心中渐渐萌芽。

创新意识激发创业，学校大力扶持

在确定了“解决洗澡时的热水供应问题”这一创新创业方向后，杨某炜正式组建创业团队开始研发新产品。从此，杨某炜没有了放假的概念，只要一有空闲，他就研究相关的资料。与此同时，学校也给杨某炜提供了非常重要的帮助。例如，免费为其提供办公场地，让杨某炜的团队拥有研发产品的独立空间；给予杨某炜资金上的扶持，让杨某炜的团队安心进行产品创新；派遣指导老师在产品推广方面为其提供帮助，弥补杨某炜的团队在运营、市场推广方面的不足，争取让杨某炜的创新产品顺利转化成为市场商品。在多方的努力下，杨某炜的团队终于研制出一款智慧热水产品，并在浙江大学、南昌大学等全国20余所高校的寝室大楼应用。

大学毕业后，杨某炜带领团队成员成立了自己的公司，并与母校达成合作，成立了师生共建的“专创融合科研室”，以便为更多的同学提供创新科研帮助和创业指导。目前，该校的“专创融合科研室”已带领40余名学子走上了创新创业的道路。

创业实现价值，坚守助人初心

杨某炜之所以选择研发智慧热水产品，是因为他想解决同学们洗澡难、洗澡不舒适的问题，希望能用自己的绵薄之力为大学校园带来一些改变，让同学们的校园生活变得更美好。大学3年，杨某炜带领团队共取得国家实用新型专利3项、软件著作权4项，完成国家级产品认证1项。

毕业后，杨某炜为母校的12名应届毕业生提供了技术研发、市场营销、财务管理等就业岗位，其中30%是家庭经济较为困难的学生。同时，他的公司还在近期达成400万元人民币的融资意向，公司估值已达4 000万元人民币以上。

目前，杨某炜的创业事迹已被中央电视台、人民日报、新华社、湖南卫视、安徽卫视、湖南日报等全国二十余家主流媒体报道，获得了广泛的社会效益和巨大的社会价值，他的价值观和创业理想正在影响更多的创业者。

理论初识

一、创新概述

（一）创新的内涵

创新是指以提出有别于常规或常人思路的见解为导向，利用现有的知识和物质，在特定的环境中，本着理想化需要或为满足社会需求，而改进或创造出新的事物、方法、元素、路径、环境等，并获得一定有益效果的行为。

什么是创新

创新是以新思维、新发明和新描述为特征的一种概念化过程，其有3层含义：一是更新；二是创造新的东西；三是改变。也就是说，并不是只有重大的发明创造才是创新，对各种产品、工作方法、商业模式、服务模式等的改进也属于创新。

创新是人类特有的认识能力和实践能力，是人类主观能动性的高级表现，是推动民族进步和社会发展的不竭动力。创新在经济、技术、社会等领域有着举足轻重的作用。

（二）创新的类型

创新主要分为产品创新、技术创新、制度创新、职能创新和结构创新等。

1. 产品创新

产品创新是指研发和生产出性能更好，外观更美，使用更便捷、更安全，更符合环境保护要求的产品，以更好地满足人们的需求。产品创新可从以下 3 个层面来实现：

（1）开发具有新功能的产品。例如，某 3D 打印机公司发布的新款 3D 打印机新增了打印平台自动找平功能，且采用了全新的彩色触摸屏，打印时可实现漂亮的 LED 高亮显示效果。

（2）优化产品结构。例如，企业通过优化电子产品的结构，使产品变得轻、巧、小、薄，更加节能环保。

（3）改进产品外观。例如，服装款式及色彩的改变都可以使顾客的需求得到新的满足，从而增加销售收入。

2. 技术创新

技术创新案例

技术创新是指采用新的生产方法或新的原材料生产产品，以达到提升质量、降低成本、保护环境，或使生产过程更加安全和节省成本的效果。技术创新可从以下 4 个层面来实现：

（1）革新工艺路线。例如，用精密铸造、精密锻造、粉末冶金技术代替金属切削技术来生产复杂的机械零件，可大大缩短生产周期，降低成本。

（2）替代和重组材料。例如，从环保角度出发，用玉米秸秆生产一次性水杯、餐具和包装盒等。

（3）革新工艺装备。例如，用电脑绣花机代替手工绣花，用数控机床代替手动操作机床等。

（4）革新操作方法。例如，用更省力、更高效的操作方法代替一些传统的、不适应现代技术进步的操作方法。

3. 制度创新

制度创新是指从社会经济角度对企业的生产方式、经营方式、分配方式、经营观念等进行调整和变革，以推动企业发展。制度是组织运行方式的原则性规定。制度的创新通常表现为产权制度、经营制度和管理制度的调整和优化。

一般来说，一定的产权制度决定了相应的经营制度。在产权制度不变的情况下，企业具体的经营方式可以不断进行调整。同样，在经营制度不变的情况下，具体的管理制度也可以不断改进。但是，当管理制度的改进发展到一定程度时，经营制度就必须进行相应的调整，而经营制度的不断调整也必然会引起产权制度的变革。

4. 职能创新

职能创新是指在计划、组织、控制、协调等管理职能方面采用更有效的新方法和新手段。其常见形式有以下几种：

（1）计划形式的创新。例如，某企业在购电和用电方面创造性地采用了目标规划方案，结果每年节约电费 2 000 万元以上。

（2）控制方式的创新。例如，某汽车公司首创准时生产制，显著降低了生产成本。

（3）用人方面的创新。例如，使用测评法选拔和考核干部，采用拓展训练法改善员工培训效果等。

（4）激励方式的创新。例如，某企业实行“自助餐式”奖励制度，即员工可以从企业提供的列有多种福利项目的“菜单”中选择自己所需要的福利，这种创新型激励方式使企业在付出同等成本的情况下获得了更好的激励效果。

（5）协调方式的创新。例如，某市政府试行科技特派员制度，市政府工作人员先通过调查了解村镇农业大户所需要的技术支持，同时将全市 3 500 名农业科学技术人员按专长分类并公布，然后将两者对接起来，让双方实行双向选择。经过这种协调方式的创新，农户和农业科学技术人员的收入都得到了大幅提升。

5．结构创新

结构创新是指设计和应用新的更有效率的组织结构。按影响范围的不同，结构创新可分为技术结构的创新和经济与社会结构的创新。

（1）技术结构的创新。例如，某汽车公司在 20 世纪 20 年代首创流水线生产方式，让工人分工完成流水线上的简单工序，大大提高了生产率，从而开创了大规模生产标准产品的工业经济时代。

（2）经济与社会结构的创新，即通过调整人们的责、权、利关系来提高组织效能。例如，某汽车公司通过采用事业部制，解决了统一领导与分散经营的矛盾，使规模经营与适应市场的要求得到了统一，从而极大地增强了公司的市场竞争力。

（三）创新的原则

创新原则就是开展创新活动所依据的法则和判断创新构思所凭借的标准。

1．科学原理原则

创新必须遵循科学原理，不得有违科学发展规律。因为任何违背科学原理的创新都是不能获得成功的。

为了使创新活动取得成功，在进行创新构思时，必须做到以下几点：

（1）对创新设想进行科学原理相容性检验。创新设想在转化为成果之前，应该先进行科学原理相容性检验。如果关于某一问题的创新设想，与人们已经发现并获实践证明的科学原理不相容，则这一创新不会获得最后的成功。因此，与科学原理是否相容是检验创新设想有无生命力的根本条件。

（2）对创新设想进行技术方法可行性检验。任何事物都不能脱离现有条件的制约。

在设想变为成果前，还必须进行技术方法可行性检验。如果创新设想所需要的条件超过现有技术方法可行性范围，则该创新设想只能是一种空想。

（3）对创新设想进行功能方案合理性检验。任何创新设想，在功能上都必须有所创新或有所增强。但一项创新设想的功能方案是否合理，关系到该创新设想是否具有推广应用的价值。因此，必须对其功能合理性进行检验。

2．市场评价原则

创新设想要获得最后的成功，必须经受市场的严峻考验。爱迪生曾说："我不打算发明任何卖不出去的东西，因为不能卖出去的东西都没有达到成功的顶点。能销售出去就证明了它的实用性，而实用性就是成功。"

创新设想要实现商品化和市场化，须按市场评价原则来分析。其评价通常是从市场寿命观、市场定位观、市场特色观、市场容量观、市场价格观和市场风险观 6 个方面入手，考察创新对象商品化和市场化的发展前景，而最基本的要点则是考察该创新成果的使用价值是否大于它的销售价格，也就是要看它的性能是否优良、价格是否合适。

在现实中，要估计一种新产品的生产成本和销售价格不难，而要评估一种新发明的使用价值和潜在意义则很难。这需要在市场评价时把握住评价事物使用性能最基本的几个方面：解决问题的迫切程度、功能结构的优化程度、使用操作的可靠程度、维修保养的方便程度、美化生活的美学程度，然后在此基础上得出结论。

3．相对较优原则

创新产物不可能十全十美。在创新过程中，利用创造原理和方法，可能获得许多创新设想，它们各有千秋。这时就需要人们按相对较优的原则，对设想进行判断、选择。具体包括以下几个方面：

（1）从技术先进性上进行比较。从创新设想或成果的技术先进性上进行分析、比较，尤其是应将创新设想与解决同样问题的已有技术手段进行比较，看谁领先和超前。

（2）从经济合理性上进行比较。经济的合理性也是评价、判断一项创新成果的重要因素。应对各种创新设想的经济情况进行比较，看谁合理和节省。

（3）从整体效果性上进行比较。技术和经济应该相互支持、相互促进，它们的协调统一构成事物的整体效果。任何创新的设想和成果，其使用价值和创新水平都是通过它的整体效果体现出来的。因此，要对它们的整体效果进行比较，看谁全面和优秀。

4．机理简单原则

在现有科学水平和技术条件下，如不限制实现创新方式和手段的复杂性，所付出的代价可能远远超出合理程度，使得创新的设想或成果毫无实用价值。在科技竞争日趋激烈的今天，结构复杂、功能冗余、使用烦琐已成为技术不成熟的标志。因此，在创新过程中要始终贯彻机理简单原则。

为使创新的设想或成果更符合机理简单原则，可进行以下检验：

（1）创新的设想或成果所依据的原理是否重叠，是否超出应有范围。

（2）创新的设想或成果所拥有的结构是否复杂，是否超出应有程度。

（3）创新的设想或成果所具备的功能是否冗余，是否超出应有数量。

5. 构思独特原则

我国古代军事家孙子在其名著《孙子兵法·势篇》中指出：“凡战者，以正合，以奇胜。故善出奇者，无穷如天地，不竭如江河。”所谓“出奇”，就是“思维超常”和“构思独特”。创新贵在独特，也需要独特。

在创新活动中，关于创新对象的构思是否独特，可以从以下几个方面来考察：

（1）创新构思的新颖性。

（2）创新构思的开创性。

（3）创新构思的特色性。

6. 不轻易否定、不简单比较原则

不轻易否定、不简单比较原则是指在分析评判各种创新设想或成果时应注意避免轻易否定的倾向。在飞机发明之前，科学界曾从“理论”上进行了否定。过去也曾有权威人士断言，无线电波不可能沿着地球曲面传播，也就无法成为通信手段。显然，这些结论都是错误的，这些不恰当的否定之所以出现，是由于人们运用了错误的“理论”；而更多的不应该出现的错误否定，则是由于人们主观武断，给某项创新发明规定了若干用常规思维分析证明无法达到的技术细节的结果。

在避免轻易否定倾向的同时，还要注意不要随意在两个事物之间进行简单比较。不同的创新，包括非常相近的创新，原则上不能以简单的方式比较其优劣。

不同创新不能简单比较的原则，带来了相关技术在市场上的优势互补，形成了共存共荣的局面。例如，市场上常见的钢笔、铅笔就互不排斥，即使都是铅笔，也有普通木质的铅笔和金属或塑料杆的自动铅笔之分，它们之间也不存在排斥的问题。

总之，应在尽量避免盲目乐观地、过高地估计自己创新设想的同时，珍惜别人的创意和构想。简单的否定与批评是容易的，难得的是闪烁着希望的创新构想。

二、创新意识

创新意识是指人们为了满足社会和个人发展需要，引发创造新事物的想法或动机，并在创造活动中表现出的意图、愿望和想法，它体现了人类意识活动与社会发展的有机结合。创新意识是创新的前提，是人们创造活动的出发点和内在动机。

（一）创新意识的特征

创新意识具有以下几个特征：

（1）求新求变。求新求变是创新意识最突出的特征。创新意识或是为了满足新的社会需求，或是用新的方式更好地满足原来的社会需求，创新意识就是求新意识。

（2）社会历史性。创新意识的社会历史性表现在两个方面：一方面，创新意识是以满足物质生活和精神生活需要为出发点的，而这种需要很大程度上受具体的社会历史条件制约。人们的创新意识激起的创造活动和产生的创造成果，是为人类进步和社会发展服务的，创新意识必须考虑社会效果。另一方面，不同的历史时代，人们的创新意识也不尽相同，所以创新是针对当时时代而言的，古人不会想到马车被汽车取代，更不会想到人类登上其他星球。

（3）个体差异性。个体差异性是指人们的创新意识和他们的社会地位、文化素质、兴趣爱好、情感志趣等相关联，而在这些方面，各个人都会有所不同。

（二）创新意识的作用

创新意识包括创造动机、创造兴趣、创造情感和创造意志。其中，创造动机是创造活动的动力因素，它能激励和推动人们发起和维持创造活动；创造兴趣能促进创造活动的成功，是促使人们积极探求新奇事物的心理倾向；创造情感是引起、推进乃至完成创造活动的心理因素，只有具有正确的创造情感才能使创造活动成功；创造意志是在创造活动中克服困难、冲破阻碍的心理因素，创造意志具有目的性、顽强性和自制性。

创新精神的内涵

创新精神是指能够综合运用已有的知识、信息、技能和方法，提出新方法、新观点的思维能力，以及进行发明创造、改革、革新的意志、信心、勇气和智慧。

具体来说，创新精神的内涵包含以下两个方面的内容：

（1）推陈出新精神。创新精神是一种勇于抛弃旧思想、旧事物，创立新思想、新事物的精神。例如，不满足已有认识，不断追求新知识；不满足现有的生活生产方式、方法、工具、材料、物品，根据实际需要或新的情况不断进行改革；不墨守成规（规则、方法、理论、说法、习惯），敢于打破原有框架，探索新的规律、新的方法；不迷信书本、权威，敢于根据事实和自己的思考质疑书本和权威；不盲目效仿别人的想法、说法、做法，坚持独立思考，说自己的话，走自己的路；不喜欢一般化，追求新颖、独特、与众不同；不僵化、呆板，灵活地应用已有的知识和能力解决问题……这些都是创新精神的具体表现。

（2）科学精神。创新精神是科学精神的一个方面。第一，创新精神以敢于摒弃旧事物、旧思想，创立新事物、新思想为特征，同时，创新精神又要以遵循客观规律为前提，只有符合客观需要和客观规律，创新精神才能顺利地转化为创新成果；第二，创新精神提倡新颖、独特，也要受到一定的道德观、价值观、审美观的制约；第三，创新精神提倡独立思考、不人云亦云，但并不是不倾听别人的意见、孤芳自赏，而是要团结合作、相互交流；第四，创新精神提倡大胆尝试、不怕犯错误，但并不是鼓励犯错误，只是认识到出现错误在科学探究过程中是不可避免的；第五，创新精神提倡不迷信书本、权威，但并不是反对学习前人经验，因为任何创新都是在前人成就的基础上进行的……总之，要用全面辩证的观点看待创新精神。只有具有创新精神，我们才能在未来的发展中不断开辟出新的天地。

三、创新思维

（一）创新思维的内涵

思维是指在表象、概念的基础上进行分析、综合、判断、推理等认识活动的过程，或者说是指向理性的各种认识活动。人们在工作、学习、生活中每逢遇到问题，总要“想一想”，这种“想”就是思维。我们通常所说的概念、判断、推理都是思维的基本形式。

创新思维是一种具有开创意义的思维活动，即开拓人类认识新领域、开创人类认识新成果的思维活动。它往往表现为破除迷信、打破陈规，是善于因时制宜、知难而进、开拓创新的思维方式，是人们突破既有经验的局限，打破常规，在前人理论和实践基础上寻求超越的思想活动方法，如发明新技术、形成新观念、提出新方案与决策、创建新理论的思想活动。

简而言之，创新思维是一种有创见的思维，即人脑对客观事物的未知部分进行探索的活动，是人脑发现和提出新问题、设计新方法、开创新途径、解决新问题的活动。

（二）创新思维的形式

创新思维有很多种，以下是几种常见的、主要的创新思维形式。

1. 逆向思维

逆向思维又称“求异思维”，它是对司空见惯的、似乎已成定论的事物或观点反过来思考的一种思维方式。在日常生活中，常规思维难以解决的问题，通过逆向思维却可能轻松化解。例如，当小伙伴落入水缸急需施救时，常规的思维模式是“救人离水”，而少年时期的司马光面对险情，却运用了逆向思维，果断地用石头把缸砸破，“让水离人”，从而挽救了小伙伴的性命。

逆向思维的思维方法主要有以下 3 种：

（1）反转型逆向思维法：指从常规思路的相反方向进行思考的一种思维方法。

（2）转换型逆向思维法：指由于解决问题的常规手段受阻而转换成另一种手段，或者转换思考的角度，以使问题得到解决的一种思维方法。

（3）缺点型逆向思维法：指将事物的缺点变为可利用的特点，化被动为主动，化不利为有利的一种思维方法。

2．发散思维

发散思维

发散思维又称“辐射思维”“放射思维”“扩散思维”，是指在对事物或问题的研究中，保持思想活跃和开放状态的一种思维方式。

俗话说“条条大路通罗马”，人的思维也是一样，面对一个问题，我们应从多个角度进行思考，提出大量不同的设想，不论方案是否可行，只求多、求新、求独创、求前所未有，以便为随后的集中思维提供尽可能多的解决方案。

发散思维没有固定的方向，也没有固定的范围，它不墨守成规，也不拘于传统，它使得思维由单向思考转为多向思考或者立体思考。从一定程度上说，人与人之间创新能力的差别就体现在发散思维能力上。

要熟练地运用发散思维，同学们应勤于实践，有意识地训练自己的思维，使自己的思维处于异常活跃的状态。每当遇到问题时，应当摆脱旧有观念的束缚，尽可能地赋予所涉及的人、事、物以新的性质，从多种维度发散自己的思维，如进行“一题多解”“一事多写”“一物多用”等方式的练习。按照这个思路进行思维方法训练，往往能够达到触类旁通、推陈出新的效果，不仅使自己逐渐具有多方位、多角度思考的良好习惯，还会得到极其丰富多样和有创见的观点或思路。

思维导图

思维导图又称“心智导图”，是一种表达发散思维的图形思维工具，如图 2-1 所示。它运用图文并重的技巧，把各级主题的关系用层级图表现出来，把主题关键词与图像、颜色等建立记忆链接。此外，思维导图充分运用左右脑的机能，利用记忆、阅读、思维的规律，协助人们在科学与艺术、逻辑与想象之间平衡发展，从而开启人类大脑的无限潜能。

人类大脑的自然思考方式是放射性思考，每一种进入大脑的资料，不论是感觉、记忆或是想法，都可以成为一个思考中心，并由此中心向外发散出成千上万的节点，而每一个节点又可以成为另一个中心主题，再向外发散出成千上万的节点，呈现为放射性立体结构。这种放射性的立体结构就是思维导图的雏形。

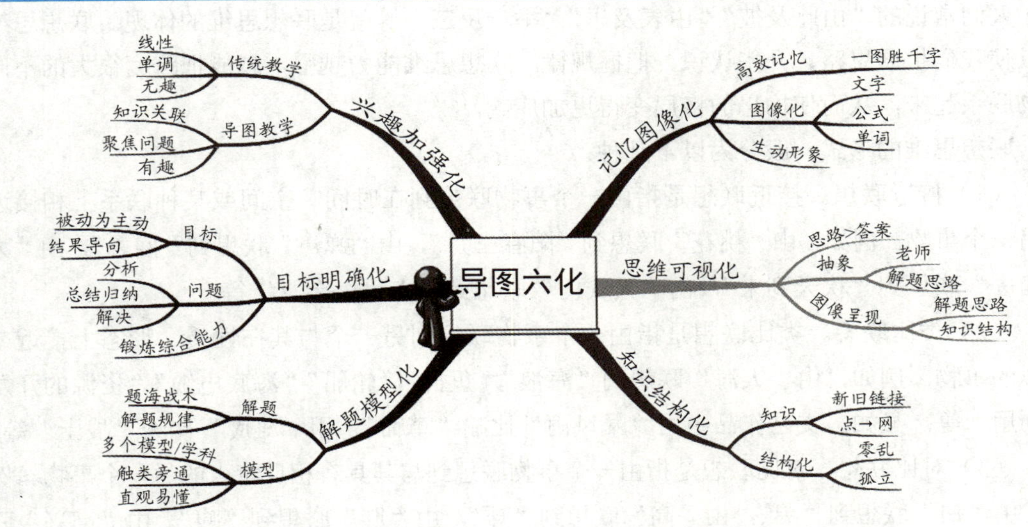

图 2-1　思维导图

思维导图既可以采用手工绘制的方式完成，也可以借助计算机软件完成。手工绘制思维导图的步骤如下：

（1）准备一张白纸和一支笔。

（2）在纸的正中央写下主题。

（3）从主题出发，绘制较粗的线条作为一级分支，然后用关键词为每条一级分支命名。

（4）从每条一级分支出发，绘制发散的线条作为二级分支，并用关键词为每条二级分支命名。

（5）依此类推，绘制三级分支，并添加相应的关键词。

3. 集中思维

集中思维又称“聚敛思维”，是指在发散思维的基础上，将获得的若干信息或思路重新组织，使之指向一个正确的答案、结论或方案的一种思维方式。具体来说，就是对发散思维提出的多种设想进行整理、分析，再从中选出最有可能实现、最经济、最有价值的设想，并加以深化和完善，从而获得一个最佳的方案。

集中思维是与发散思维相对的，二者具有互补性。从某种程度上来说，创新思维活动实际上就是发散思维和集中思维有机结合、循环往复而构成的思维活动。教学实践证明：只有既重视学生发散思维的培养，又重视其集中思维的培养，才能更好地促进学生的思维发展，提高学生的学习能力，从而培养出高素质的人才。

4. 联想思维

联想思维是指在原先并不相关的事物之间搭起一座桥梁，将其联系起来的一种思维方

式。人们常说的“由此及彼”“由表及里”“举一反三”等就是联想思维的体现。联想思维可以使我们扩展思路、升华认识、把握规律。联想思维能力越强，越能把跨度很大的不同事物联系起来，从而使构思的格局变得更加广阔。

联想思维的形式一般分为以下几种：

（1）接近联想。接近联想是指由一个事物联想到在时间、空间或某种联系上相接近的另一个事物。例如，由“桃花”联想到“阳春三月”，由“蝉声”联想到“盛暑”，由“大雁南去”联想到“秋天到来”，由“天安门”联想到“人民大会堂”等。

（2）类比联想。类比联想是指由一个事物联想到另一个与其在性质、形态上接近或相似的事物。例如，由“大海”联想到“海浪”“鱼群”“轮船”“海底电缆”“资源的开发和利用”等。又如，文艺作品中用“暴风雨”比喻“革命”，用“雄鹰”比喻“战士”等。

（3）对比联想。对比联想是指由一个事物联想到与其具有相反特点的另一个事物。例如，由“白”联想到“黑”，由“高”联想到“矮”，由“胖”联想到“瘦”，由“高兴”联想到“忧伤”，由“自由”联想到“禁锢”，由“朋友”联想到“敌人”，由“战争”联想到“和平”等。对比联想使人容易看到事物的对立面，对于认识和分析事物有重要的作用。

5．逻辑思维

逻辑思维又称“抽象思维”，是指人们在认识事物的过程中借助于概念、判断、推理等思维形式，能动地反映客观现实的一种思维方式。只有经过逻辑思维，人们才能把握事物的本质和规律，它是人的认识的高级阶段，即理性认识阶段。例如，不论采用哪种创新思维方法，都有可能提出多种新的设想。这时，就要根据可行性和可能产生的社会效益和经济效益来进行筛选。这个筛选的过程就是逻辑思维的运用过程。

6．灵感思维

灵感思维是指在接触和思考事物的过程中，因受到某种启发而突然涌现答案，使问题得到解决的一种思维方式。它是在抽象思维和形象思维的基础上产生的顿悟式思维。

灵感思维在科学研究和文艺创作中经常出现或运用，它具有偶然性、突发性等特点，通常是可遇而不可求的。因此，我们要善于抓住灵感思维，并对其进行深入的思考和研究，以促进新生事物的应运而生或疑难问题的解决。

巧移“钟王”

北京大钟寺有一口大钟，重 46 500 千克，号称“钟王”。传闻这是明朝皇帝朱棣为了防止民众造反，派军师姚广孝收集老百姓的各种兵器后熔化铸就的。不知是什么原因，这口大钟沉到了西直门外万寿寺前面的长河的河底。

两百多年后的一天，一个打鱼的老汉发现了河底的大钟。清朝皇帝得知此事后，下

令将这口钟打捞上来，并挪到觉生寺（即现在的大钟寺）。从河底把大钟打捞上岸虽非易事，但经过一番努力，总算克服了困难。然而，要把这 46 500 千克重的大钟挪到五六里以外的觉生寺去，却是谁也想不出一个可行的办法来。大钟是夏天打捞上来的，但到了秋天还没有人想出挪动大钟的主意。

有一天，参与此事的几个工匠在工棚里喝闷酒。工棚内只有一块长长的石条当桌子用，大伙就围坐在石桌旁。这时天正下雨，从棚顶上漏下来的雨水滴了不少在石桌上。坐在石桌一头的一个工匠，让坐在另一头的一个工匠再给他倒一盅酒。酒倒好后，由于手上有水，两人在传递时没留神把酒盅给弄翻了，引得大伙连声抱怨："太可惜了！太可惜了！"

这时，一个工匠很不耐烦地说："何必用手传呢！石桌上有水，是滑的，轻轻一推不就推过去了。"坐在旁边的一个平时很少说话的工匠沉思了片刻，然后在石桌上一拍，大叫起来："有啦！有啦！挪动大钟有办法啦！"

这个平时很少说话的工匠联想到的办法是：从万寿寺到觉生寺挖一条浅河，放进一二尺深的水，待河里的水结冰后，不费多大力气便能将大钟从冰上推走。后来工匠们就采用这个办法将大钟从万寿寺挪到了觉生寺。

知识拓展

一、创新意识的激发方法

大学生可以从以下几个方面来激发自己的创新意识，从而为未来创业做好准备：

（1）精通所学，兴趣广泛。放眼人类历史，创新绝不是无本之木、无源之水，而是在常规知识和技术基础上的综合与提高。因此，唯有打牢基础知识，才有可能实现创新。大学生应精通专业课程，并培养广泛的兴趣爱好，以扎实、系统的专业知识，开阔的视野和丰富的技能，促使自己"灵感乍现"。

（2）留心观察，善于发现。在生活中，只要留心观察，就能从一些细小的地方或平常的事情中获得知识。这些知识如同一粒粒沙子，经过日积月累，就能够堆成一座座沙丘，从而为创新奠定基础。历史上有不少科学家就是通过留心观察生活中一些极其普遍的现象而萌发奇想，并以其大胆的想法改变了世界。例如，瓦特因留心茶壶盖在水烧开后的跳动而发明了蒸汽机；牛顿因留心树上苹果会落地而发现了地球的万有引力等。大学生不应局限于在课堂和书本上学习知识，而应在生活中处处留心，仔细观察，以丰富自己的知识和阅历，从而为实现创新打下基础。

（3）刨根问底，坚持不懈。生命的长河是永无止境的，人的学习也一样。大学生要实现创新，就要把刨根问底、坚持不懈的精神运用到学习和生活中，探究各种事物的本源及实质，不断钻研，锲而不舍，一步步地寻找正确的结果。只要拥有坚定的意志，对待事情精益求精，不懈探索，这种执着便会成为创新的推动器，最终帮助你实现梦想。

（4）结合实际，投身实践。古人云："读万卷书，行万里路。"唯有与实践相结合，理论才有意义。只有精通理论，才可能去改进实践；只有拥有丰富的实践经验，才可能产生新的理论。

二、打破创新思维枷锁

人们思考问题时，或多或少地存在一种思维惯性，会习惯性地依据已有的知识，按照一种固定的思路去考虑问题，这就是思维定式的表现。所谓思维定式，就是按照积累的思维活动经验教训和已有的思维规律，在反复使用中所形成的比较稳定的、定型化了的思维路线、方式、程序和模式。简单地讲，思维定式就是过去的思维影响当前的思维。

思维定式既具有积极的意义，也具有消极性。在遇到常规问题时，思维定式能够使人们利用已掌握的方法迅速解决问题。而当遇到新问题时，如果人们依然按照既有的思维模式去分析问题、解决问题，则很容易步入误区。一旦思维被引入歧途，被某些条条框框固定住，人们在思考问题时就很难有所突破。

（一）常见的思维枷锁

常见的影响人们创新的思维枷锁大致有以下几种：

（1）从众型思维枷锁。从众思维倾向比较强烈的人，在认知事物、判断是非时，往往会附和多数人的意见，即人云亦云，缺乏独立思考和主见。例如，当某人和他人在对同一件事情发表看法时，若大家的看法和他的不一样或相反，这时他若怀疑自己的看法，认为自己的看法是错的，并最终放弃了自己的观点，便是一种从众型的思维方式。在创新的过程中，这种容易受到外界群体言行影响的思维方式永远是滞后的，是没有新意的。

（2）权威型思维枷锁。权威型思维枷锁是指思维中的权威定式。在思维领域，人们习惯于引证权威的观点，不假思考地以权威的是非为是非，这就是权威定式。例如，人是教育的产物，来自教育的权威定式使人们对"教育权威"的言论盲信盲从，缺少"自我思索、冲破权威、勇于创新"的意识。而一味盲从"教育权威"，思维就失去了积极主动性。

（3）经验型思维枷锁。经验是相对稳定的东西，然而，正因为经验具有稳定性，可能导致人们过分依赖经验，从而形成固定的思维模式，导致因循守旧，限制头脑的想象力，造成创新思维能力的下降。此外，经验也具有很大的狭隘性，它会束缚人的思维广度，使人不能正确地完成信息加工的任务，进而形成片面性的结论。而创新思维要求大学生必须

拓展思路，大胆展开想象，不被以往的条条框框所束缚。

（4）书本型思维枷锁。书本是千百年来人类经验和体悟的结晶，它为我们呈现的是系统化、理论化的知识，能够带给我们无穷多的好处。但是，客观实际是不停变化的，加之前人受条件的局限，因此，书本知识与客观实际存在一定的差距，两者并不完全吻合。倘若我们脱离实际，照搬照抄书本知识，就会使自己局限于书本知识之内，从而束缚创新思维的发挥。

（5）自我贬低型思维枷锁。有的人经历过一些挫折和失败后，做事变得没有信心，总认为“我不行，我做不到”，而不敢再去尝试，由此形成恶性循环——因没有自信而不去做，因不做而更加没有自信，最终饱受自我批判、自我贬低的折磨。因此，要想创新，任何时候都不要自我贬低，凡事要持乐观态度，专注自己的长处，勇敢地行动起来。只有积极改变思维和行动方式，从内心深处树立起信心，我们才能发现自己的潜力，才能更好地实现创新。

（二）打破思维枷锁的方法

对于创新而言，打破思维枷锁，从思维方法上寻求解决办法是非常有必要的。

（1）培养质疑的态度。古人云：“学贵存疑，小疑则小进，大疑则大进。”只有敢于质疑，才能不断前进，才能创造出更多新的东西。要打破思维枷锁，就必须对任何事物都持有质疑的态度，敢于质疑才能发现问题，进而解决问题。

（2）增加与问题直接接触的机会。很多时候，产生思维枷锁是因为人们仅仅凭借经验，而非与问题的实际接触来认识问题。如果深入问题，对问题进行调研，就会得到对问题的全新解释。因此，当陷入思维枷锁，解决问题停滞不前时，创新者有必要跳出设计者的问题情境，尝试造访客户，或深入使用者的不同环境进行实地考察，这有利于得到不同的思路。

（3）扩展思维视角。

① 改变思考问题的方式。思考问题时，改变思考顺序，变顺着想为逆着想；尝试对立思路，从事物的对立面思考问题；学会换位思考，设身处地地从对方的角度思考问题。

② 转换问题获得新视角。思考问题时，把复杂的问题简单化、生疏的问题熟悉化，从而找到新的思路。

③ 把直接变为间接。在面对比较复杂、困难的问题时，直接解决往往会遇到极大的困难。此时，可以采取迂回路线，或先设置一个相对简单的问题作为铺垫，为实现最终目标创造条件。

三、常用的创新方法

实际上，创新也是有方法的。创新方法是人们通过研究有关创造发明的心理过程，在创造发明、科学研究或创造性解决问题的实践活动中总结、提炼出的有效方法和程序的总称。它是人类对创新规律基本认识的成果总结。下面介绍一些常用的创新方法。掌握这些方法，再通过一定的练习，便能有效提高创新能力。

（一）头脑风暴法

头脑风暴法又称“智力激励法”“自由思考法”“畅谈法”“集思法”，是指无限制地进行自由联想和群体讨论的方法，其目的在于产生新观念或激发创新设想。

1．头脑风暴法的实施原则

实施头脑风暴法时，群体讨论的方式十分关键，即群体能否进行充分、非评价性和无偏见的交流是影响头脑风暴法效果好坏的关键。因此，实施头脑风暴法应遵守以下 4 项原则：

（1）自由畅谈原则：应创造一种自由、活跃的气氛，使参加者不受任何条条框框的限制，放松思想，从不同角度、不同层次、不同方位大胆地展开想象，从而尽可能地提出标新立异、与众不同的想法。

（2）延迟评判原则：当场不对任何设想做出评价，即不肯定或否定某个设想，一切评价和判断都要延迟到会议结束后进行。

（3）禁止批评原则：即每个人都不得对别人的设想提出批评意见，因为批评对创造性思维会产生抑制作用。即使自己认为是幼稚的、错误的，甚至是荒诞离奇的设想，亦不得予以驳斥。

（4）追求数量原则：尽可能多地提出设想。参加会议的每个人都要抓紧时间多思考，多提方案。至于设想的质量问题，可留到会议结束后的设想处理阶段去解决。

2．头脑风暴法的操作程序

（1）准备阶段：① 主持人应事先对所议问题进行一定的研究，弄清问题的实质，找到问题的关键，设定解决问题所要达到的目标；② 选定与会人员，一般以 5～10 人为宜，不宜太多；③ 确定会议的时间、地点；④ 准备好纸、笔等记录工具；⑤ 布置场所。

（2）头脑风暴阶段：① 主持人简明扼要地介绍有待解决的问题；② 与会人员畅所欲言；③ 记录人员记录参加者的想法；④ 结束会议。

（3）选择评价阶段：① 将与会人员的想法整理成若干方案，再根据相关标准进行筛选；② 经过反复比较，优中择优，最后确定 1～3 个最佳方案。

（二）奥斯本检核表法

奥斯本检核表法是利用检核表来完成创意的方法。所谓检核表，是指根据需要研究对象的特点列出相关问题，形成列表，创意者对问题逐个核对讨论，从而发掘出解决问题的大量设想，以求得比较周密的思考。奥斯本检核表法的核心是改进。

奥斯本检核表法中的问题可归纳为 9 类，即九大检核类别，分别是：能否他用、能否借用、能否扩大、能否缩小、能否改变、能否代用、能否调整、能否颠倒、能否组合，如表 2-1 所示。

表 2-1　奥斯本检核表

序号	检核类别	检核内容
1	能否他用	现有的东西（如发明、材料、方法等）有无其他用途？保持原状不变，能否扩大用途？稍加改变，有无别的用途？
2	能否借用	能否从别处得到启发？能否借用别处的经验或发明？外界有无相似的想法，能否借鉴？过去有无类似的东西，有什么东西可供模仿？谁的东西可供模仿？现有的发明能否引入其他的创造性设想之中？
3	能否扩大	现有的东西能否扩大使用范围？能不能增加一些东西？能否添加部件，拉长时间，增加长度，提高强度，延长使用寿命，提高价值，加快转速？
4	能否缩小	现有的东西能否缩小体积，减轻重量，降低高度，压缩、变薄？能否省略？能否进一步细分？
5	能否改变	现有的东西是否可以做某些改变？改变一下会怎么样？可否改变一下形状、颜色、味道？是否可改变一下意义、型号、模具、运动形式？改变之后，效果又将如何？
6	能否代用	可否由别的东西代替，由别人代替？能否用别的材料、零件、方法、工艺、能源代替？可否选取其他地点？
7	能否调整	能否调换一下先后顺序？可否调换元件、部件？是否可用其他型号？可否改成另一种安排方式？原因与结果能否对换位置？能否调整一下日程？
8	能否颠倒	颠倒过来会怎么样？上下是否可以颠倒？左右、前后是否可以调换位置？里外可否调换？正反是否可以调换？可否用否定代替肯定？
9	能否组合	组合起来怎么样？能否装配成一个系统？能否把目的进行组合？能否将各种想法进行综合？能否把各种部件进行组合？

1. 能否他用

对于某种物品，思考“还有哪些用途”“还有哪些使用方法”这类问题能使我们的想象力活跃起来。当我们拥有某种材料，为了扩大它的用途，打开它的市场，就必须善于进行这些思考。

例如，花生有哪些使用方法？有人想出了花生的 300 种使用方法，仅仅是用于烹调，就想出了煮、炸、炒、磨浆等 100 多种方法。橡胶有什么用处？有人提出了多种设想，如用它制成床毯、浴盆、人行道边饰、衣夹、鸟笼、门扶手、棺材、墓碑等。当人们将自己的想象投入到思维这条宽阔的“高速公路”上时，就会以丰富的想象力产生更多的设想。

2. 能否借用

科学技术的重大进步不仅表现在某些科学技术难题的突破上，也表现在科学技术成果的推广应用上。通过联想借鉴，不仅可以使创新成果得到推广，还可以再次推陈出新，实现二次创新。这样，一种新产品、新工艺、新材料，必将随着它越来越多的新应用而显示出强大的生命力。

例如，当德国物理学家威廉·康拉德·伦琴发现“X 射线”时，并没有预见到这种射线的任何用途。但后来人们通过联想借鉴，让“X 射线”不仅可以用来治疗疾病，还能用来观察人体内部的情况。同样，电灯起初只用来照明，后来，人们从电灯的光线中得到启发，通过改变光线的波长，发明了紫外线灯、红外线加热灯、灭菌灯等。

3. 能否扩大

在自我发问的技巧中，研究“扩大”与“放大”这类有关联的成分，不仅有助于提出大量的构思设想，还能使人们扩大探索的领域。例如：

“为什么不用更大的包装呢？”——橡胶工厂大量使用的黏合剂通常装在一加仑的马口铁桶中出售，使用后便将铁桶扔掉。有位工人建议将黏合剂装在 50 加仑的容器内，且容器可反复使用，从而节省了大量马口铁。

“能使之加固吗？”——织袜厂通过加固袜头和袜跟，使袜子的销量大增。

“能增加一些功能吗？”——牙膏中加入某种配料，便成为具有某种附加功能的牙膏。

4. 能否缩小

如果说“能否扩大”关注的是使用范围、功能、价值等的增加，“能否缩小”则强调某一功能或某一方面的精细化程度。尽可能地删去或省略多余的成分，是一种精益求精式的思考方法。例如，迷你音响、微型计算机、折叠伞等就是“缩小”的产物。

5. 能否改变

通过改变事物的某些性质，思维可以另辟蹊径，获得意想不到的结果。例如，改变一下车身的颜色，就会增加汽车的美感，从而增加汽车的销量；给面包裹上一层精美的包装，就能提高其吸引力。另外，女士游泳衣据说是婴儿服装的模仿品，而将滚柱轴承改成滚珠轴承是改变形状的结果。

6. 能否代用

通过取代、替换的途径，也可以为想象提供广阔的探索领域。例如，用氩气来代替电灯泡中的真空，可以提高钨丝灯泡的亮度；用液压传动来替代金属齿轮，可以在工业生产中节省金属材料等。

7. 能否调整

重新调整通常会带来更多的创造性设想，进而实现创新。例如，飞机诞生初期，螺旋桨是安装在飞机头部的，后来，人们将螺旋桨安装在飞机顶部，就发明了直升机。又如，商店柜台的重新安排，营业时间的合理调整，电视节目顺序的重新安排，机器设备的布局调整……都有可能产生更好的结果。

8. 能否颠倒

这是一种逆向思维方法，在创造活动中颇为常见和有效。例如，以前的工厂生产模式是工人们围着机器和零件转，又累效率又低，后来有人改变了工序，让工人们不动而零件动，逐渐发展成流水线式生产模式，大大提高了生产效率。

9. 能否组合

从综合的角度分析问题，有目的地将各个部分组合在一起，也可以带来创造性的成果。例如，把铅笔和橡皮组合在一起，就有了带橡皮的铅笔；把几种金属组合在一起，就有了性能各不相同的合金。

（三）5W2H 分析法

5W2H 分析法又称“七问分析法”。该方法利用 5 个以字母 W 开头的问题和 2 个以字母 H 开头的问题进行提问，以发现解决问题的线索，寻找创新思路，进行设计构思，从而产生新的创意。这 7 个问题的内容如下：

（1）What——是什么？目的是什么？做什么工作？

（2）How——怎么做？如何提高效率？如何实施？方法怎样？

（3）Why——为什么？为什么要这么做？理由何在？原因是什么？为什么造成这样的结果？

（4）When——何时？什么时间完成？什么时机最适宜？

（5）Where——何处？在哪里做？从哪里入手？

（6）Who——谁？由谁来承担？谁来完成？谁负责？

（7）How much——多少？做到什么程度？数量如何？质量水平如何？费用产出如何？

（四）组合创造法

组合创造法是指针对两种或两种以上的实物或产品，根据原理、材料、工艺、方法、产品、零部件等不同的属性抽取合适的技术要素，进行重新组合，从而获得新的产品、新的材料、新的工艺的方法。它包括以下几种类型。

1. 主体附加法

主体附加法就是在某种产品上附加新的部件，使主体产品的功能或性能略有拓展，从而让消费者在拥有主体产品的同时获得锦上添花式的附加利益。例如，带指南针功能的手表、能测量温度的奶瓶、带照相功能的手机等，都是运用了主体附加法的创新产品。

2. 同类组合法

同类组合法是指将两个或两个以上相同或相似的事物进行简单重叠的方法。在同类组合中，参与组合的对象与组合前相比，其基本性能和基本结构一般不会发生根本性的变化。在生活中，运用同类组合法的创新产品有很多，如多头铅笔、自行婴儿车等。

3. 异类组合法

异类组合法是指将来自不同领域的两种或两种以上不同类别的事物进行重叠的方法。在异类组合中，被组合的因子彼此间一般没有明显的主次之分，参与组合的因子可以从意义、原则、构造、成分、功能等任意一方面或多方面互相渗透，从而使组合后的整体发生变化。例如，可视电话便是将显示屏和电话进行有机组合而创造出来的新产品。

（五）分析列举法

分析列举法是通过分析，尽可能全面地排列出事物的相关内容，从而形成多种构思方

案的方法。它包括以下几种类型。

1. 特性列举法

特性列举法是通过逐一列举创新对象的特性，并进行联想，最终提出解决方案的方法。运用该方法时，首先要仔细分析创新对象，然后探讨能否进行改革或创新。通常，要着手解决的问题越小，越容易获得创新的成功。特性列举法的操作步骤如下：

（1）对创新对象的特性进行列举，对象要具体、明确，列举要全面、详细。注意，列举得越全面、详细，越容易找到创新和改进的方面。

（2）从名词特性、形容词特性和动词特性 3 个方面进行列举。名词特性包括对象的整体、部分、材质和制作方法等，形容词特性包括对象的形状、性质、颜色等，动词特性则包括对象的效用和功能等。

（3）在上述各项目下尽量将各种可替代的特性进行置换，以便产生新的设想和方案。

（4）提出新的方案并进行讨论和评价，努力按照实际需要进行改进。

2. 缺点列举法

缺点列举法是指抓住事物的缺点进行分析，以确定创新目的的方法。缺点列举法的具体步骤如下：

（1）尽量列举事物的缺点，必要时可事先广泛调查研究，征集意见。

（2）将缺点加以归类整理。

（3）针对所列出的缺点进行逐条分析，研究其改进方案或能否将缺点逆用、化弊为利。

3. 希望点列举法

希望点列举法是从人们的需求和愿望出发，提出构想，从而产生发明创造的方法。例如，人们希望像鸟一样飞上天，于是就发明了气球、飞机；人们希望冬暖夏凉，于是就发明了空调设备；人们希望夜间上下楼梯时，灯能自动亮、自动灭，于是就发明了声控开关。这些发明都是根据人们的需求和愿望创造出来的。

希望点列举法的具体步骤与缺点列举法基本相似，不再一一赘述。

4. 成对列举法

成对列举法是把任意选择的两个事项结合起来，成对列举其特征，或者对某一范围内的事物一一列举，依次成对组合，从中寻求创新设想的方法。成对列举法的具体实施步骤如下：

（1）列举。把某一范围内所能想到的所有事物依次列举出来。

（2）强迫联想。任意地选择其中两项依次进行组合，想象这种组合的意义。

（3）对所有的组合进行分析筛选。

例如，要设计新式多功能家具，可以先列举各种家具及室内用具：床、箱子、桌子、沙发、椅子、茶几、书架、台灯、衣柜、衣架、镜子、花盆架、电视、音响等。然后，

两两配对组合：床和沙发、桌子与书架、床和箱子、镜子与柜子、音响和台灯等。最后，对所有的组合方案进行分析，并将一些可行的方案落地实施，从而发明出新式多功能家具。

现实中，有些方案已经成为产品，如床和沙发组合成的沙发床、镜子和柜子组合成的带穿衣镜的柜子、床和箱子组合成的床底是储物柜的组合床等。

课堂活动

一、"人工降雨"活动

（1）讨论：如果想马上在教室中降雨，该如何实现呢？

（2）当没有更多创意时，教师可带领学生"人工降雨"。操作过程如下：

要求学生在教室里围成一圈（肩并肩）并宣布："我们要作为一个群体来共同降雨。你右边的人做什么你就做什么，你右边的人开始后你才能开始。在连续 7 轮后，'雨'就降下来了。"教师在每轮开始时先带头，然后左边的人严格按照教师的做法来做。这样，每圈的动作就连贯下来了；在"降雨"过程中，不要有任何间歇。

第 1 轮：搓双手。教师首先掌心搓掌心，左边紧挨教师的人立刻模仿。最终，整个小组都在搓双手。当搓手动作到达右边紧挨教师的人后，就该开始第 2 轮了。

第 2 轮：捻指头。当每个人仍在搓双手时，教师开始捻双手上的指头作响。左边紧挨教师的人立即模仿。最终，整个小组都会从搓双手转换到捻指头上。当捻指头动作达到右边紧挨教师的人后，就该开始第 3 轮了。

第 3 轮：用手拍东西。重复前面几轮的模式。当拍手动作到达右边紧挨教师的人后，就该开始第 4 轮了。

第 4 轮：用手拍东西的同时跺脚。重复前面几轮的模式。气氛在本轮到达了顶点。

第 5 轮：重新回到用手拍东西。重复前面几轮的模式。

第 6 轮：重新回到捻手指。重复前面几轮的模式。高潮开始褪去。

第 7 轮：搓双手，重复前面几轮的模式。然后结束。

（3）总结：同学们成功进行"人工降雨"并创造了"暴风雨"，现在讨论以下问题：

① 为什么一开始，大家没有想到"声音"或其他降雨方式？

② 当被要求围成一圈时，大家的反应是什么？

③ 在练习之前、之中和之后，大家的感觉分别是什么？

二、创新思维训练

1. 逆向思维训练

（1）一起玩“石头、剪刀、布”，但要求每局中赢的一方做“哭”的动作，输的一方做“笑”的动作，谁先做错谁就被淘汰。

（2）2 人一组，根据“口令”做相反的动作。例如，一方说“起立”，对方就要坐着不动；一方说“举左手”，对方就要举右手；一方说“向前走”，对方就要往后退……总而言之，双方要“反着来”。谁先做错就算谁输。

2. 发散思维训练

（1）尽可能多地列出肥皂的用途。

____

（2）绘制思维导图，尽可能多地列出“缓解上班高峰期电梯拥挤”的方法。

____

（3）A 能够影响 B，如书籍能够影响人的心灵。按照这种思路，列举 4 对 A 和 B 的例子。

____

3. 集中思维训练

（1）下列各词中，哪一个与众不同？

① 房屋；冰屋；平房；办公室；茅舍。

② 沙丁鱼；鲸鱼；鳕鱼；鲨鱼；鳗鱼。

（2）请填上缺失的数字或字母。

① 2　5　8　11　____

② 2　5　7
　 4　7　5
　 3　6　____

③ E　H　L　O　S　____

4. 联想思维训练

木头和皮球本是两个风马牛不相及的东西，但我们可以通过联想使它们发生联系：木头—树林—田野—足球场—皮球。请同学们想一想以下每组词语之间有什么联系。

（1）天空和茶。

____

（2）钢笔和月亮。

____

5. 逻辑思维训练

（1）在 8 个同样大小的杯中，有 7 杯盛的是凉开水，1 杯盛的是白糖水。请思考如何只尝 3 次，就找出盛白糖水的杯子来。

（2）假设有一个池塘，里面有无穷多的水。现有 2 个空水壶，容积分别为 5 升和 6 升。请思考如何只用这 2 个水壶从池塘里取得 3 升的水。

三、创新方法练习

1. 头脑风暴法练习

运用头脑风暴法，思考“如何改善城市拥堵的交通状况”和“如何减轻城市空气污染”这两个社会问题的解决方案。

（1）教师将学生分组，3～5 人为一组，各组选出一个小组活动记录员。

（2）教师提出问题并留给学生 5 分钟左右的时间思考，让学生在放松的状态下进行准备。

（3）小组成员畅所欲言，然后各组派代表汇报结果。

（4）在规定的时间内，提出设想最多的小组获胜。

2. 奥斯本检核表法练习

利用奥斯本检核表法，构思出智能手机的创新思路，填入表 2-2。

表 2-2　智能手机的创新思路

序号	检核类别	引出的发明
1	能否他用	
2	能否借用	
3	能否扩大	
4	能否缩小	
5	能否改变	
6	能否代用	
7	能否调整	
8	能否颠倒	
9	能否组合	

3. 5W2H 分析法练习

目前，中国快餐行业的发展尚处于初创阶段，在支持性设施、辅助物品、服务等方面仍有较大的提升空间。请用 5W2H 分析法对中国快餐行业进行分析，并对快餐行业的发展提出合理化建议。

4. 组合创造法练习

（1）请将以下不同领域的物品和概念进行组合，使其成为有意义、有价值的新物品。

卧室	自动化
床	运送装置
睡觉的地方	移动
窗帘	加热器
位于浴室附近	不同颜色
让人有安全感	自动门锁

（2）下列各组产品均由两个或两个以上的物品组合而成，请分析它们分别运用了哪种组合创造法。

① 牙膏+中草药→药物牙膏

② 手枪+消音器→消声手枪

③ 毛毯+电阻丝→电热毯

④ 台秤+电子计算机→电子秤

⑤ 飞机+飞机库+军舰→航空母舰

⑥ 收音机+盒式录音机+激光唱片→组合音响

⑦ 洗衣机+脱水机+干燥机→全自动洗脱干组合洗衣机

⑧ 自行车+电机+蓄电池→电动自行车

⑨ 照相机+电子调焦调光机→傻瓜照相机

5. 分析列举法练习

现在有一把旧的长柄弯把雨伞，请根据缺点列举法的原理，对其提出至少 4 种改进方案。旧雨伞的缺点如下：

（1）伞柄太长，不便于携带。

（2）把手太大，在拥挤的地方会钩住别人的口袋。

（3）撑开和收拢不方便。

（4）伞尖容易伤人。

（5）伞太重，长时间打伞手臂容易酸痛。

（6）伞面会遮挡视线，容易发生事故。

（7）伞面淋湿后，不易放置。

（8）伞的防风能力差，刮大风时伞面会向上翻起成喇叭状。

（9）骑自行车时，打伞容易出事故。

延伸阅读

一、我国实施创新战略的重要意义

党的十八大明确提出，科技创新是提高社会生产力和综合国力的战略支撑，必须摆在国家发展全局的核心位置，同时强调要坚持走中国特色自主创新道路、实施创新驱动发展战略。党的十九大报告提出要“建设科技强国”，并强调“创新是引领发展的第一动力”，要坚定实施创新驱动发展战略。在我国，实施创新战略具有特别重要的意义。

（1）实施创新驱动发展战略，对我国形成国际竞争新优势、增强发展的长期动力具有战略意义。改革开放以来，我国经济的快速发展主要源于发挥了劳动力和资源环境的低成本优势。进入发展新阶段，我国在国际上的低成本优势逐渐消失。与低成本优势相比，技术创新具有不易模仿、附加值高等突出特点，由此建立的创新优势持续时间长、竞争力强。加快实现由低成本优势向创新优势的转换，可以为我国持续发展提供强大动力。

（2）实施创新驱动发展战略，对我国提高经济增长的质量和效益、加快转变经济发展方式具有现实意义。科技创新具有乘数效应，其不仅可以直接转化为现实生产力，而且可以通过科技的渗透作用放大各生产要素的生产力，提高社会整体生产力水平，有力推动经济发展方式的转变。

（3）实施创新驱动发展战略，对降低资源能源消耗、改善生态环境、建设美丽中国具有长远意义。实施创新驱动发展战略，加快产业技术创新，用高新技术和先进适用技术改造和提升传统产业，既可以降低消耗、减少污染，又可以提升产业竞争力。

党的十八大以来，党中央深入推进实施创新驱动发展战略，我国创新发展取得了突破性成就，科技发展格局出现重大变化，创新在促进经济稳中向好、加快新旧动能转换、扩大就业等方面发挥了关键作用。蛟龙潜海、墨子升空、北斗导航、大桥飞架、5G 引领、高铁纵横……一系列重大创新成果竞相涌现，让国人自豪，令世界赞叹。

二、创新与创业的关系

（1）创业与创新之间有着本质上的契合，它们在内涵上相互包容、在实践过程中互动发展。创新活动与创业活动在性质上具有一致性和关联性。第一次提出“创新”概念的经济学家约瑟夫·熊彼特认为，创新是生产要素和生产条件的一种从未有过的新组合，这种新组合能够使原来的成本曲线不断更新，由此产生超额利润或潜在的超额利润。

（2）创业本质上是人们的一种创新性实践活动。无论是何种性质、何种类型的创业活动，它们都有一个共同的特征，即创业是创业者的一种能动的、开创性的实践活动。

（3）创新是创业的基础，而创业又推动着创新。

（4）从某种程度上讲，创新的价值就在于将潜在的知识、技术和市场机会转化为现实生产力，实现社会财富增长，造福人类社会。而实现这种转化的根本途径就是创业。

创新与创业密切相关，创业者要在实践中把创新和创业结合起来，使企业真正成为自主创新的主体、持续创业的主体，只有这样企业才能获得核心竞争力和不断成长的动力。通过创新，企业可以不断开拓新的市场领域，取得竞争优势，从而为企业发展提供原动力；通过创业，社会可以将创新成果转化为现实生产力，不断聚集社会财富，增强企业实力，推动各行各业和社会经济的可持续发展。

三、创新成果的保护

创新成果是指为了达到一定的目的，在遵循事物发展规律的基础上，对事物整体或部分进行变革或更新而得到的活动成果。简单地说，创新成果就是创新活动的结果。我们这里谈论的创新成果，主要是指推向市场取得商业成效的新成果。

创新成果是发明创造者经过长时间的艰苦努力，甚至是在花费了大量的人力、物力、财力后取得的成果，是发明创造者劳动和智慧的结晶。为了使创新成果得到有效的保护，同时也为了保护发明创造者的创新积极性，国家制定了有关知识产权（即创新成果）保护的法律法规。

所谓知识产权，是指人们的智力劳动成果可依法享有的专有权利，通常是国家赋予发明创造者对其智力成果在一定时期内享有的专有权或独占权。下面主要对著作权、专利权和商标权进行介绍。

（一）著作权

著作权又称“版权”，是指作者对其创作的文学、艺术和科学作品依法享有的权利。著作权包括发表权、署名权、修改权、保护作品完整权、复制权、发行权、出租权、展览权、表演权、放映权、广播权、信息网络传播权、摄制权、改编权、翻译权、汇编权及应当由著作权人享有的其他权利。

《中华人民共和国著作权法》保护的作品

根据《中华人民共和国著作权法》第三条规定，本法所称的作品，是指文学、艺术和科学领域内具有独创性并能以一定形式表现的智力成果，包括：① 文字作品；② 口述作品；③ 音乐、戏剧、曲艺、舞蹈、杂技艺术作品；④ 美术、建筑作品；⑤ 摄影作品；⑥ 视听作品；⑦ 工程设计图、产品设计图、地图、示意图等图形作品和模型作品；⑧ 计算机软件；⑨ 符合作品特征的其他智力成果。

著作权的取得主要分为自动取得和注册取得两大类。

（1）自动取得，是指著作权自作品创作完成时自动产生，不需要履行任何批准或登记手续。

（2）注册取得，是指作品只有登记注册或经批准后才能取得著作权。

在我国，著作权是自作品创作完成之日起自动产生的，无须经过任何批准或登记手续。此外，无论作品是否发表，在其创作完成的那一刻就能享有著作权保护。

（二）专利权

专利权是指政府有关部门向发明人授予的在一定期限内生产、销售或以其他方式使用其发明创造的独占权或专有权。《中华人民共和国专利法》第二条规定："本法所称的发明创造是指发明、实用新型和外观设计。发明，是指对产品、方法或者其改进所提出的新的技术方案。实用新型，是指对产品的形状、构造或者其结合所提出的适于实用的新的技术方案。外观设计，是指对产品的整体或者局部的形状、图案或者其结合以及色彩与形状、图案的结合所作出的富有美感并适于工业应用的新设计。"

1. 专利权的特征

专利权具有以下 3 个特征：

（1）排他性，也称"独占性""专有性"。专利权所有人对其拥有的专利权享有独占或排他的权利，未经其许可或者出现法律规定的特殊情况，任何人不得使用，否则即构成侵权。

（2）时间性，指法律对专利权的保护不是无期限的，而是有时间限制的，超过这一时间限制则不再予以保护，专利随即成为人类的共同财富，可被任何人使用。

（3）地域性，指任何一项专利权只在特定的地域内受到法律保护。该地域通常是一个国家或多个国家。

2. 专利申请的原则

为了更好地保护发明创造，发明创造者必须及时向有关部门申请专利。专利申请应遵循以下原则：

（1）形式法定原则。申请专利的各种手续，都应当以书面形式或国家知识产权局规定的其他形式办理。以口头、电话等非书面形式办理的各种手续均视为未提出，不产生法律效力。

（2）单一性原则。一件发明或者实用新型专利申请应当限于一项发明或者实用新型，属于一个总的发明构思的两项以上的发明或者实用新型，可以作为一件申请提出；一件外观设计专利申请应当限于一项外观设计，同一产品两项以上的相似外观设计，或者用于同一类别并且成套出售或者使用的产品的两项以上外观设计，可以作为一件申请提出。

（3）先申请原则。两个以上的申请人分别就同样的发明创造申请专利的，专利权授予最先申请的人。

3. 专利申请的流程

专利申请的流程包括提交申请、受理、初步审查、公布、实质审查和授权 6 个阶段。其中，实用新型和外观设计的专利申请不进行公布和实质审查阶段。

（1）提交申请。申请人向国务院专利行政部门提出专利申请，并提交相关文件。提交的文件必须采用书面形式，并按照规定的格式填写。申请发明或实用新型专利的，应当提交请求书、说明书及其摘要、权利要求书等文件；申请外观设计专利的，应当提交请求书、该外观设计的图片或照片，以及对该外观设计的简要说明等文件。

（2）受理。国务院专利行政部门收到专利申请后进行查看，对符合受理条件的专利申请，国务院专利行政部门将确定该专利的专利申请日，并发放申请号和受理通知书，然后通知申请人缴纳申请费。对不符合受理条件的专利申请，则不予受理。

（3）初步审查。按照规定缴纳完申请费的专利申请自动进入初审阶段。在初审阶段，专利行政部门要对申请是否存在明显缺陷进行审查。对审查合格的，将发放初审合格通知书。

（4）公布。专利申请从获得初审合格通知书起进入公布阶段。公布以后，该专利申请就获得了临时保护。

（5）实质审查。在实质审查阶段，国务院专利行政部门将对专利申请是否具有新颖性、创造性、实用性及法律规定的其他实质性条件进行全面审查。

（6）授权。经实质审查未发现驳回理由的，由国务院专利行政部门做出授予专利权的决定，并发放专利证书，同时予以登记和公告。专利权自公告之日起生效。

（三）商标权

商标是用以区别商品和服务来源的商业性标志，由文字、图形、字母、数字、三维标志、颜色组合、声音或者上述要素的组合构成。

商标权是指商标所有人依法对其商标享有的受国家法律保护的专有权。商标所有人拥有依法支配其商标并禁止他人侵害的权利，包括商标所有人对其商标享有的排他使用权、收益权、处分权、续展权和禁止他人侵害的权利。

不得作为商标使用与注册的标志

《中华人民共和国商标法》第十条规定，以下标志不得作为商标使用：

（1）同中华人民共和国的国家名称、国旗、国徽、国歌、军旗、军徽、军歌、勋章等相同或者近似的，以及同中央国家机关的名称、标志、所在地特定地点的名称或者

标志性建筑物的名称、图形相同的。

（2）同外国的国家名称、国旗、国徽、军旗等相同或者近似的，但经该国政府同意的除外。

（3）同政府间国际组织的名称、旗帜、徽记等相同或者近似的，但经该组织同意或者不易误导公众的除外。

（4）与表明实施控制、予以保证的官方标志、检验印记相同或者近似的，但经授权的除外。

（5）同“红十字”“红新月”的名称、标志相同或者近似的。

（6）带有民族歧视性的。

（7）带有欺骗性，容易使公众对商品的质量等特点或者产地产生误认的。

（8）有害于社会主义道德风尚或者有其他不良影响的。

县级以上行政区划的地名或者公众知晓的外国地名，不得作为商标。但是，地名具有其他含义或者作为集体商标、证明商标组成部分的除外；已经注册的使用地名的商标继续有效。

《中华人民共和国商标法》第十一条规定，以下标志不得作为商标注册：

（1）仅有本商品的通用名称、图形、型号的。

（2）仅直接表示商品的质量、主要原料、功能、用途、重量、数量及其他特点的。

（3）其他缺乏显著特征的。

前款所列标志经过使用取得显著特征，并便于识别的，可以作为商标注册。

《中华人民共和国商标法》第十二条规定，以三维标志申请注册商标的，仅由商品自身的性质产生的形状、为获得技术效果而需有的商品形状或者使商品具有实质性价值的形状，不得注册。

要取得商标专用权，商标持有人需依照有关法律法规进行商标注册。商标注册的一般流程如下：

（1）选择注册方式。商标所有人可以自行通过国家知识产权局商标局的网上服务系统在线提交商标注册申请，也可以到国家知识产权局商标局委托地方市场监管部门或知识产权部门设立的商标受理窗口办理。

（2）准备资料。办理商标注册申请，应当提交下列文件：① 商标注册申请书一份。申请人为法人或其他组织的，应当在申请书的指定位置加盖公章；申请人为自然人的，应当由申请人使用钢笔或签字笔在指定位置签字确认。② 申请人身份证明文件及其复印件。③ 商标图样。④ 要求优先权的，应当提交书面声明，并同时提交或在申请之日起三个月内提交优先权证明文件。

（3）提出申请。《商标注册用商品和服务国际分类》将商品和服务分成45个大类，其中，商品为1～34类，服务为35～45类。申请注册时，申请人应按商品与服务分类表的分类确定使用商标的商品或服务的类别。同一申请人在不同类别的商品上使用同一商标的，应分别按不同类别提出注册申请。

（4）初步审定。对申请注册的商标，商标局或商标受理窗口自收到商标注册申请文件之日起9个月内审查完毕。对于符合商标注册有关规定的商标，予以初步审定公告。

（5）领取商标注册证。对初步审定公告的商标，自公告之日起3个月内无人提出异议的，予以核准注册，发给商标注册证，并进行公告。

模块三

组建创业团队

内容导读

企业的创建者可以是个人，也可以是团队。通常是一些有着共同愿景和价值观的人，怀着对梦想的渴望而走到一起，形成了最初的创业团队。他们对资源和生产要素进行重新组合，开发自己的产品或服务以满足市场的需求，这时，企业就诞生了。

学习目标

知识目标

- ✧ 理解创业团队及其组成要素。
- ✧ 了解创业团队的分类和优势。
- ✧ 熟悉创业团队的组建要求和流程。
- ✧ 熟悉创业团队的管理要点。

能力目标

- ✧ 能够组建自己的创业团队。
- ✧ 能够管理自己的创业团队。

引导案例

乘风破浪的大学生“多肉植物”创业团队

小李是陕西省某职业技术学院生态环境工程分院园林工程技术专业（园林规划设计方向）的一名毕业生。2015 年 7 月，全班 37 名刚毕业的同学借着“大众创业、万众创新”的东风，集资 3.8 万元注册成立了一家园林景观公司，主要开展绿化养护、园林景观设计与施工、园林信息咨询、花卉盆景租赁、农副产品种植和销售等业务。

由于没经验、缺资金、少门路，公司在成立之初屡受打击，最后在母校和老师的帮助下，公司相继承接了市污水厂养护、市政绿化改造、公厕周边绿化和山水林田湖综合体规划设计等大大小小 50 多个项目，并逐渐走上了正轨。

2016 年，团队成员小吴提出种植多肉植物的想法。于是，团队一行人花一个月时间赶赴四川、云南、福建等地，摸清了多肉植物的市场行情，并成立了一家全资子公司。第一次参加杨凌农高会，小李团队的多肉植物在短短两天销售额就过万元。近年来，他们的多肉植物成了杨凌农高会及农民丰收节的常客，在当地声名渐起。

为了培育出有特色的多肉植物，小李和团队成员反复试验，他们不仅改变了多肉植物的形态、性状，还采用水培技术成功培育出多肉植物，打破了多肉植物只能生长在既热又干的环境下的“魔咒”，培育出了“白凤九号”多肉植物和水培多肉植物两大系列。2017 年 5 月，小李和团队成员成功繁育的一批多肉植物被送到汉中市汉台区徐望镇徐湾村，成为村里一项重要的种植项目。2018 年，团队的“多肉景观萌”项目参加了第四届中国“互联网+”大学生创新创业大赛，获得陕西赛区第 3 名。

在创业这条道路上，这些青年风雨同舟，用智慧与汗水浇灌着梦想之花。目前，公司在杨凌和上海已有 8 个大棚、100 多个品种、34 万株多肉植物，主营业务也从多肉植物的培育、研发、销售和批发，扩展到多肉植物景观设计、家庭园艺设计、多肉植物花艺和多肉植物主题婚庆。

在艰苦创业的同时，团队还不忘回报社会。他们每年会为当地高校毕业生提供实习、就业的机会，并经常赴周边县区为当地群众介绍苗木病虫害防治知识，还将多肉种植技术无偿教授给当地人，并免费提供种苗，形成了“农户种植+公司回收”的经营模式。通过他们不懈的努力，公司荣获了“杨凌示范区明星创业企业”称号，小李荣获了“第六届陕西省大学生创业明星”称号，并先后当选为共青团陕西省三十大代表及共青团中央十八大代表。

2020 年春，公司在陕西股权交易中心新四板农科板成功挂牌上市，迈向了新的征程。“创业对于团队成员而言，是一个不断学习、不断激励的过程。这个过程不一定

是完美的，但一定是十分完整的。”小李说，“因为我们至少在生命的一段时间内，把生活折腾成了我们自己想要的样子。”

理论初识

一、创业团队及其组成要素

团队就是合理利用每一个成员的知识和技能协同工作，以解决问题、达到共同目标的共同体。创业团队是指在创业初期（包括企业成立前和成立早期），由一群才能互补、责任共担、愿为共同的创业目标而奋斗，并能做到利益让渡的人所组成的特殊群体。

创业团队需具备目标（purpose）、人（people）、定位（place）、权限（power）和计划（plan）5 个重要的组成要素，简称 5P。

（一）目标

创业团队应该有一个既定的共同目标来为团队成员导航，使团队成员知道要往何处去。没有目标，创业团队就没有存在的价值。目标在创业企业的管理中通常以创业企业的远景、战略等形式体现。

（二）人

人是创业团队最核心的组成要素，创业的共同目标是通过人来实现的。不同的人通过分工共同完成创业团队的目标，如有人出主意，有人订计划，有人实施，有人协调，有人监督创业团队的工作进展，有人评价创业团队的最终成果等。因此，人员的选择是组建创业团队时需要重点考虑的，创业者应充分考虑团队成员的能力、性格等因素。

（三）定位

创业团队的定位包含以下两层含义：① 创业团队在企业中处于什么位置，由谁选择和决定团队的成员，创业团队最终应对谁负责，创业团队应采取什么方式激励下属；② 团队成员在整个创业团队中应扮演什么角色，如是制订计划还是具体实施或评估。

（四）权限

权限是指为了实现创业团队中成员之间的良好合作，所赋予每个成员的权力。对于创业活动来说，面临的是多变的市场环境和复杂的管理事务，每个团队成员都需要承担一定的管理事务，所以需要拥有一定的权力，以便能够在特定的条件下进行决策。在团队中合理分配权力有利于提高团队的运作效率。

提 示

创业团队中领导者权力的大小与其团队的发展阶段和创业企业所在的行业相关。一般来说，在创业团队发展的初期，领导者所拥有的权力相对比较集中，随着创业团队逐渐成熟，领导者的权力逐渐分散。

（五）计划

计划是指创业团队未来的发展规划，也是目标和定位的具体体现。在计划的帮助下，创业者能够有效制定创业团队的短期目标和长期目标，能够提出有效的实施方案，以及实施过程中的控制和调整措施。需要注意的是，这里所讨论的计划尚未达到商业计划书的复杂程度，但从团队的组建和发展过程来看，计划的指导作用自始至终都是存在的。

提 示

一般来说，创业团队的组成要素之间相互影响、相互作用，缺一不可。具体包括以下 4 个方面的含义：

（1）创业团队有一致的价值观、统一的目标和标准。这是组建创业团队的前提。创业团队必须为统一的目标而奋斗，并且有一致的价值观，这样组成的创业团队才有战斗力。没有统一的目标和一致的价值观，创业团队即使组建起来了，也形不成合力，缺乏战斗力。

（2）创业团队成员负有共同的责任。有了统一的目标和一致的价值观后，创业团队成员还必须共同负起责任以达到目标。一个好的创业团队一定是一个其成员能共同负责任的团队。

（3）创业团队成员的才能互补。这是组建创业团队的必要条件。当组建起来的创业团队成员的知识、才能可以互补时，这个团队就可发挥出“1+1>2”的作用。如果创业团队成员的知识、能力不能形成互补，就失去了组建团队的意义，即使组成了团队，也不能起到很好的作用，甚至限制了某些有能力的人发挥作用。

（4）创业团队成员愿为共同的目标做出奉献。这是创业团队取得成功的关键。创业团队成员除了有责任心以外，还要有甘于奉献的精神和行动，这样才能成为企业的核心，才能在共同奉献中，带领企业前进。

二、创业团队的分类

根据创业团队的组成方式来划分，创业团队可以分为星状创业团队（star team）、网状创业团队（net team）和从星状创业团队演变而来的虚拟星状创业团队（virtual star team）3 种。

（一）星状创业团队

这种创业团队在形成之前，一般是核心人物有了创业的想法，然后根据自己的设想进行创业团队的组建。因此，在创业团队形成之前，核心人物已经就创业团队的组成进行了仔细思考，然后根据自己的想法选择相应人员加入团队。这些加入创业团队的成员可能是核心人物以前熟悉的人，也可能是不熟悉的人，但这些团队成员在创业企业中更多扮演的是支持者的角色。

星状创业团队具有以下特点：

（1）组织结构紧密，向心力强，核心人物在创业团队中的行为对其他个体影响巨大。

（2）决策程序相对简单，决策效率较高。

（3）容易形成权力过分集中的局面，从而使决策失误的风险加大。

（4）当其他团队成员和核心人物发生冲突时，因为核心人物的特殊权威，其他团队成员在冲突发生时往往处于被动地位。当冲突较为严重时，其他团队成员一般会选择离开团队，从而对创业企业造成较大影响。

（二）网状创业团队

这种创业团队的成员一般在创业之前都有密切的关系，如同学、亲友、同事、朋友等。他们在交往过程中共同认可某一创业想法，并就创业达成了共识之后，开始共同创业。在组建创业团队时，由于没有明确的核心人物，大家一般会根据各自的特点自发地进行组织角色定位。因此，在企业初创时期，这类团队各个团队成员基本上扮演的是协作者或伙伴角色。

网状创业团队具有以下特点：

（1）团队没有明显的核心人物，整体结构较为松散。

（2）一般采取集体决策的方式，通过大量的沟通和讨论达成一致意见，因此决策效率相对较低。

（3）由于团队成员在团队中的地位相似，因此容易在创业企业中形成多头领导的局面。

（4）当团队成员之间发生冲突时，一般会采取平等协商、积极解决的方式消除冲突，团队成员不会轻易离开。但是，一旦团队成员间的冲突升级，某些团队成员撤出团队，就容易导致整个团队的涣散。

（三）虚拟星状创业团队

这种创业团队是由星状创业团队演变而来，基本上是前两种创业团队的中间形态。在这类创业团队中，有一个核心人物，但是该核心人物地位的确立是所有团队成员协商的结果，因此核心人物从某种意义上说是整个团队的代言人，而不是主导型人物，其在团队中的行为必须充分考虑其他团队成员的意见，不如星状创业团队中的核心人物那样有权威。

三、创业的团队优势

团队创业相比独自创业具有更大的优势。许多调查显示，团队创业成功的概率要远远高于独自创业。具体来说，创业的团队优势包括以下几种：

（1）团队把互补的技能和经验组织到一起，超过个人效能。这种技能和经验在更大范围内的组合使团队能应对多方面的挑战，如创新、提升产品品质和客户服务，并形成一种协同工作的整体优势。

（2）团队具有更强的资源整合能力。例如，团队创业能同时从多个融资渠道获取创业资金等资源，保证创业企业的成功。

（3）团队对待变化更加灵活和敏感。一个人的感知是很难面面俱到的，但多个人组成的团队则可以在不同角度察觉变化并及时做出反应。因此，团队就好像一个人拥有了更多“眼睛”“耳朵”和“大脑”，随时可以根据新的信息和变化调整企业的经营策略。

（4）团队可以加强组织的发展和管理，实现价值深化。共同努力克服障碍，可以让团队中的成员对相互的能力建立起信任和信心，并加强共同追求高于和超乎个人和职能工作之上的团队业绩的愿望。工作的意义和成员的努力会使团队价值深化，从而使团队的业绩最终成为对团队自身的激励。

（5）团队有利于营造更轻松愉快的心理环境。创业团队的工作氛围与团队业绩是相辅相成的，良好的工作氛围能使团队成员愿意为了实现团队目标而努力工作，并且为了团队业绩而相互信任。这种令人满意的心理环境是初创企业持续成长的关键。

没有团队的创业企业也许并不会失败（事实上现实中的确也不乏个人创业成功的案例），但是要建立一个没有团队仍具有高成长潜力的企业却是十分困难的。一般而言，个人创业型的新企业成长较慢，因为风险投资者在投资新企业时，都会将团队因素列为重要的评估指标，而不愿意考虑个人创业型的项目。

成功的创业团队的基本特征

成功的创业团队需要成员在目标、理想、理念、文化、价值观等方面有共同的语言，并能取得默契，从而形成一个利益共同体。一般而言，一个成功的创业团队应该具备以下几个特征：

（1）具有强大的凝聚力。团队并非简单的几个人的集合，它是由一群有共同理想、能同甘共苦的人组合在一起的。在团队中，成败属于整体而非个人，成员们不但能同甘共苦，而且能公开合理地分享经营成果，整个团队具有强大的凝聚力与一体感。

（2）团队利益至上。每一位团队成员都能充分认识到个人利益是建立在团队利益

的基础之上的，自觉将团队利益置于个人利益之上。团队中每一位成员的价值，表现为其对于团队整体价值的贡献。

（3）坚持正确的经营原则。一个成功的创业团队必须坚守顾客第一、质量至上、保障工作安全与员工福利、诚信无欺等正确的经营原则，并以此作为组建团队的基本理念，具体落实到企业的各项规章制度之中。

（4）切实做到对企业的长期承诺。每一位团队成员都要了解企业在成功之前可能会面临一段艰苦岁月的挑战，并承诺不会因为一时利益或困难而退出，同意将股票集中管理，如有特殊原因而提前退出团队者，必须以票面价值将股权出售给原公司团队。

（5）正确处理好短期利益和长期利益的关系。不能用牺牲长远利益的办法来换取短期利益，尤其在创业之初，团队成员要发扬艰苦奋斗的精神，不计较眼前的短期薪金、福利、津贴，而将目标放在成功后的利益分享上。

（6）致力于创造新企业价值。创业是一种创造新价值的事业，所以创业团队要致力于创造新价值。团队成员应一致认识到创造新企业价值才是创业活动的主要目标，并认识到唯有新企业得到发展，不断增值，创业团队各成员的利益才能有保障。

（7）合理分配股权。团队成员的股权分配不一定要均等，但需要合理、透明与公平。通常主要贡献者会拥有比较多的股权，但只要与他们所创造的价值、贡献等相一致，就是一种合理的股权分配方式。平均分配股权并不能体现权、责、利的统一，不利于企业的发展和团队成员积极性的发挥。如果创业者不能根据团队成员的才能、贡献等分配股权，或者没有一个合理的股权分配机制，就会挫伤团队成员的积极性，造成团队的分裂。

（8）公平弹性的利益分配机制。创业之初的股权分配与创业过程中的贡献往往并不一致，会出现某些有显著贡献的团队成员拥有的股权数较低或贡献与报酬不一致的不公平现象。因此，一个好的创业团队需要有一套公平弹性的利益分配机制，来弥补上述不公平的缺陷。例如，企业可以保留10%盈余或股权，用来奖励以后有显著贡献的创业成员。

（9）合理分享经营成果。除了对团队成员要有合理的分配机制外，对员工也要有合理的分配制度，能使大家共同分享经营的成果，从而使企业长存。我国的一些成功创业企业，尤其是一些高新技术企业，通常会采用员工持股的方法让员工合理享受到企业的经营成果。

（10）专业能力的完美搭配。创业者寻找团队成员的目的主要在于弥补当前人员能力上的不足。一个好的创业团队，成员之间的能力要有良好的互补性。这种能力互补既有助于强化团队成员间彼此的合作，又能保证整个团队的战斗力，从而更好地发挥团队的作用。

当然，创业团队并非一蹴而就的，往往是在新企业发展过程中逐渐孕育形成的。在这一过程中，创业成员可能因为理念不合等原因，在创业过程中不断替换。虽然有诸多不易，但是团队组成与团队运作水平对创业集资与创业成败都具有非常大的影响力，因此，创业者必须重视如何发展创业团队的问题，并培养自己在这一方面的能力。

知识拓展

一、创业团队的组建

（一）创业团队的组建要求

组建创业团队的关键在于团队成员是否有共同的目标与信念，是否能够齐心协力朝着目标不断努力和前进。因此，要组建一个优秀的创业团队，团队成员之间必须满足以下几点要求。

1. 彼此了解

创业团队的所有成员都应该相互了解，并能够认识到自身的优势和劣势，同时了解其他成员的长处和短处。这样可以很好地避免团队成员之间因为互不了解而产生各种矛盾，从而强化团队的向心力和凝聚力。

2. 相互信任

信任是团队成员解决分歧、达成一致的唯一途径。创业团队的成员不仅要志同道合，还要彼此信任。在最初创业时，要把最基本的责、权、利界定清楚，尤其是股权和收益分配。这样在企业发展壮大后，才不会因利益分配问题而产生纠纷。

案例阅读

因缺乏信任导致的创业失败

在上海市某大学，有一名攻克了某种高级观赏鱼人工养殖技术的高才生小王。小王在毕业时，就用这个颇有技术含量和难度的科技项目开始了自己的创业之旅。

小王首先攻克了这种观赏鱼在人工海水下的养殖难题，紧接着又在老师的帮助下成功地解决了人工繁育问题。为了开办公司，小王找到了一个与他性格不同但优势互补的搭档小张。小王擅长技术，可以负责公司的技术问题；而小张擅长营销，可以负责公司的销售和外联工作。

公司在天使基金的帮助下顺利开张了，由于产品填补了市场空白，一时间生意兴隆，他俩都特别开心。但是好景不长，渐渐地，小王发现公司的业务虽然好，但就是不盈利。经过细心地观察和打探之后，他发现小张在外边又开了一家自己的公司。原来，小张因担心小王在公司壮大后挤走自己，而提前找好了出路。

这个因为彼此优势互补而结合的团队，却因为彼此之间的信任问题而导致合作失败，也导致创业的失败。

3．目标相同，理念一致

创业团队中的所有成员都必须认同大家共同确定的创业目标、分配制度、管理制度、企业发展战略、经营理念和企业文化等，都必须保持对企业长期经营的信心，并为之努力。倘若彼此都忙着各自的事情，没有共同的目标，没有协作和交流，整个团队就会如同一盘散沙，成员的士气就会低落，甚至发生更严重的团队解散情况。

4．取长补短，相得益彰

成员之间能否实现优势互补是创业团队能否保持稳定并发挥出最大力量的关键。因此，创业者在寻找团队成员时，首先要弥补当前人员能力上的不足，即针对当前人员能力的欠缺，寻找具备该能力的人才。一个好的创业团队，各个成员间的能力通常能形成良好的互补，而这种能力互补也会强化团队成员间的合作。

（二）创业团队的组建流程

创业团队的组建是一个复杂的过程，不同类型的创业团队在组建过程中会有不同的侧重点，但其过程是大致相同的。概括来讲，大致的组建流程如下。

1．明确创业目标

创业团队首先要制订一个明确的、鼓舞人心的创业目标，使各成员在目标方面达成一致。当团队成员对未来拥有共同愿景时，就会向着共同目标努力奋斗。总目标确定之后，还可以将其分解，设定若干易行的、阶段性的子目标。

2．制订创业计划

一份完整的创业计划通常包含创业核心的计划和人力资源计划。通过创业计划可以进一步明确创业团队的具体需求，如人员的构成、对成员素质和能力的要求、对成员数量的要求等。创业团队的组建需要契合创业计划的要求，以匹配创业项目的运作。

3．招募合适的人员

招募合适的人员是创业团队组建中最关键的一步。创业团队成员的招募主要考虑以下两个方面：

（1）考虑互补性。一般情况下，创业团队至少需要管理、技术和营销 3 个方面的人才，只有这 3 个方面的人才形成良好的沟通协作关系后，创业团队才可能实现稳定高效运作。

（2）考虑适度规模。适度的团队规模是保证团队高效运转的重要条件。团队成员太少则无法发挥团队的功能和优势，而过多又可能产生交流障碍，甚至形成小团体，进而削弱团队的凝聚力。一般来说，创业团队的规模控制在 3～12 人为宜。

4．职权划分

创业团队的职权划分就是根据执行创业计划的需要，具体确定每个团队成员所担负的职责和享有的权限。团队成员之间职权的划分必须明确，既要避免重叠交叉，又要避免遗漏。

5. 构建创业团队制度体系

创业团队制度体系体现了创业团队对成员的控制和激励能力，主要包括团队的各种约束制度和激励制度。各种约束制度（主要包括纪律条例、组织条例、财务条例、保密条例等）用于指导成员，避免成员做出不利于团队发展的行为，实现对成员行为的有效约束，保证团队的秩序稳定；有效的激励机制（主要包括利益分配方案、奖惩制度、考核标准、激励措施等）能使团队成员切实体会到创业带来的利益，从而充分调动团队成员的积极性，最大限度地发挥团队成员的作用。实现有效激励的前提是把团队成员的收益模式界定清楚，尤其是股权等与团队成员的重要利益密切相关的事宜。

6. 团队整合

随着团队的运作，团队在人员安排、制度设计、职权划分等方面的不合理之处会逐渐暴露出来，这时就需要对团队进行整合。团队整合是一个动态持续的过程。

二、创业团队的管理

唐僧是如何领导团队的

创业团队的管理重点是在维持团队稳定的前提下，发挥团队的多样性优势。有效的团队管理能使具有不同能力、不同个性的人组成一个有共同目标且相互协作的整体；能发挥每一个人的才能，使团队能够不断革新，不断发展和进步。一般来说，可以从以下几个方面管理创业团队。

（一）培育创业团队精神

团队精神是成员的精神支柱，是创业成功的基石。和谐向上的团队精神能充分调动各个成员的团队意识，使其相互理解和支持，并为实现彼此共同的目标而努力。

1. 重视团队精神

一个没有团队精神的团队或企业，一切美好的想法和愿望都将成为“零”；一个没有团队意识的员工，无论学历有多高、技术有多精，对企业来讲也是“零”。只有具备团队精神，创业团队才能形成向心力、凝聚力，才能产生创造力。

2. 培养团队精神

（1）培养团队成员的敬业精神。敬业精神要求创业者具有“三心”，即耐心、恒心和决心。任何事情都不是一蹴而就的，团队成员不可只凭一时的热情做事，也不能在情绪低落时马马虎虎、应付了事。尤其在创业初期，每个团队成员都要勇敢地面对并解决困难，而不是一遇到困难就退缩。

如何培养团队精神

（2）建设学习型团队。每一次的团队讨论，都是团队成员思想不断交流、智慧火花不断碰撞的过程。如果团队中的每一个成员都能把自己掌握的新知识、新技术、新思想与其他团队成员分享，团队的学习能力就会大于个人的学习能力，集体的智慧势必大增，从而达到“1+1>2”的效果。

（3）建设竞争型团队。团队成员之间必须具有竞争意识，要敢于正视自己和面对强手。建设竞争型团队，首先要鼓励各个成员努力提高自身的水平和技能，从而高效地完成团队任务；其次，要建立内部竞争机制，但要注意，竞争必须是理性的、良性的，要避免恶性竞争或斗争。协作是团队的核心，要用争论来激活团队的气氛，激发成员的竞争意识；要以发展来吸引人，以事业来凝聚人，以工作来培养人，以业绩来考核人，用有情的鼓励和无情的鞭策让团队的每个成员都能以积极的心态面对工作，追求实现自我和超越自我，从而最大限度地发挥团队的实力。

3．塑造团队文化

团队文化是指团队成员在相互合作的过程中，为实现各自的价值和团队的共同目标而形成的一种潜意识文化。它包括团队在发展过程中所形成的价值观、最高目标、工作方式、思维习惯、管理制度、行为准则和道德风尚等。

正所谓“人在一起不叫团队，心在一起才叫团队”，团队文化会影响整个团队的精神、意志、情绪、凝聚力和效率，因此创业者必须重视团队文化的建设。通常来说，一个良好的团队文化应满足“换位、沟通、信任、慎重、愉悦”5个基本要素。

（1）换位。团队成员之间要能够换位思考，相互尊重、彼此理解，否则，一个团队将无法正常运行；团队的管理者要能够为团队创造一种和谐的氛围，确保团队成员能够站在对方的角度上考虑问题，认可彼此的技术和能力，尊重彼此的意见和观点，承认彼此对团队的贡献，从而使团队的工作更有效率。

（2）沟通。沟通是维系团队成员之间关系的一个关键要素。因此，团队成员应多交流，让对方多了解自己的真实想法，这样可以避免许多无谓的误会和矛盾。尤其是团队的管理者，要致力于创造民主、平等的团队氛围，使每个成员能够畅所欲言，从不同角度提出不同的意见和方案，从而帮助团队进行更加科学和合理的决策。

（3）信任。团队成员间要相互信任，彼此相信各自的品格和工作能力，并相互帮助和支持。管理者要保证组织的透明度和公开性，以民主的管理作风、自主的工作环境，使成员之间能够坦诚、开放地相处。

（4）慎重。每个团队成员都要秉持谨慎、认真、负责的工作态度，遇到事情要冷静对待，尤其是遇到问题和矛盾时，要保持理智，不可冲动。因为冲动不仅不能解决问题，反而会使问题变得更糟，最后受损失的还是整个团队。

（5）愉悦。每个团队成员都要保持乐观向上的心态，在工作中充满热情与活力，这样才能构建团结、友爱、有朝气的团队。

（二）设置创业团队的组织结构

设置创业团队的组织结构时，必须以团队的战略任务和经营目标为依据。具体来说，要注意以下几点。

1. 权责分明

团队的任何一项工作都离不开团队成员的配合，只有互相协作，才能顺利开展工作。对于初创的创业团队来说，人员分工一般比较粗放，很多事情不分彼此，往往是一起决策、共同实施。但是，一定要注意权责分明、落实责任，避免出错后团队成员互相推诿，进而产生矛盾。

2. 分工合理

团队成员的分工一般按照个人能力、专业优势等标准进行，以便合理、均衡地分配工作任务。但要注意的是，分工并不是越细越好，这是因为分工过细会导致工作环节的增加，引起工作流程延长，从而削弱分工带来的好处。

3. 适时联动

适时联动是指为了完成特定任务，成立打破部门分工、跨越部门职能的专门工作小组。该小组成员具有双重身份，既要向本部门主管汇报工作，又要对跨部门小组负责。这种模式适用于已经具有一定规模的创业企业。

创业初期，由于企业规模较小，团队成员只需各司其职就可以保持企业平稳运行。但随着企业规模的不断扩大，尤其是在新产品更新速度不断加快或处理一些重大项目时，若缺乏全盘的统筹和协调，就会造成企业运转困难。因此，对于具有一定规模的创业企业来说，设立一个专门负责新项目或一些重大项目的跨部门小组是非常有必要的。

（三）优化创业团队的运作机制

1. 做好决策权限分配

创业团队内部要妥善处理各种权力和利益关系，确定谁适合从事何种关键任务和谁对关键任务承担什么责任。在治理层面，主要解决剩余索取权和剩余控制权的问题。同时，还必须建立进入机制和退出机制，约定以后团队成员退出的条件和约束，以及股权的转让、增股等问题。

提　示

剩余索取权是对企业税后净利润的终极所有权和分配权。剩余控制权是资产所有者在不违背先前的契约、惯例或法律的前提下可以决定资产所有用途的权利，即对初始契约没有明确规定的或然事件出现时做出相应决策的权利。

在创业团队的管理层面，其最基本的工作原则有以下 3 条：一是平等原则，即制度面前人人平等；二是服从原则，即下级服从上级，行动要听指挥；三是秩序原则，即不能随

意越级指导，也不能随意越级请示。虽然大学生创业团队内部的管理界限没有那么明显，但一定要厘清决策权限，做到有权有责。

2．合理分配员工利益

创业团队需要妥善处理团队内部的利益关系。大学生创业的资金筹措本来就是难题，分配就更应合理和谨慎。团队的管理者要认真研究和设计整个团队的报酬体系，使之具有吸引力，并且使报酬水平能够反映出团队成员的贡献水平，还要注意报酬体系不能受人员增加的影响。简单来说，就是报酬体系能够保证按贡献付酬和不因人员增加而降低报酬水平。

3．建立绩效考核体系

绩效考核必须与个人的能力、团队的发展、扮演的角色和取得的成绩结合起来。传统的绩效考核体系和绩效管理只关注个人绩效，而没有考虑个人绩效与团队绩效的结合。造成这种状况的原因多种多样，包括评估不及时、各方意见不统一、评估标准不明确、易掺入情感因素、忽略了被评估人的绩效给他人带来的影响等。成功的绩效管理不应只注重个人的绩效，而应更加注重团队的整体表现。这样才能让员工充分意识到团队合作的重要性，从而不断地进行自我调整，以适应不断变化的环境和业务发展。

三、如何防止创业团队分裂

创业团队的分裂始终是大家关注却又无可奈何的事，似乎也只能慨叹一句“共苦易，同甘难”。然而，面对数不胜数的案例，却很少有人将这一规律加以归纳，总结出共性，并在进一步分析后提出有效的建议。下面给出了防止创业团队分裂的 7 个建议，供大学生创业者参考：

（1）理念要正确。要坚信团队能够健康发展下去，不要一开始就想着失败，尤其不能被“只能共苦，不能同甘”“天下没有不散的筵席”“过河拆桥”等想法占据自己的思想，否则容易为失败的结局埋下种子。

（2）要持续不断地沟通。开始创业时要沟通，遇到问题时要沟通，解决问题时也要沟通，有矛盾时更要沟通，团队成员间多充分沟通有利于团队的健康发展。

（3）发现有人钻空子，坚决开除。如果发现组织中有人利用成员之间的矛盾或分歧来达到个人的目的或损害团队利益，就要毫不犹豫地将其开除。

（4）学会换位思考。多从对方的角度考虑问题，多为对方着想，多一些宽容，少一些指责。

（5）及时协调立字据。创业初期和创业过程中，该立的字据一定要立，要把最基本的责、权、利说明白、讲透彻，即谁该做什么事，在什么时间完成，完成到什么程度。如果是真正创业的话，股权、利益分配更要说清楚，包括增资、扩股、融资、撤资、人事安排、解散等具体内容。

（6）不要过分计较小事。“难得糊涂”对创业合作的各方来说都是团队运转的润滑剂，这与前面所讲的“及时协调立字据”看似矛盾，其实并不矛盾。前者讲的是在没有形成事实的情况下的做法；后者是说事实已经形成就不要太计较了，计较了也于事无补、毫无实际意义。

（7）一直向前看。在创业合作过程中，遇到问题、矛盾时，向前看各成员利益是一致的，因为成功会给成员带来更丰厚的回报；盯住眼前的事情不放，只能是越盯矛盾越多，越盯矛盾越复杂，最后裹足不前；回头看，回忆起合作中的不愉快，反而会令成员丧失前进的斗志和动力。因此，只有向前看，用成功的希望激励合作的各方摒弃前嫌，才能勇往直前，抵达成功的彼岸。

课堂活动

一、组建创业团队畅想

假设你是一个团队的领导者，你将如何组建一支优秀的创业团队呢？请从以下几个方面进行描述：

（1）创建企业的类型、经营范围和客户群。

（2）团队中每个人的特长和工作职责。

（3）每个成员在创业过程中如何做到相互配合。

二、管理我的创业团队

假设你创办了一家小公司，雇用了 4 名员工（2 名全职、2 名兼职）。4 名员工都很可靠，工作能力也很强，但有一名全职员工经常迟到，还总是请假。这不仅影响了其他员工，还影响了整个公司的士气和管理。你该怎么办呢？请给出解决方法。

三、选择合适的创业合作伙伴

对于创业者来说，选择一位（或多位）合适的创业合作伙伴非常重要。为了做出正确的选择，创业者需要完成以下 3 项工作：

（1）清晰的自我评价，也就是创业者能够带来什么。

（2）清楚地描述想要从潜在合作伙伴中获得什么。

（3）准确评估他人，以便了解潜在合作伙伴是否具备创业者所需要的才能。

1．自我评价

请对以下每一个维度做出等级评价（1 表示很低；2 表示低；3 表示中等；4 表示高；5 表示很高），注意应尽可能准确。

（1）与新创企业相关的经验：________

（2）与新创企业相关的技术知识：________

（3）人际技能（与人相处、劝说他人等方面的技能）：________

（4）成就的动机：________

（5）对新创企业的承诺：________

（6）适合做创业者的个人属性：________

（7）不适合做创业者的个人属性：________

2．想要从创业合作伙伴中获得什么

请列出想要从创业合作伙伴中获得什么。例如，创业者如果对技术方面不了解，需要的就是技术方面的合作伙伴；如果对人际交往方面不擅长，就需要擅长交际的合作伙伴。

（1）____

（2）____

（3）____

（4）____

（5）____

（6）____

3．准确评估他人

请指出下列每一项陈述是正确的还是错误的（1 表示根本不正确；2 表示不正确；3 表示既不正确也不错误；4 表示正确；5 表示十分正确）。

（1）我能够很容易地发现别人什么时候在说谎。（　　）

（2）如果别人试图对我隐瞒，我能够推测他们的真实感受。（　　）

（3）我能够识别他人的弱点。（　　）

（4）我是一位好裁判。（　　）

（5）我通常能够通过观察别人的行为，准确地识别出他们的特点。（　　）

（6）我能够辨别出人们为什么会按常理来做事。（　　）

把每一项的分数相加。如果得分为 20 分或更高，就可以确认自己是“擅长评价他人”的人。为了验证这一结论是否准确，可以请对自己很熟悉的人对这些项目做出评价。也就是变换这些项目的主语，成为“__________能够很容易地发现别人什么时候在说谎”（横线上填写你的名字）。如果他们的评价与你的评价一致，那么，就要祝贺你啦！因为你不但擅长评价他人，也擅长评价自己。

四、我眼中的“刘关张”创业团队

三国时期，相比魏国和吴国，蜀国可以说是依靠“创业团队”建立起国家的特例，刘备、关羽、张飞在小说《三国演义》中被打上了鲜明的个人标签。从创业团队的角度看，蜀国这个团队到底是成功的还是失败的呢？请同学们就此问题展开讨论。

延伸阅读

一、优秀创业合作伙伴应具备的素质

要组建创业团队，就要选择优秀的创业合作伙伴。那么，哪些人可以作为创业合作伙伴的候选人呢？一般来讲，一个优秀的创业合作伙伴应具备以下素质：

（1）慈孝。一般来讲，一个懂得孝敬父母、关爱长辈的人通常是值得信赖的。

（2）果断。做事果断、敢于担责是一种优秀的品质。如果一个人胆小怕事、瞻前顾后，那么他只会成为创业的障碍，而不会是推手。

（3）诚信。无论是做人还是做事，都应以诚信为本。如果一个人连基本的诚信都没有，大家在一起时相互防范，这样的合作是不可能进行下去的。

（4）坚持，有韧劲。俗话说：“万事开头难。”制订半年甚至一年不赚钱且能坚持下去的创业计划，才是创业的关键。

（5）专注。有些人思想新潮、想法很多，总是“这山望着那山高”。然而，很多事情最需要的就是专注，一个人能真正精通一两个领域就已经很不简单了。因此，在选择合作伙伴时应该选择做事专注、踏实之人，而不是见异思迁、志大才疏之辈。

（6）认真。不要选择做事不认真、敷衍了事之人作为自己的创业合作伙伴。

（7）开朗。性格开朗的人是最容易成就事业的，因为他们可以积极面对创业中遇到的困难，而每天忧心忡忡、不知明天会如何的人很难成功。

（8）现实。有些人眼高手低，初看感觉像是具有雄才大略之人，实则只会纸上谈兵。既有远大理想，又能面对现实、脚踏实地的人，才是好的合作伙伴。

（9）讲效率。任何事情如果不能以最快的速度去做、去完成，那么很可能会失败。因此，讲效率也是选择创业合作伙伴时应考虑的问题。

（10）忠诚于角色。创业不是儿戏，如果不能真诚合作，创业成功的机会将微乎其微。俗话说：“家有千口，主事一人。”对于企业来说，必须要有一个核心；对于个人来说，必须各安其位，各司其职。

（11）不虚荣。有些人刚开始创业，就要坐大班台、装修办公室……和这样的人合作，

很难取得成功。

（12）不狂妄。“三人行，必有我师”，一个人无论多么聪明，如果没有一颗谦虚、谨慎、善于学习的心，终究难成大器。

二、优秀创业团队的 4 种关键角色

一个优秀的创业团队应该包括以下 4 种关键角色：

（1）一个很好的“领袖”。此人必须能够高瞻远瞩，能够为企业制订明确的战略、战术；必须有很好的人品，处事公正，能够服众，能够团结整个团队；必须具备很好的协调能力，能够及时化解团队成员的矛盾。

（2）一个很好的“管家”。此人主要负责企业的日常运营及各项规章制度的制定。由于企业的日常事务比较琐碎，所以此人必须心思缜密、工作细致。

（3）一个很好的“财务总管”。资金是企业的生命线，所以创业团队中最好有一个业务能力较强的财务人员，能够合理安排企业收支，帮助企业融资。

（4）一个很好的“营销总监”。产品是基础，营销是龙头。如果营销失败，产品就不能及时变现，企业就会面临资金风险。

此外，如果创业企业是一个技术类企业，可能还需要一个很好的技术专家。此人能够帮助企业不断更新技术或产品，始终带领企业走在行业的前沿。

三、大学生创业团队经典案例赏析

（一）3 个大学生的艰辛创业路

在青岛市城阳区有这样 3 个人，他们怀揣着梦想在大学相遇，后来成为好友，并一起走上了创业的道路。现在，3 个人也算小有所成，可是用他们自己的话说，这条“不归路”才刚刚开始。

1. 3 个大学生组团走上创业路

小许、小闫和小刘是青岛市某大学的学生。小刘在土木工程系主修工程管理，是创业项目的发起人，在公司主要负责工地施工业务；小许和小闫在设计系主修室内设计，两个人不仅是同班同学，还是室友，在公司主要负责设计业务。

一天，怀揣着创业梦想的小刘找到了设计系成绩优异的小许和小闫，希望他们能和自己一起创业。提到为何决定创业这个问题时，小许笑着说：“当时我们在宿舍谈论到这个话题，我想他是一个挺靠谱的人，做事也很周到，不管行与不行，都试试吧！就这样我们三个走上了这条‘不归路’。”之后，他们成了合伙人，接着又从学校财务管理专业招募了一位同样有创业梦想的小伙伴，共同成立了一间室内设计工作室。

2. 骑自行车“零装备”就敢跑客户

创业初期肯定是艰苦的，尤其是对几个毫无社会经验的大学生来说。小闫说，那时候他们着实办了很多现在想来挺傻的事。例如，有一次，某社区回迁房项目刚竣工，他们就到处打听哪天给业主交钥匙，到了那天他们就蹬着自行车跑去拉项目。但是，在和那些有装修需求的业主沟通时，业主们觉得他们是大学生，没有经验，根本不给他们机会。

小许说，刚创业的时候，为了省钱，很多苦力活都自己干。“虽然我主要负责设计，但有时候小刘在工地上忙不开，我就会过去帮忙。一张 2.4 米×1.2 米的木工板，请搬运工搬的话，要按照楼层收费，一层楼就要一块钱，瓷砖也是一样。我们当时觉得，自己搬上 5 楼，一趟能省 5 块钱，够吃一顿饭了！干脆就自己搬了。因为经常搬这些建材，我们每个人的手上都长了老茧。现在想想，才发现自己当时那么‘抠’。”

3. 同时接 20 多个项目，一年下来 3 人全瘦了

创业的前两个月，3 个人每天都出去拉项目，但是一个客户都没有拉到。后来，他们集中力量在某社区拿下一个项目，项目完成后，得到了客户的认可。小刘回忆：“那是最让人兴奋的一段时间，每天都有客户来找我们装修。最后，那个社区 20 多个住户的装修项目我们都接了。”

于是，他们开始起早贪黑地忙碌起来。“每天早上 6 点到工地，晚上 10 点回宿舍，回宿舍以后还要设计图纸、算价格，每天忙得只能吃上一顿饭。”小许说，“那时候虽然每天都很累，但心里感觉很踏实。”就这样奋斗了一年，3 个人都瘦了，小许和小闫瘦了十几斤，小刘瘦了 20 多斤。

4. “我们还在路上，想开大公司”

现在，3 个人已经成为学校里的创业明星。谈及自己的理想，3 个人肯定地告诉记者，他们的理想在更远的路上。小闫说：“最近看了《中国合伙人》那部电影，影片里的很多场景都能让我产生共鸣，但是现实比电影更加残酷。这一年来，我们赚过钱，也赔过钱，吃过苦，也走过弯路，现在公司虽然发展起来了，但还属于小公司，缺乏人才，没有完善的管理制度，面临着发展的瓶颈。”

小刘说：“最近，我们连续 5 天晚上都聚在一起开会，思考未来的发展方向。我们想扩大公司的规模，还曾开玩笑地憧憬过等我们把公司做成国内最好的生态装饰大品牌的时候，谁来做华北地区的总裁，谁来做华南地区的总裁。近期公司也会增资，以便接下来能接到更大的工程项目。”

他们还表示，希望公司能为社会和学校做出更多贡献，如将来公司可以作为学校设计系的实习基地，为更多有创业梦想的同学提供帮助。

案例点评：

团队在整个创业过程中发挥着至关重要的作用，要想成功创业，就必须有一个优秀的团队。上述案例中的团队成员有着共同的目标，为了实现这个目标，他们各司其职、相互配合、踏实肯干，进而发挥出了巨大的团队力量。他们的团队协作能力、吃苦耐劳品质和不轻言放弃的精神是非常值得我们学习的。

（二）“90 后”上演长春版“中国合伙人”

在电影《中国合伙人》中，3 个有志青年因为同样的梦想而一起打拼事业，共同创办了英语培训学校，最后终于实现梦想。在长春，有 3 个“90 后”也上演着“中国合伙人”的故事，他们合伙开了一家科技公司，目前正在研发一种智能激光清雪设备，还梦想着有一天公司能上市。

1．创业梦——3 个“90 后”组成“中国合伙人”

郑某，女，1991 年生；小宿，男，1993 年生；刘某，男，1991 年生。其中，郑某有在世界 500 强企业工作的经历，而另外两名男生则有留学经历。郑某和小宿是多年的好朋友，而小宿和刘某是同学。因为 3 个人有着共同的创业梦，在创业梦的激励下，他们成立了一家科技公司，成为“中国合伙人”。

3 个人中，郑某性格最爽朗，但骨子里却没有两位男士大胆、纯粹。“跟他们俩接触后，我的思想转变挺大的。”郑某坦言，她以前做事情，总是先考虑赚钱，对物质方面会在意得多一些，但小宿和刘某聊的都是“回馈社会”“改变世界”这些激情澎湃的话题。

2．创业初——生意陷困境，一起喝酒 3 天

创业之初，他们有着共同的想法：引进国外较为先进的技术，再通过创新变成对国内真正有意义和价值的产品。资金是创业中遇到的最大难题，于是 3 个人倾囊而出，凑了近 40 万元作为公司的启动资金，他们研发的第一款产品是车载健康枕。但当第一批产品投入生产前，资金链却断了。3 个人只好再凑钱，两个男生去跟朋友借钱，郑某则把房子抵押到银行去贷款。他们想的是，产品生产出来之后，两三个月资金就能回笼，借的钱就可以还上了。

但由于对市场了解不够，车载健康枕生产出来之后，销量跟他们预想的差得很远，价格也达不到预期。产品销售不出去，资金又全押在里面，生意陷入了困境。“那一刻，我们 3 个真想坐在地上哭。”郑某说，“我们在一起喝了 3 天的酒。”发泄过后，3 个人又重新上路。“我们从没动摇过，在一起聊也是总结经验，研究怎么把产品卖出去。”郑某说。

3．创业帮——生意不错，感情仍然很好

关于合伙创业，3 个人最担心的就是出现“哥们儿式合伙，仇人式散伙”的情况。“生意没做成，朋友还掰了，这是我们最不愿看到的结果。”郑某说。

如今，他们共同创业已经有几年时间了，生意不错，感情仍然很好。郑某性格比较直，有什么说什么；刘某性格比较急躁，但一般不发火，比较严谨；小宿性格平和，有耐心，

能包容人。“我们经常一起工作到很晚，而且总是说说笑笑的，很开心，感觉像在一个宿舍生活一样。”郑某说。

4. 创业路——正在研发激光清雪设备

目前，3 个人正在开展一项新业务。小宿是技术负责人，他介绍了他们目前研发的智能激光清雪新技术。小宿说，长春这几年冬天雪很大，机械除雪会对路面造成破坏，而且融雪剂对路面及树木也有伤害。他们研发的智能激光清雪设备，激光束离地 50 厘米即可清雪。它的优势是：① 能耗小，只相当于一个电吹风；② 不需要任何融雪剂，不会对路面造成任何破坏；③ 能解决机械清雪解决不了的问题，可以清除冰雪混合物；④ 可以清除电线杆上的纸质小广告及外墙上的涂鸦等。更令人激动的是，智能激光清雪这项技术在全世界范围内都是非常先进的，而现在这项技术已经在国内通过认证，样机很快就会制造出来。

5. 创业经——创业要跟着政策走

创业半年后，3 个人将公司搬入了创业园，这时他们才发现之前走了不少弯路。“我们开始创业的时候，只知道埋头苦干，很少关注政府的政策，后来才发现走了不少弯路。”郑某说。入驻创业园之后，他们享受到了较低的房租，后来还向政府申请了房租减免。另外，政府有关部门还帮助他们申请了一些创业贷款，并进行了一些业务指导，这些都是他们之前不了解的。

案例点评：

团队精神在创业过程中是非常重要的。上述案例中，3 个合伙人在遇到挫折后能够很快调整心态，重新振作，朝着共同的目标不断努力，他们的团队精神、创业精神和创业经验都是值得我们借鉴的。他们敢冒风险，大胆引进最新技术。他们还善用政策，跟着政策前进，最终取得了成功。

模块四

捕捉创业机会

内容导读

创业是发现市场需求，寻找市场机会，并通过投资经营企业满足市场需求的活动。在这个瞬息万变的时代，创业需要机会，好的机会等于成功的一半。在我们身边其实隐藏着很多创业机会，要想发现并把握创业机会，就要掌握一定的方法。

学习目标

知识目标

- 了解创业机会的概念和特征，熟悉创业机会的来源。
- 了解影响创业机会识别的因素，熟悉创业机会识别的主要环节。
- 了解有价值创业机会的特征，熟悉创业机会的评价标准。

能力目标

- 掌握创业机会识别与评价的方法，能够识别与评价身边的创业机会。
- 熟悉适合大学生的各种创业机会，能够根据自身优势合理选择创业项目。

引导案例

大学生返乡创业，建成千亩脐橙园

在江西省赣州市兴国县含田村，有一片千亩脐橙园，几十名当地农户在此工作。火红的晚霞映衬着金黄的赣南脐橙，十分耀眼。脐橙不仅好吃，还是当地的致富“利器”。

创业要从娃娃抓起

园区的主人小刘今年只有 24 岁，却一手建起如此大规模的脐橙园，这个小姑娘“开挂”了吗？并不是，她只是把大学的时间都用在了学习和创业上。

2016 年，江西省某大学迎来一批新生，小刘就是其中之一。好不容易熬过高中三年的苦读，又没有了父母的管束，很多学生都会“放飞自我”，而小刘却已经开始思考：如何在不久的将来返乡创业种脐橙。

小刘怎会有如此想法？原来，在她小的时候，兴国县几乎户户种脐橙，她家也有一片脐橙种植基地。金黄的脐橙口感甘甜，是一家人的经济支柱。

但是，那时村民的种植技术欠缺，种植方法简单、粗放，病虫害防治不到位。2013 年，果树的“癌症”——黄龙病袭击赣南。这种病害传染性极强，严重影响脐橙的产量和品质，甚至造成作物枯死。当地农户缺少应对办法，眼睁睁地看着一片片脐橙被侵蚀。

不仅如此，由于脐橙种植比较集中，黄龙病以极快的速度扩散，村民们只能亲手砍掉种植多年的脐橙，小刘家也难以幸免……几万亩的脐橙毁于一旦，曾经郁郁葱葱的山也荒芜了，这给年幼的小刘造成不小的影响。因此，她立志学习农业，将来要建一个更大、更健康的脐橙产业园，把家乡的脐橙卖到全国各地。

创业可不是一件容易的事，小刘也很清楚。这不，刚进大学校园，她就拼命地学习专业知识。不仅如此，她还摆起了地摊，把兴国县的农产品拿到学校来卖。随着脐橙越来越受欢迎，小刘趁热打铁，和同学合作举办了“脐橙销售大赛”，大家踊跃报名参加。一段时间内，校园里到处都能听见卖脐橙的吆喝声。

脐橙不仅卖得热闹，效益也高。据小刘介绍，当时只用 2 个星期就销售出万斤脐橙。同时，这也是一次很好的市场调研。

克服困难，建成脐橙园区

小刘知道，要想避免重蹈村民们的覆辙，先进的种植技术和管理模式必不可少。她选择的农林经济管理专业帮上了忙，不仅让她学到了农业知识，还认识了很多农业专家。一有时间，小刘就向他们请教脐橙的种植技术、费用和发展前景。同时，她还跟随校内专家前往各省的农业基地学习。经过长期积累，小刘对自己的创业方向和计划有了清晰的思路。寒暑假，她还邀请学校的专家、教授到村里调研。针对当地的实际情况，老师们提出了许多建设性意见，这使小刘受益匪浅。

农业创业最重要的是什么？当然是土地。等毕业了再去考虑土地问题对于小刘来说，太迟。幸运的是，村里设立了招商引资项目，邀请有志之士来村中整合资源，返乡创业。虽然土地位置偏远，配套不完善，但成本更低，村集体还会帮忙流转土地。

小刘没有犹豫，当即决定参加项目，流转土地。她说："当时这里位置偏远，从县城开车过来要 1 个小时。但是，附近没什么人种脐橙，短时间内不用担心黄龙病。我可以多流转一些土地，尽快回本。"

但土地流转没那么容易。虽说村集体提供了不少帮助，但把土地交给一个"黄毛丫头"，村民们难免犯嘀咕。为了打消大家的顾虑，她挨家挨户拜访，一有时间就跑到乡亲们家里坐一会儿，敞开心扉和大家谈自己的理想、抱负。"精诚所至，金石为开。"通过给乡亲们土地入股、优先安排就业、免费教农业技术、提供种苗和肥料等承诺，她终于说服村民，分三期流转土地，第一期就流转到 500 亩。

土地有了，小刘"一头扎进地里"开始创业。在专家的指点下，她创办了"兴国县丰采种养专业合作社"，村民们以土地入股，规范化经营。小刘精选品种，采用"宽行密株"（宽行：通风透光好，管理方便。密株：密度大，便于选用小冠树形，树体结构简单，便于掌握，上产量快）的种植方法，高标准、严要求，建成了自己的脐橙园区。

打开销路，带动乡邻

产品有了，销售也是难题。在赣南地区，种植脐橙的农户很多，互相竞争下，脐橙很难卖出高价。不过，这难不住小刘，她制定了市场细分策略，将脐橙按个头、色泽等标准分类，品质最高的包装成礼盒，定价高；品质相对差的包装简单，定价低。

小刘还带着脐橙走进一家家商场、超市寻求合作。凭借自家脐橙过硬的质量，很快就有 12 家商超和小刘达成长期合作。不仅如此，小刘还将目光转向线上市场。2018 年，她在多个知名电商平台开设旗舰店，不仅销售园区内的脐橙，还帮助村民销售当地其他特色农副产品。同年，小刘成功入驻网络销售平台"扶贫 832"。2019 年，她被该平台评为"政府助力脱贫攻坚优秀供应商"。

在园区走上正轨后，小刘没有忘记老乡。除了帮助他们解决就业问题，小刘还为他们提供种苗、专业技术支持，帮助种植脐橙的农户销售，带动乡邻增收致富。

奋斗还在继续

2020 年，脐橙丰产丰收了。截至 2020 年 12 月 22 日，小刘的产业园已销售脐橙 100 多万斤，销量比去年同期增长约 20%。但 2020 年，消费者整体的购买力在下降，脐橙价格比去年跌了30%～40%。小刘担心身边的农户，也在尽力帮忙收购种植户的脐橙和其他水果。

现在，小刘的脐橙园区已完成第二期土地流转，面积扩大到1 300余亩。今后，小刘希望不再扩张园区规模，而是引进更多国内外高端水果品种，坚持绿色、生态发展，将产业园做成示范园，把水果卖到世界各地。

理论初识

一、创业机会及其来源

创业者难能可贵的地方在于，发现其他人看不到的机会，并采取行动把握住创业机会，最终实现创业价值。

（一）创业机会的概念与特征

创业机会是指在社会经济活动过程中产生的一种带有偶然性且能被创业者识别和利用的契机。创业机会具有以下特征：

（1）普遍性。凡是有市场、有经营的地方，客观上就存在着创业机会。创业机会普遍存在于各种经营活动过程之中。

（2）偶然性。对于一个创业者来说，创业机会的发现和捕捉有很大的不确定性，任何创业机会的产生都有“意外”性。

（3）消逝性。创业机会存在于一定的时空范围之内，随着催生创业机会的客观条件的变化，创业机会可能转瞬即逝。

创业机会与商业机会

创业机会的独特性就在于能经由重新组合资源来创造一种新的目的—手段关系，是一种独特的商业机会。一方面，创业机会与商业机会并不存在严格的界限，强调两者的差异是为了关注创业机会的价值，突出创新。另一方面，并非只有把握创业机会才能创业，把握有利可图的商业机会也能创业，并为社会创造财富。

（二）创业机会的来源

创业机会从何而来，众多学者有不同的看法。在众多观点中，谢恩教授的观点比较有代表性。谢恩教授认为，创业机会主要来源于4种变革：技术变革、政策和制度变革、社会和人口结构变革、产业结构变革。

创业机会的来源

1. 技术变革

技术变革可以为人们提供新的技术或手段，使其能够去做以前不可能做到的事情，或者更高效地去做以前只能低效完成的事情。例如，物联网技术、人工智能和云平台的出现为智能共享单车的诞生创造了技术条件，为致力于改变出行方式的创业者带来了创业机会。同时，技术变革也能改变企业之间的竞争模式，为创业者创办新企业带来大量机会。例如，网络协议通话技术使得传统的资本密集型电话业务转变为一种只需要少量资金就可运营的业务，为那些资金缺乏的创业者提供了新的机会。

2. 政策和制度变革

政策和制度变革往往意味着打破禁区、消除障碍、扭转价值观念和创造新的价值，进而带来大量的创业机会。例如，环境保护和治理政策的出台，会将那些污染严重、对环境破坏大的企业的资源转移到生态文明建设领域，从而带来创业机会；专利保护制度的严格执行，使得那些缺乏核心技术的企业沦为加工厂或破产倒闭，并为拥有核心专利技术的人员带来创业机会。

3. 社会和人口结构变革

社会和人口结构变革可以改变人们的偏好或创造新的需求，从而带来创业机会。例如，随着社会经济的发展和收入水平的普遍提高，人们对精神生活的追求日益强烈，从而带来精神文化生活方面的创业机会；由于现代社会的快节奏发展和工作压力日益剧增，人们对休闲度假的需求增加，从而带来旅游活动相关的创业机会；随着人口老龄化的发展和生育政策的调整，人们对老年人健康保障用品、幼儿护理服务、亲子教育服务等方面的需求增加，从而带来相关领域的创业机会等。

4. 产业结构变革

产业结构是指一个国家或地区的产业组成（即资源在产业间的配置状态）、产业发展水平（即各产业所占比重）及产业间的技术经济联系（即产业间相互依存、相互作用的方式）。随着社会生产力的发展，产业结构会不断发生变革，从而催生大量的创业机会。例如，随着计算机和网络技术的飞速发展，信息产业在国民经济中所占的比重越来越大，催生了信息设备制造、信息采集与存储、信息传递与交换等多个领域的创业机会。

二、创业机会的识别

（一）影响创业机会识别的因素

在现实生活中，创业者要发现真正的创业机会并成功地抓住它，通常会受到许多因素的影响。具体而言，影响创业机会识别的因素主要有以下几种。

1. 先前经验

在特定的产业中，先前经验有助于创业者识别创业机会，即通常所说的“走廊原理”。“走廊原理”是指创业者一旦创建了企业，就开始了一段旅程，在这段旅程中，通向创业机会的“走廊”将变得清晰可见。换句话说，一个人一旦投身于某一个产业创业，往往比那些产业外的人更容易识别产业内的新机会。

2. 认知因素

有人认为，机会识别可能是一项先天技能（常称为“第六感”），创业者往往拥有这种技能，因而他们更容易发现创业机会。很多创业者也认同这种观点，认为自己比别人更“警觉”。然而，这种“警觉”在很大程度上是一种习得性的技能。在某个领域拥有更多知识的人，往往对该领域内的机会更“警觉”，进而更容易识别相关的创业机会。例如，计算机工程师就比律师更容易识别计算机产业内的创业机会。

3. 社会关系网络

社会关系网络的广度影响着创业机会的识别。社会关系网络较广的人比社会关系网络较窄的人更容易得到好的机会和创意。一项针对 65 家创业企业的调查显示，半数创业者是通过社会关系得到创业机会的。一项类似的研究分析了独立创业者（独自识别创业机会的创业者）与网络型创业者（通过社会关系识别创业机会的创业者）之间的差别，结果显示，网络型创业者能比独立创业者识别出更多的创业机会。

4. 创造性

创造性有助于新奇创意的产生。从某种程度上说，机会识别是一个创造过程，是不断进行创造性思维的过程。具有创造性思维的人更容易发现创业机会。例如，在现实生活中，听过较多奇闻轶事或更具创造性的人，更容易发现蕴藏在诸多产品、服务和业务活动中的创业机会。

（二）创业机会识别的主要环节

创业机会的识别主要包括以下 4 个环节。

1. 价值性分析——商业价值

所谓分析创业机会的商业价值，就是分析特定创业机会所对应的市场需求规模与结构，特别是该创业机会刚刚形成时的市场需求规模与结构（简称“起始规模与结构”）、可能的客户群、客户群的人文特征，以及哪些客户有可能成为新创企业的“目标客户”、哪些客户有可能成为目标客户中的“领先客户”。新创企业未来应该首先开发领先客户，并需要借助其“示范效应”进一步开发其他目标客户。

不同细分市场上的创业机会的商业价值是不同的。通常来说，成长性行业中的创业机会未来会有较大的商业价值；而萎缩性行业中的创业机会，其商业价值较低，对创业者而言不是好的选择。

2. 时效性分析——持续时间与成长性

所谓创业机会的时效性分析，也就是分析特定创业机会的持续时间与市场需求的成长性。适合创业的创业机会，一定要有持续性和成长性。

（1）创业机会的持续时间，是指特定创业机会所对应的市场需求有可能持续多长时间。无疑，相应的市场需求持续越久，越是值得创业者去追逐这样的创业机会。

（2）创业机会的成长性，是指特定创业机会所对应的市场需求的成长性。从长期趋势上看，只有当市场需求会持续成长的情况下，市场上才可能容纳较多的企业，新创企业也才会有较大的成长空间。一般来说，新创企业只有在市场需求成长最快的时间段（简称"机会窗口"）推出自己的产品或服务，才有可能尽快在市场中立足，进而为企业未来的成长奠定基础。

3. 要素匹配性分析——商机、创意、资源、能力的匹配程度

创业机会是适当的商机、有价值的创意、可得的资源、团队的能力的有机组合。当且仅当这 4 种要素处于匹配状态时，对特定的创业团队而言，相应的创业机会才能够称为"创业机会"。基于此，创业机会的识别，还需要进行这 4 种要素的匹配性分析。

首先，商机与创意之间的匹配是最基本的，如果这两者不匹配，此时的创业机会自然不能被视为真正的创业机会，且其他要素之间的匹配性也无须分析了。如果商机与创意之间是匹配的，接下来就需要分析创业者的能力是否与创意相匹配，即创业者是否有能力实施相应的创意，以及创业者是否能掌握实施该创意所需的资源。如果创业者的能力和掌握的资源不足以实施相应的创意，则这时的创业机会也无法称为"创业机会"。

4. 风险分析——风险与收益

每个创业机会都伴随着风险。若经过前述 3 个环节的考察、分析，创业者得出了肯定的结论（即"这是一个适合本团队的创业机会"），则需要进行创业机会的风险分析，以判断该机会是否值得自己冒险而为。当且仅当创业机会的收益超过风险时，创业者才值得冒险起步、启动创业。

勤思考、早行动，创新创业正当时

湖南某旅游职业学院 2013 届运动训练专业毕业生廖某军是一个爱思考的人，这样的人通常能发现别人没有注意到的创业机会，成为"第一个吃螃蟹的人"。2018 年，廖某军结合自己的爱好和专业技能，创办了广州某体育发展有限公司，成为国内首家为青少年高尔夫赛事助力的训练机构。该公司打破传统学球的模式，在全国推出高尔夫一站式体能康复训练体系，在学校过程中让更多球友既能掌握运动技巧，还能提高体能、预防损伤，从而让学球变得更有乐趣、更系统、更科学。

在大众的认知中，高尔夫球是一项“温文尔雅”的运动，活动量小，对体能要求不高。但实际情况正好相反，高尔夫球是一项多平面、多方向的运动，它要求运动员具有很强的爆发力和体能。进行高尔夫球运动时，人体各个关节和部位都处于移动极限，如果体能训练不到位，很可能造成运动损伤。但是，很少有初学者会注意到体能问题。

廖某军在大学期间就经常思考，为什么当下的高尔夫球运动没有专门的体能训练培训呢？实际上，任何运动都需要体能作为支撑和提供保护，优秀的体能是保证运动员免受损伤的关键之一。从那时起，廖某军的心里就想着自己要创办一家企业，在全国推广高尔夫球体能训练，为更好地普及高尔夫球运动贡献自己的力量。

大学毕业后，廖某军仍然坚持学习和训练，不断摸索如何建设高尔夫球体能训练体系。为此，他选择到专业单位实习，学习别人的经验。同时，他还每个月都去请教行业老师，学习训练技巧。就这样，廖某军通过多做、多学积累了很多实战知识。2016 年，廖某军独自一人来到广州创业，经过三年的努力，成功打开了广州高尔夫球体能训练市场，创办了自己的公司。

廖某军掌舵下的公司自主研发了高尔夫球专项体能训练体系。他们借鉴了国内外多种体能康复训练体系及训练理念，打破传统的体能训练，通过解析高尔夫球技术和身体运动原理并将其与体能训练结合，可在增强运动员挥杆能力的同时预防损伤，从而使训练更加科学、高效。

廖某军的创业事迹告诉我们，很多习以为常的事物中往往包含着创业机会，只要我们勤于思考、善于发现，就一定能在创业中占得先机。

三、创业机会的评价标准

要想利用创业机会，创业者就要对其进行科学的评价。对于创业机会的评价主要基于以下标准。

（一）盈利时间

有价值的创业机会一般能使创业项目在两年内实现盈亏平衡或者取得正现金流。如果创业项目实现盈亏平衡或取得正现金流的时间超过 3 年，那么这种创业机会对于创业者的要求就比较高，因为大多数创业者可能支撑不了这么长的时间，其他的投资者和合作伙伴也没有这么长时间的耐心，所以这种创业机会的吸引力就会大大降低。

（二）市场规模和商业价值

如果创业机会的市场规模和商业价值过小，则无法支撑企业的长期发展。而创业者若能够进入一个规模巨大而且还在不断发展的市场，即使只占有很小的份额，也能够生存下去。一般来说，市场规模和商业价值越大，创业机会越有吸引力。

（三）资金需要量

有着较少或者中等程度资金需要量的创业机会最有吸引力，创业者需要根据自身的资金实力和可以使用的资源来评价创业机会，超出能力范围的应谨慎考虑。

（四）投资收益

创业的目标就是要获得收益，这要求创业机会有一定的盈利能力，包括较高的毛利率和市场增长率。毛利率高说明创业项目的获利能力强，市场增长率高表明市场的发展潜力大。如果每年的投资收益率能够维持在25%以上，这样的创业机会对创业者和投资者都有很大的吸引力。

（五）成本结构

较低的成本会给创业企业带来较大的竞争优势，而低成本的实现大多来自技术和工艺的改进及管理的优化。创业机会如果有这方面的特质，对于创业者来说是非常有利的。

（六）进入障碍

如果创业机会面临着进入市场的障碍，如存在资源的限制、政策的限制、市场的准入控制等，会在很大程度上削弱创业机会的价值。

（七）退出机制

有吸引力的创业机会应该有比较理想的获利和退出机制，便于创业者和投资者获得收益和回笼资金。没有任何退出机制的创业机会对投资者来说是没有太大吸引力的。

（八）控制程度

如果创业者能够对渠道、成本或者价格有较强的控制，这样的创业机会比较有吸引力。否则，当竞争对手掌握了原材料来源、独占了销售渠道、取得了较大的市场份额、对价格有较大的决定权时，新创企业的发展空间就会非常小。

（九）致命缺陷

创业机会不应该有致命的缺陷。如果创业机会有一个或者多个致命的缺陷，那么它将变得没有价值。

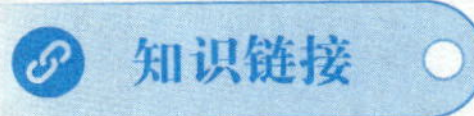

有价值的创业机会的特征

有价值的创业机会通常具有以下4个主要特征：

（1）有吸引力。有价值的创业机会总会满足一定的市场需求，使创业活动产生盈利，因而受到创业者与投资者的追寻与青睐。

（2）持久性。市场环境的变化是持久的，而有价值的创业机会客观存在于一定的市场环境之中，因此也是持久的。

（3）及时性。创业机会产生于一定条件下，有价值的创业机会会随着环境的变化和消费者需求的转移而及时改变。

（4）客观性。无论创业者是否意识到，有价值的创业机会总是客观存在于一定的市场环境之中，即使不能被一个企业发现，也会被另一个企业捕捉和利用。

知识拓展

一、创业机会的识别方法

创业者可以通过多种方法识别创业机会，这里归纳几种较为常用的方法。

（一）通过系统分析识别创业机会

多数创业机会可以由创业者通过系统分析来识别。创业者可以从企业的宏观环境（政治、经济、法律、技术发展等）和微观环境（顾客、竞争对手、供应商等）的变化中识别创业机会。通过市场调研，从环境变化中挖掘创业机会，是创业机会识别的一般规律。

（二）通过问题分析和消费者建议识别创业机会

创业者往往能通过分析现存问题识别创业机会。创业者进行问题分析时，首先要问自己“什么才是最好的”，因为解决方法的提出是识别创业机会的基础。在分析问题的过程中，创业者需要全面了解消费者的需求，以及可能用来满足这些需求的手段。

另外，很多创业机会都是由消费者识别出来的，因为他们知道自己需要什么。例如，消费者通常会提出一些诸如“如果那样的话不是更好吗”之类的非正式建议，这些建议有利于创业者发现创业机会。一个讲究实效的创业者总是渴望从消费者那里征求建议。因此，创业者应多关注还未解决的问题和消费者的建议，以便从中识别创业机会。

（三）通过创新活动识别创业机会

通过创新活动识别创业机会的方法在新技术行业中最为常见。例如，创业者为了满足现有的市场需求而开展创新活动，进而在活动中识别创业机会；在满足现有市场需求后，创业者积极探索新技术及其商业价值，在探索过程中也可能发现新的创业机会。通过创新活动识别创业机会的方法比其他方法难度更大，风险也更高，但一旦创业成功，其所带来的回报也更大。

二、创业机会的评价方法

对创业者来说，成功获取创业机会的关键在于从众多机会中找出真正有价值的创业机会，并采取快速行动来把握机会。

一般而言，可以从产品、技术、市场与效益等几个方面评价创业机会的价值潜力，常用的评价方法有定性评价法和定量评价法。

（一）定性评价法

定性评价法是指不进行数学分析，而根据评价对象平时的表现、状态，或通过观察和分析文献资料，直接对评价对象做出定性结论的价值判断方法。定性评价法强调观察、分析、比较、归纳与描述。

常用的定性评价法包括蒂蒙斯的创业机会评价模型和刘常勇的创业机会评价框架。

1. 蒂蒙斯的创业机会评价模型

拥有“创业教育之父”称号的蒂蒙斯总结出一个包含 8 类指标的创业机会评价模型，如表 4-1 所示。该模型涉及行业与市场、经济因素、收获条件、竞争优势、管理团队、创业家的个人标准、理想与现实的战略性差异、致命缺陷 8 个方面的 53 项指标。一些风险投资商、政府基金、创业大赛经常借用该模型对创业项目进行评价。

表 4-1　蒂蒙斯创业机会评价模型

评价要素	评价指标
行业与市场	市场容易识别，可以带来持续收入
	顾客可以接受产品或服务，并愿意为此付费
	产品的附加价值高
	产品对市场的影响力大
	将要开发的产品生命长久
	项目所在的行业是新兴行业，竞争不激烈
	市场规模大，销售潜力达到 1 000 万～10 亿美元
	市场成长率为 30%～50%，甚至更高
	现有厂商的生产能力几乎完全饱和
	项目所在行业在 5 年内能占据市场的领导地位
	产品拥有低成本的供货商，具有成本优势
经济因素	达到盈亏平衡点所需要的时间短于 1.5 年或 2 年
	盈亏平衡点不会逐渐提高
	投资回报率在 25%以上
	项目对资金的要求不是很高，能够获得融资

续表

评价要素	评价指标
经济因素	销售额的年增长率高于15%
	有良好的现金流量，能占到销售额的20%～30%
	能获得持久的毛利，毛利率要达到40%以上
	能获得持久的税后利润，税后利润率要超过10%
	资产集中程度低
	运营资金不多，其需求量是逐渐增加的
	研究开发工作对资金的要求不高
收获条件	项目带来的附加价值具有较高的战略意义
	存在现有的或可预料的退出方式
	资本市场环境有利，可以实现资本的流动
竞争优势	固定成本和可变成本低
	对成本、价格和销售的控制较高
	已经获得或可以获得对专利所有权的保护
	竞争对手尚未觉醒，竞争较弱
	拥有专利或对专利具有某种独占性
	拥有发展良好的人际网络关系，容易获得签订合同的机会
	拥有杰出的关键人员和管理团队
管理团队	创业团队是优秀管理者的组合
	行业和技术经验达到了本行业内的最高水平
	管理团队的正直、廉洁程度能达到最高水平
	管理团队知道自己缺乏哪方面的知识
创业家的个人标准	个人目标与创业活动目标相符合
	创业家可以做到在有限的风险下实现成功
	创业家能承受薪水减少等损失
	创业家渴望创业这种生活方式，而不只是为了赚大钱
	创业家可以承受适当的风险
	创业家在压力下身心状态依然良好
理想与现实的战略性差异	理想与现实情况相吻合
	管理团队已经是最好的
	管理团队在客户服务管理方面有良好的理念
	所创办的事业顺应时代潮流

续表

评价要素	评价指标
理想与现实的战略性差异	所采取的技术具有突破性，不存在许多替代品或竞争对手
	管理团队具备灵活的适应能力，能快速地进行取舍
	创业家始终在寻找新的机会
	定价与市场领导者的定价几乎持平
	产品能够获得销售渠道，或已经拥有现成的销售网络
	项目能够允许失败
致命缺陷	创业机会不存在任何致命缺陷

2. 刘常勇的创业机会评价框架

创业学者刘常勇教授归纳出的创业机会评价框架，是一种比较简单的评价方法。他认为创业机会评价主要围绕市场评价和回报评价两个层面展开。

（1）市场评价。市场评价主要从以下几个方面展开：

① 评价创业机会是否有市场，是否专注于消费者的具体需求，是否能为消费者带来新的价值。

② 依据“波特五力模型”评价创业机会的市场结构。“波特五力模型”是商业管理界公认的“竞争战略之父”迈克尔·波特于 20 世纪 80 年代初提出的。他认为行业中存在着决定竞争规模和程度的 5 种力量，即同行业内现有竞争者的竞争能力、潜在竞争者进入的能力、替代品的替代能力、供应商的讨价还价能力和购买者的议价能力。这 5 种力量综合影响着产业的吸引力及现有企业的竞争战略决策。

③ 分析创业机会所面临的市场规模大小。

④ 评价创业机会的市场渗透力。

⑤ 预测可能取得的市场占有率。

⑥ 分析产品的成本结构。

（2）回报评价。回报评价的主要指标如下：

① 税后利润是否高于 5%。

② 达到盈亏平衡点的时间是否在 2 年以内。如果超过 3 年还无法实现盈亏平衡，那么这样的创业机会是没有价值的。

③ 投资回报率是否高于 25%。

④ 资本需求量是否较低。

⑤ 毛利率是否高于 40%。

⑥ 新企业在市场上的战略价值。

⑦ 资本市场的活跃程度。

⑧ 退出市场和收获回报的难易程度。

（二）定量评价法

定量评价法是指按照数量分析方法，从客观量化角度对数据资源进行优选与评价的一种方法。常用的定量评价法包括标准打分矩阵法、温斯丁豪斯法和珀泰申米特法。

1. 标准打分矩阵法

标准打分矩阵法是指创业者首先选出对创业机会成功有重要影响的因素，再由专家小组对每个因素进行“最好”（3 分）、“好”（2 分）、“一般”（1 分）3 个等级的打分，最后求出每个因素在各个创业机会下的加权平均分，从而对不同的创业机会进行比较的一种评价方法。表 4-2 列出了 10 项主要的评价因素，创业者在实际使用标准打分矩阵法时，可以根据具体情况选择其中的全部或部分因素来进行评价。

表 4-2　标准打分矩阵法评价表

评价因素	专家打分			
	最好（3 分）	好（2 分）	一般（1 分）	加权平均分
易操作性				
质量和易维护性				
市场接受性				
增加资本的能力				
投资回报				
专利权状况				
市场大小				
制造的简单性				
口碑传播潜力				
成长潜力				

2. 温斯丁豪斯法

温斯丁豪斯法实际上是通过量化计算来比较各个机会优先级的一种方法。其计算公式为

$$机会优先级=\frac{技术成功率\times商业成功率\times(价格-成本)\times投资生命周期收入}{总成本}$$

在上述公式中，技术成功率和商业成功率以百分比（0～100%）表示；成本以单位产品的成本计算；投资生命周期收入是指投资期内可以预期的所有收入；总成本为研究、设计、制造和营销等环节的成本之和。对于不同的创业机会，应将其相应的具体数值代入计算公式。机会优先级数值越高，表示创业者利用该机会创业成功的可能性越大。

3．珀泰申米特法

珀泰申米特法是通过计算创业机会成功潜力的各项因素分值来评价创业机会的一种方法。对于每个评价因素来说，创业者可根据自己了解的情况给予评价，得分范围为−2分到+2分。创业者可以通过加总所有因素的得分，得到最后的总分。总分越高，说明创业机会的成功潜力越大。一般来说，只有最后得分高于15分的创业机会，才值得创业者进行下一步的策划，而低于15分的都应被淘汰。表4-3所示为珀泰申米特法评价表。

表4-3　珀泰申米特法评价表

评价因素	得分
税前投资回报率的高低	
预期的年销售额增长率	
生命周期中预期的成长阶段时间	
从创业到销售额高速增长的预期时间	
投资回收期长短	
获得领先地位的潜力大小	
商业周期的影响大小	
产品定高价的潜力大小	
进入市场的容易程度	
市场试验的时间长短	
对销售人员的要求	
总　分	

在实际运用中，创业者可以综合应用上述评价方法。

三、创业项目的选择原则

（一）做自己熟悉的

创业是一项风险很高的活动，大学生的初次创业更是如此。选择创业项目时，创业者应尽量选择自己熟悉的行业和项目，充分利用自己的优势，如专有技术、行业从业经验、经营管理能力、个人社会关系等，这样既可以较好地控制风险，又可以发挥自己的特长，形成自己的经营特色，同时也更容易看清市场变化，从而在将来的市场竞争中占据主导地位。我国许多老字号品牌，如“北京烤鸭”“山西老陈醋”等，能够历经百年而长盛不衰，与这些品牌商家在最初创业时开发并有效利用自己的专有技术有着密切的关系。

（二）做自己感兴趣的

兴趣是最好的老师。如果创业者在创业时选择自己感兴趣的创业项目，那么创业活动一般比较容易获得成功，并且活动的开展也会事半功倍；相反，如果创业者对创业项目并不感兴趣，只是为了挣钱，那么创业者一般不太容易将创业项目做好，即使最后做好了，往往也是事倍功半。因此，创业者最好选择自己感兴趣的行业和项目。

（三）做自己可以掌控的

初次创业的创业者普遍缺乏企业管理经验，资金和社会关系等资源也相对匮乏，这些不足让他们极易遭遇创业的“初始危险期”。因此，创业者必须仔细地衡量自己的资源，量入为出，尽可能将风险置于自己可以掌控的范围之内；在同等条件下，应优先考虑那些“短、平、快”的项目。这样，一方面可以迅速收回投资，降低投资风险；另一方面，即便项目后期成长性不佳，创业者也可以选择维持经营或主动退出，然后利用掘到的“第一桶金”另寻出路。现实生活中，不少成功的企业家当前所经营的项目与当初创业时选择的项目大相径庭，就证明了这一点。

（四）做市场需要的

产品生产要以市场为导向。创业者在选择项目之前，一定要做好充分的市场调查，获取产品的市场需求信息。创业需要灵感，但灵感不能建立在虚幻之上，不做市场调查，就不能知晓市场的真正需求，更无法预测市场的未来走势，进而导致生产出来的产品脱离市场需求。创业者可以通过问卷、访谈、实地考察等多种方式进行市场调查，获取市场需求的第一手资料。创业者尤其要注意对市场空白进行研究，因为有市场空白就可能有巨大的消费需求，而这就是最好的创业项目。

例如，温州有一位拥有千万资产的老板，他创业成功的秘诀就是“生意一火就转行”。从开饭店开始，他先后做过鞋革和大排档生意，现在又在做火锅店生意。每一次他都创当地行业之先河，而且盈利颇丰，原因就在于他能敏锐地发现和抓住市场空白，捷足先登。

（五）做可持续发展的

选择创业项目时，创业者要有长远的眼光，把可持续发展作为创办企业的一个重要目标。思想有多远，路就有多远，如果创业者只考虑眼前利益，那么创业企业离被淘汰也就不远了。例如，有些产品在当时非常流行，但这些产品的畅销就像是一阵风，市场饱和之后这阵风就吹过了。因此，创业者应该选择市场需求源源不断的创业项目，确保项目能向市场提供不断消费的商品，只有这样的项目才能让创业企业实现可持续发展。

（六）做符合国家政策导向的

成功的创业者一定会时刻关注国家政策的变化。政策对于不同产业的导向，反映了国家对于不同产业的态度和这些产业未来可预见的前景。国家扶持的产业往往是国家重点发

展的项目，而这正是创业者所需要的商机。许多成功的民营企业家，就是在我国改革开放初期，借助国家政策的变化，找到了创业机会，实现了创业梦想。随着我国改革开放的不断深化，越来越多的商机将不断涌现。

需要注意的是，创业者一定要在国家允许进入的行业和领域选择创业项目。国家对于某些活动是明令禁止的，如传销等；对于有些领域是有条件限制的，如制药、烟草等；对于有些行业是有资质要求的，如大型建筑工程建造、矿山开采等。面向普通大众的民用商品领域，绝大部分是没有限制的，创业者只需守法经营并依法纳税即可。总之，创业者所选择的创业项目及经营活动要符合法律的规定。

四、创业项目的选择策略

所有的创业行为都要落实在一个个具体的创业项目之上。创业项目的寻找和选择至关重要，在探寻创业项目时要舍得花工夫。

（一）基于解决“痛点”选定创业项目

创业者可以找出当前尚未被满足而又被用户广泛渴望的需求，即“痛点”，从中发掘出能够产生系列连锁反应的机会。“痛点”往往就是企业成功的机会。解决“痛点”，可谓是创业最好的出发点和切入点之一，很多创业者的起步都是从自己的“痛点”或身边人的“痛点”做起的。例如，城市交通拥堵，打车难是“痛点”，众多打车软件便应运而生；餐馆多，甄别难是“痛点”，餐饮点评软件便应时而生；工作忙，没时间自己做饭是“痛点”，各种外卖平台横空出世；出门在外，手机没电而又急需使用是“痛点”，充电宝破土而出。

（二）通过分析已有商品存在的问题选定创业项目

市场上销售的商品可能存在这样或那样的问题，如有的样式单调，有的颜色单一，有的功能和性能不够完善，有的结构不合理等。创业者可以通过调查并分析已有商品存在的问题，对商品进行改进和完善，在解决问题的过程中选定创业项目。使用该策略选定的创业项目成功率往往很高。例如，迪士尼乐园的创始人就是针对当时市场上卡通影片时间短、制作粗糙的问题，通过改进拍摄技术而实现创业成功的。

案例阅读

3 个大学生拍创意毕业照，两个月入账 40 万元

如今，千篇一律的毕业照已经无法满足追求个性的大学生们的需求了。当你看到网络上一张张充满创意的毕业照时，可曾想到，有 3 个小伙子为了这精彩的一瞬间付出了无数的心血和努力。根据相关报道，在毕业季到来时，安庆某学校学生杨某、姚某和宋某发现了拍摄“创意毕业照”这一商机，仅用两个月时间就赚了 40 万元，获得了巨大的回报。

每年的 4 至 5 月是毕业生集中返校进行论文答辩和毕业照拍摄的时候。在这段时间里，杨某每天早上都会被电话叫醒——毕业班的同学纷纷找他咨询和联系拍照事宜。从早上 7 点半开始，杨某的摄影团队就按照流程单上的班级名逐个为他们摆造型、想创意，拍摄毕业照，每天都从日出拍到日落，晚上还得分类整理照片及拍摄所需的服装，整理完成后已将近深夜 12 点，但整个团队还要商量第二天的工作安排，凌晨一两点才能睡觉。“这段时间，整个人感觉像打了鸡血一样在工作。”杨某说道。

毕业季开始后，杨某团队所在学校的 100 多个毕业班级中有 73 个班级找他们拍毕业照。杨某的团队不仅为他们提供服装，还负责将照片制作成相册，将其中一些照片制成纪念品。“我们提供的是一条龙服务，每忙完一个班级，都感觉累得不行。”杨某说道。最忙的时候，他们一天拍了 20 个班级的毕业照。

但让杨某团队感到欣慰的是，短短两个月不到的时间，3 个人已经挣了 30 多万元。不仅如此，他们还到邻校去拍摄毕业照，又挣了 10 多万元。“我们的收费标准是每个学生 120 元，虽然工作异常辛苦，但这算是我人生的第一桶金。”杨某说。

随着毕业季的结束，杨某团队的生意也迎来淡季，但他们却想到了一个“好法子”。去年，杨某的团队给毕业 10 年后回到母校的思想政治教育专业校友提供过拍照服务。今年，他们从中受到启发，想到了“校友服务”这一新业务，把业务范围从“在校时”拓展到了“毕业时”和“毕业后”，他们充当起校友们的“回校接待员”，为校友安排衣、食、住、行、游、购、娱等。

（三）通过透视热销商品或社会热点现象背后隐藏的商机选定创业项目

创业者可以热销商品或社会热点为导向，认真分析热销商品或社会热点现象背后隐藏的商机，通过为那些“赶潮流”的人们提供创新型商品或服务来选定创业项目，并进行经营实践。例如，当看到智能手机热销时，有人分析了智能手机背后隐藏的商机：一是手机贴膜应运而生；二是手机阅读架悄然而起；三是手机自拍杆顺势而出；四是手机充电宝备受青睐；五是各种手机 App 犹如雨后春笋般涌现。又如，“旅游热”背后隐藏的商机——旅游产品的开发；网购现象背后隐藏的商机——物流快递业的发展等。

（四）基于市场供求差异分析选定创业项目

从宏观上看，任何产品或服务的市场需求总量和市场供给总量之间往往会存在一定的差距。通过调查分析，若发现某种产品或服务的市场供给不足，就可以从中找到创业机会，选定创业项目。市场需求不仅是多样化的，而且是不断变化的。因此，即使有时市场供求总量平衡，但供求结构不一定平衡。创业者通过分析供求结构差异，也可以从中发现创业机会，选定创业项目。例如，李某在当年创业时发现，虽然我国饮料市场的供求状况从总

体上看是供过于求，但他通过分析供求结构差异发现了市场空白点，开发出运动保健饮料“健力宝”，一举打开市场，进而使广东健力宝集团有限公司不断发展壮大并广为人知。

（五）利用市场细分选定创业项目

所谓市场细分，就是根据整体市场上消费者需求的差异，以影响消费者需求和欲望的某些因素为依据，把某种商品的整体市场划分为若干个消费者群体（子市场）的一种市场分类方法。通过研究子市场，创业者可以找出某类消费者的共同特点，然后针对这些特点进行产品研发，进而发现创业机会，选定创业项目。

（六）根据自身的喜好或特长选定创业项目

自己喜爱或擅长的事情通常都比较容易做好。创业者可以结合自身的专业特长，认真分析市场需求和自身情况，选定创业项目。这样往往能最大限度地激发自身的创新创业激情，并提高创新创业实践的成功率。

课堂活动

一、创业想法及初步评价

（1）请同学们仔细观察并思考校园内有哪些创业机会，将其记录下来，并通过头脑风暴的方式进行小组讨论，分享彼此的成果。

（2）在上述的创业想法中，对你而言，最可能成功的一个想法是：

____

（3）用表 4-4 评价你这个想法是否是好的创业机会。

表 4-4　机会评价

评价方面	盈利时间	市场规模	资金需求	毛利率	成本结构	门槛限制	竞争性	缺陷	可控性
评价结果									
你的结论									

二、创业机会讨论与分析

生活中确实存在着大量的创业机会，但为什么有的人能发现，有的人却发现不了？

学生每 3～5 人一组，结合影响创业机会识别的因素进行分析讨论。讨论结束后，每组选出一位代表讲述讨论的过程和内容。

三、创业机会识别与评价

（1）假如你所在的社区存在以下几个问题，你能否从中发现创业机会？

① 当地没有令人感到舒服的、可与朋友会面的休闲咖啡店。

② 虽然当地的餐厅较多，但菜品、服务相似，没有特色。

③ 社区服务不健全，离家近的菜店里商品种类少、价格高；离家远的地方虽有一个综合性农贸市场，且商品种类多、价格低，但坐车前往需要花费 20 分钟。

④ 在当地的商店里，玩具品种比较少，顾客的选择余地不大。

（2）关注当今的社会变化和政策变化，并根据表 4-5 列出社会变化和政策变化带来的商机。

表 4-5 社会、政策变化带来的商机

社会、政策变化	商机（一）	商机（二）	商机（三）	商机（四）
“互联网+”时代到来				
数字电视普及				
产业转型升级				
旅游业的兴起				
“一带一路”倡议的提出				

（3）请大家运用前面介绍的创业机会评价方法评价上述创业机会是否可行，然后由师生共同选出最具创意、最具可行性的创业机会，并进行创业模拟。

四、根据自身优势寻找创业项目

自己所学的专业是自己最熟悉的。首先，根据自己所学的专业，结合将来所处行业的特点，找到创业切入点，寻找创业机会。然后，运用蒂蒙斯的创业机会评价模型对创业机会进行评价，以判断创业机会是否具有可行性。接着，评估自身条件，判断自己是否有能力利用这一创业机会。最后，选取创业项目，优化创业方案。其具体实施步骤如下：

（1）学生每 3～6 人一组，各组成员写出可能存在的创业机会。

（2）各组进行创业机会评价。

（3）各组成员进行自身条件评估。

（4）各组选定创业项目。

（5）各组运用头脑风暴法优化创业方案。

（6）师生一起评价创业项目，并选出具有代表性的创业项目进行创业模拟。

（7）展示预期成果或收益。

延伸阅读

一、大学生创业行业的选择

从理论上说，制约大学生行业选择的因素主要分为外在因素和内在因素。外在因素主要是行业的发展前景和潜力，具体包括利润率、风险性、创新性、竞争的激烈程度、政府对该行业的政策扶持力度等。内在因素则是大学生自身的因素，包括所学的专业、自身的兴趣爱好、自身的特长、拥有资金的多少等。

（一）行业发展前景

当今时代，选择创业行业不能只注重行业现在的发展情况，还要根据该行业的发展势头、政府的相应政策、世界经济的发展趋势、高科技产业的发展速度、该行业自身的特色和经营模式等一系列外在因素综合考虑该行业在未来的世界发展浪潮中所占据的位置。简而言之，在选择创业行业时，大学生创业者必须关注行业的发展前景。

（二）行业利润率

很多创业者在行业选择的初期，都会把绝大多数的注意力放在备选行业的利润率上。诚然，追求利润是创业者的初衷所在，但是一些高利润行业，如通信类和生物制药类，进入的门槛过高，不仅有较高的科技含量要求，对经营的场地和启动资金也有着高要求，这对于大学生创业者是一个不小的挑战。因此，大学生创业者在创业初期对于利润率要有一个比较理性的认识，不应盲目地把利润率的高低作为衡量行业优劣的唯一标准。

（三）启动资金

很多时候，资金是大学生创业者在创业活动中遇到的最大障碍，也是制约他们行业选择的主要因素。大学生创业者应根据自己的资金状况来选择相应的行业，尽量使自己在未来的发展中可以处于行业的较高水平，以取得创业成功。

（四）竞争程度

研究表明，如果创业者所选的行业较为传统，那么该行业的竞争程度就比较高，相应的创业活动也就更加难以发展和盈利。因此，大学生创业者应考虑所选行业的竞争程度，以保证其创业企业未来在行业中的发展水平。

（五）兴趣和爱好

众所周知，兴趣是最好的老师，爱好是动力的源泉。大学生创业者在创业时如果能结合自己的兴趣，通过创业的方式让自己的爱好转变成职业，将有助于创业的成功。这是因为，大学生创业者是基于自身兴趣选择的创业行业，所以对顾客的心理需求有着很好的把握，可以凭借细致入微的服务赢得顾客的认同，进而为创业成功打好基础。

（六）自身的优势

知识和技能是起支配作用的生产要素。缺乏知识和技能，在很大程度上就失去了核心竞争力和生存空间。大学生经历了系统的高等教育，积累了诸如语言表达、写作、管理等技能，以及金融、会计、营销等专业知识，为其自身创业搭建了更高、更宽阔的平台。

二、适合大学生的创业机会

对于想创业的大学生来说，最好是依托自身的优势识别和分析创业机会，进而提高创业活动的层次。下面整理了 5 种适合大学生的典型的创业机会。

（一）满足大学生学习和生活需求的产品和服务

大学生创业者对于大学生群体的需求是最为了解的，这也是多数大学生开始创业时首先想到的方向。大学生创业者可以回顾自己在大学生活中遇到的问题或不满的地方，也可以对在校大学生进行问卷调查，以了解大学生群体的各种需求，然后从中挑选出最匹配自身资源的创业机会。例如，做校园代理是大学生常见的创业方式，如考研、考证、旅游、手机卡等大学生常用的服务或产品代理，从事这些业务的成本和风险都比较低。

案例阅读

大学生校园创业瞄准“社服”商机

朱某在大学期间曾加入“轮滑协会”，他发现很多学生组织和班级都想有一套具有自己团体特色的统一服装。他心想，武汉这么多高校，“社服”市场肯定很大。于是，经过商讨后，朱某与同班同学张某一起注册开店，专门为大学生定制服装，包括运动装、正装、T 恤等。

相较于其他店，朱某的店有很大的优势：一是可以提供上门服务，顾客只需要报上尺码，就可以坐等服装送上门；二是有专业的成员设计 Logo，所以更受大学生青睐。因为价格低、质量好，朱某的服装定制业务非常受欢迎。经过 4 个月左右，朱某的店已经盈利 5 万多元，并且得到了某知名运动品牌的资金支持。

（二）特色零售店或服务项目

零售和服务行业的进入门槛不高，对资金、技术和团队的要求也较低，其服务的对象又非常广泛。因此，这一行业适合于多数想创业的大学生。同时，零售和服务行业最需要的是商业模式和服务的创新，大学生创业者把自己的独特创意融入其中，就有可能开创出新的零售模式或特色服务项目。

（三）网上开店或网络服务

“90 后”“00 后”大学生对互联网非常熟悉，因此借助互联网上丰富的创业机会创业也是不错的选择。最常见的互联网创业就是开网店，销售自有产品或代销其他产品。开网店的秘诀在于透彻理解网上购物行为，通过合理规划产品品类、高水平展示产品、积极管理客户评价等方面来提高网店的利润。此外，大学生还可以创造出特色网络服务，以较低的成本实现客户需求。例如，某在线记账 App 通过满足年轻人记账的需要而成功推广开来，它通过会员付费和广告收入获得盈利。

（四）处于商品化阶段的小产品的品牌化经营

成熟行业留给大学生的创业机会比较少，毕竟行业格局已经形成，只有一些零散型的产业还留有创业机会，如处于商品化阶段的日用品或农产品。这些小产品的行业内竞争层次很低，同质化的产品很难帮助创业者做大企业，企业的利润也很微薄。因此，大学生创业者需要转换经营思路，进行品牌化运作，提升产品的档次，甚至加入一些创意元素，将小产品打造成特色产品。

（五）开发具有技术含量的新产品

大学生创业者可以依托所学的专业知识和技能开发出新产品，并以相应的创新技术作为关键资源创办企业，生产和销售新产品（或提供技术服务）。新产品的开发单靠某一个人是很难成功的，通常需要一个团队来协作进行。

大学生创业者如果自身无法开发新产品，还可与专业的研发人员合作创业。这种创业方式可以获得相关研发机构的大力支持，尤其是与政府政策相关的战略性新兴产业和其他重点产业，更是有可能成为政府关注与扶持的典型创业项目。

三、创业项目新风向

下面整理了当前经济形势下的几大创业风口，供大家把握趋势、抓住商机。

（一）数字经济——赋能实体经济

扫码骑共享单车，线上参加远程会议，在电商平台上购物；大量设备入网上“云”，海量数据毫秒级传输；越来越多的行业和企业加快实现数字化转型……近年来，各种各样的数字技术应用正在改变着人们的生产生活。

2021年10月18日，中共中央政治局就推动我国数字经济健康发展进行第三十四次集体学习，强调要统筹国内国际两个大局、发展安全两件大事，充分发挥海量数据和丰富应用场景优势，促进数字技术与实体经济深度融合，赋能传统产业转型升级，催生新产业新业态新模式，不断做强做优做大我国数字经济。

（二）新消费品牌——以差异化寻找新商机

2021年的新消费品牌赚足了人们的眼球。据不完全统计显示，仅2021年前10个月，新消费领域就已经完成680起融资事件，融资金额约为813亿元。众多新消费品牌快速成长，这些新消费品牌的共性在于，切入了某个大品类中的一个具有独特差异化功能、特性的细分领域，而相关的产品、设计、功能、包装均围绕该功能、特性展开。

（三）电子商务——短视频内容崛起

2021年，电子商务的整体发展趋势是短视频内容+电子商务的深度融合，不仅短视频平台利用算法优势在电商之路上持续探索，各大传统电商平台也纷纷增加了短视频内容。在各家殊途同归的背后，其实是消费者消费习惯的改变——从“人找货”转变为“货找人”（主动帮助消费者发现潜在的需求）。

《中国互联网络发展状况统计报告》显示，截至2021年12月，我国网民规模达10.32亿，其中短视频用户达9.34亿。短视频用户体量庞大，日均使用时长还在不断增长，通过短视频引起用户兴趣，将短视频用户转化为消费者，由此带来的消费能力不容小觑。

（四）企业服务——业务数字化

企业服务，就是以数字化提高效率，用大数据解决企业的成本和规模化问题。事实上，企业发展无论是运营管理、营销策划，还是客户管理等都需要数字化。

近年来，企业服务在垂直领域的应用场景越来越多，每个行业都需要解决方案，以帮助企业提高管理、运营、销售效率。这也催生了一批以数字化驱动为主的新型企业服务厂商。

新型企业服务以技术为核心，将AI、区块链、云计算等融入产品，依托技术快速升级产品，提升自动化和智能化程度，优化使用体验和服务能力，全面帮助企业降本提效。

（五）新能源汽车——创业机遇迸发

汽车产品形态、交通出行模式和能源消费结构正在发生深刻变革，为新能源汽车产业提供了前所未有的发展机遇。经过多年持续努力，我国新能源汽车产业技术水平显著提升、产业体系日趋完善、企业竞争力大幅增强。2015年以来，我国新能源汽车产销量、保有量连续5年居世界首位，产业进入叠加交汇、融合发展新阶段。

2021年12月14日，新能源行业迎来重大政策利好，国家发展改革委、工业和信息化部发布《关于振作工业经济运行 推动工业高质量发展的实施方案的通知》，提出加快新能

源汽车推广应用，加快充电桩、换电站等配套设施建设，鼓励开展新能源汽车下乡行动。可以预见，新能源汽车和新能源产业链将迎来进一步发展。

（六）银发经济——老年产业蓝海

国家统计局数据显示，截至2021年年底，我国60岁及以上人口为2.67亿，占总人口的18.9%；65岁及以上人口为2.01亿，占总人口的14.2%。

中国人口与发展研究中心预测：60岁及以上老人，2025年将达到3.21亿，2032年或突破4亿；65岁及以上老人，2025年达到2.21亿，2033年突破3亿；60～64岁低龄老人，2026年突破1亿，2035年为1.06亿。这意味着中国社会将从轻度老龄化阶段进入中度老龄化阶段。

在人口结构加速变革的当下，未来银发市场消费潜力将进一步被激活。近日发布的《中国健康老龄化发展蓝皮书——积极应对人口老龄化研究与施策（2022）》预计，以疾病预防、健康管理、健康教育、营养膳食、健康体检等为主要产业内容的健康管理市场需求将逐步释放，并将催生出巨大市场；我国中医药产品研发、中医康复护理市场也将迎来新的发展机遇。此外，满足老年人不断增加的对美好文化生活的需求，有望成为老龄健康市场的又一发展新领域。

模块五

掌控创业风险

内容导读

创业风险与创业机会总是相伴而行的。创业者应尽可能识别创业机会中可能蕴含的风险，并制订相应的风险防范措施，以实现创业机会的价值最大化，进而实现创业目标。

学习目标

知识目标

- 理解创业风险的概念及特征。
- 熟悉创业风险的来源和类型。
- 了解大学生创业常见的风险。
- 熟悉创业风险的识别方法及防范措施。

能力目标

- 能够识别创业过程中的常见风险。
- 能够针对创业过程中的常见风险提出防范措施。
- 能够进行创业者风险承担能力评估。

引导案例

羽化成衣，做羽绒服加工业的革新者

小付毕业于江西省某大学艺术学院，2016年返乡创办服装厂，带领60余位父老乡亲实现家门口就业，其创办的企业年产值近千万元。

从无字句处读书，点燃创业梦想

作为一名新时代的青年人，小付深知不能把眼光局限在象牙塔，而要把视野投向社会，从无字句处读书，在实践中增长才干。受家人影响和学校“双创”氛围的鼓舞，小付心中很早就埋下了创业的种子。

在校期间，她利用课余时间充实自己，学习创业政策，向有创业经验的前辈请教，参加创新创业大赛。每到假期，她就深入基层调研，了解市场需求，探寻自己的创业初衷与市场需求的契合点。就这样，在不断地学习与调研中，小付返乡创业的想法开始萌芽、生根。

当时有同学觉得她是异想天开、好高骛远，但小付认为年轻人不怕目标定得高远，只怕没有追寻的勇气、热情和执着，“只要心头时时燃烧着坚定的信念，一往无前地行进下去，就会发现远方其实并不遥远”。

她心中怀揣着创业梦想，努力为自己的未来打拼，并且具有强烈的创新精神，有对传统观念和传统行业挑战的信心和执着，而这种精神也成为她创业的动力源泉，成为她成功创业的精神基础。在家庭的支持和学校的指导下，小付的创业想法很快付诸实践。2016年，她在家乡共青城创办了一家服装厂。

在风口浪尖前行，开启创业之旅

万事开头难。创业初期，小付以为只要保持一颗热忱的创业心和勤奋好学的态度积极投身创业大潮，就会有所收获。但哪有事情总是一帆风顺的呢？

由于缺乏经验和对市场洞察不足、把握有限，加上因资金短缺难以招揽专业化人才，小付在创业的道路上四处碰壁。创业之初她就遭遇产业附加值低、来料加工缺乏原创设计、同行竞争激烈、客户流失、货物积压、家族企业管理模式守旧、员工流失严重、企业发展受阻等各种问题，企业处于“濒死”边缘。面对经营的压力和各界的质疑，站在风口浪尖上的小付没有屈服、退却，而是选择理性思考、继续前行，主动寻找解决问题的途径。她坚信，世上无难事，只怕有心人。

小付深知，要想提高企业的竞争力，必须“破而后立”、改革创新，充分调动员工的积极性。为此，她将员工分成若干小组，让其自行制订各自的销售计划，自负盈亏，希望依靠全体成员的智慧和努力来共同完成最终的业绩目标。在这一举措的激励

下，一线员工的“主人翁”意识被充分激发，纷纷主动参与经营。她还不断地激励员工，在企业内部采取“人人都是市场，人人面对市场”的经营模式，促进员工心态从“为老板干”到“为自己干”的转变。

小付非常重视对员工的技能培训，她相信“科学技术是第一生产力”，因而带领团队不断革新技术、改进工艺，一件小小的羽绒服，也能被她做出满满的科技范儿。员工技能的强化带来的是工作效率的显著提高，在她的改革下，企业产能较同类服装厂提高了 15%。

平日里，小付十分关心员工的个人生活，家里有困难的，她慷慨解囊；个人成长有需求的，她也尽可能地提供平台让员工施展才华。“我不仅要让企业员工的日子好起来，工作有盼头，我还希望他们有归属感，能把企业当成第二个家。”在小付的全力推动下，员工工作热情高涨，企业凝聚力也日益增强。

在革新企业、为企业注入活力的同时，小付还潜下心来开展调研，深入分析市场和客户群体，寻找独立且稳定的货源。在现有产品的基础上，经过不断系统化升级渠道、结构布局，使产品入驻主流商圈，并通过优化产品陈列等，从销售终端出发给予消费者更好的用户体验。

在为企业转型寻找出路的过程中，困难重重，小付也曾无数次想过放弃，但又无数次地为自己加油、给自己鼓劲，告诉自己一定要战胜困难，因为她身后站着的不只是企业员工，还是家乡父老，她立志要带领乡亲们走上致富路。破茧成蝶的过程总是痛苦的，但努力追梦的人一定会有所收获。就这样一步一个脚印，精诚所至，金石为开，小付的诚意终于打动了几位重要合作伙伴并和他们达成长期合作协议，其产品也在市场上站稳了脚跟。她的企业，“活了”。

2019 年，小付的服装厂步入正轨，形成了“以共青城为中心，以江西省为主战场”的市场布局，并在 2020 年全面搭建网上销售渠道，将产品辐射至全国。从小地方走向大地区，小付不断在现有客户中寻找新的合作方向，同时秉承着“实用+创意+共生”的理念，优化公司的运营模式，并与 120 余家羽绒服商贸公司建立了合作关系，形成一定的地区影响力。

怀饮水思源情谊，分享创业成果

创业的艰辛与不易，让小付更懂得珍惜过往、珍惜当下、珍惜未来，让她更加努力成为一个懂感恩、会感恩的姑娘。

她常说，在母校学习生活的五年时光，是最美的青春记忆和最好的成长经历。五年的大学教育不仅教授了她专业知识，更引导她以梦为马，追逐理想，实现人生价值。母校就像一盏明灯，点燃了她的创业梦想，照亮了她的人生征程，使她真切地明白她为之奋斗、努力的目标是什么，让她的征途有了一个个驿站，让她走路的步伐更加稳健、信心更加坚定。

2018年至2019年，已是“付总”的她几次回到母校，为母校家庭困难的学生捐赠羽绒服400余件，用爱心为学弟学妹们带来一个暖心的冬天。与此同时，她以自身经历为正面引导，鼓励学弟学妹们投身创新创业事业。“在学弟学妹们的身上，我仿佛看到了当初为梦想奔跑的自己。”小付还倾力帮助学弟学妹们一起筹备中国“互联网+”大学生创新创业大赛。最终，他们的“羽化成衣——羽绒服加工业的革新者”项目荣获省赛银奖。

小付不仅感恩母校，也在用实际行动回馈着社会。在她的带领下，60余位家乡父老实现高质量就业，其创办的企业年产值近千万元；她还热心公益、回报社会，凭借良好的社会影响力，2019年小付被提名为共青城政协委员；她的企业蒸蒸日上，荣获“共青城优秀企业”称号，正在继续为地区经济社会发展履行社会责任、践行企业担当、贡献更多力量。

理论初识

一、创业风险的概念与特征

风险是指一定环境、一定时间段内，影响决策目标实现的不确定性，或者某种损失发生的可能性。发生损失的可能性越大，风险就越高。风险可以用不同结果出现的概率来描述，结果可能是好的，也可能是坏的，坏结果出现的概率越大，风险就越高。

创业风险是指在创业过程中，由于创业环境的不确定性、创业机会与创业企业的复杂性，以及创业者与创业投资者能力的局限性，所导致的创业活动偏离预期目标的可能性及后果。

概括来说，创业风险具有以下几个特征：

（1）客观性。创业是一个复杂多变、需要创业者不断识别和应对风险的过程，其风险的出现不以人的意志为转移，具有客观实在性。

（2）不确定性。创业会受到各方面因素的影响，并且各方面因素的影响具有不确定性，因此创业风险也是难以预测、不断变化和发展的。

（3）双重性。创业蕴藏着巨大的收益，但同时也有失败的可能，所以具有盈利或亏损的双重性。

（4）可变性。随着创业过程的不断深入，创业风险的大小、性质和程度等也会随之变化。

（5）可识别性。创业风险不是完全不可预见和识别的，根据其性质、特征和大小，创业风险是可以被识别和划分的。

（6）相关性。创业风险与创业行为紧密相连，同一风险如果采取不同的对策，将会出现不同的结果。

二、创业风险的来源与类型

（一）创业风险的来源

创业环境的不确定性、创业机会与创业企业的复杂性，以及创业者与创业投资者能力的局限性，是创业风险的根本来源。

创业的过程往往是将某一构想或技术转化为具体的产品或服务的过程。在这一过程中，存在着几个基本的、相互联系的缺口，它们是上述不确定性、复杂性和局限性的主要来源。也就是说，在给定的宏观条件下，创业风险往往直接来源于这些缺口。

1．融资缺口

融资缺口主要存在于将概念转化为有市场的产品原型（这种产品原型有令人满意的性能，创业者对其生产成本有足够的了解并且能够识别其是否有足够的市场）的过程中。一般情况下，创业者可以证明其构想的可行性，但往往没有足够的资金将其构想实现商品化，从而给创业带来一定的风险。通常，只有极少数天使基金愿意鼓励创业者跨越这个缺口，如一些自由投资者专门进行早期项目的风险投资、一些非正式风险投资机构对初创期的小企业进行风险投资等。

2．研究缺口

研究缺口主要存在于仅凭个人兴趣所做的研究判断和基于市场潜力的商业判断之间。当一个创业者最初证明某个特定的科学突破或技术突破可能成为商业化产品基础时，他的论证仅仅停留在自己满意的程度上。然而，这种程度的论证是不够的。创业者在将预想的产品真正转化为商业化产品，即具备有效的性能、低廉的成本和高质量的产品，并在市场竞争中生存下来的过程中，需要进行大量复杂而且可能耗资巨大的研究工作（有时需要几年时间），从而给创业带来一定的风险。

3．信息和信任缺口

信息和信任缺口主要存在于技术专家和管理者（投资者）之间。在创业的过程中，存在两种不同类型的人：一是技术专家；二是管理者（投资者）。技术专家一般比较了解哪些内容在科学上是有趣的，哪些内容在技术层面上是可行的，哪些内容是无法实现的。管理者（投资者）通常比较了解将新产品引进市场的程序，但当涉及具体项目的技术部分时，他们则不得不依靠技术专家，可以说管理者（投资者）是在拿金钱冒险。如果技术专家和管理者（投资者）不能充分信任对方，或者不能够进行有效的交流，那么这一缺口将会带来更大的风险。

4．资源缺口

资源与创业者之间的关系就如同颜料和画笔与艺术家之间的关系。没有了颜料和画笔，艺术家即使有了构思也无从实现。创业也是如此。没有所需的资源，创业者将一筹莫展，创业也就无从谈起。在大多数情况下，创业者不一定拥有所需的全部资源，这就形成了资源缺口。如果创业者没有能力弥补相应的资源缺口，创业就无法起步，或者在创业中会受制于人。

5．管理缺口

管理缺口是指创业者并不一定是出色的企业家，也不一定具备出色的管理才能。管理缺口在创业活动中主要表现在两个方面：一是创业者在利用某一新技术进行创业时，他可能是技术方面的专业人才，但却不一定具备专业的管理才能，从而形成管理缺口；二是创业者往往有某种“奇思妙想”，可能是新的商业点子，但在战略规划上却不具备出色的才能或不擅长管理具体的事务，从而形成管理缺口。

（二）创业风险的类型

1．按创业风险产生的原因划分

按创业风险产生的原因划分，创业风险可分为主观创业风险和客观创业风险。

（1）主观创业风险是指在创业阶段，由于创业者的身体与心理素质等主观因素导致创业失败的可能性。

（2）客观创业风险是指在创业阶段，由于市场的变动、政策的变化、竞争对手的出现、创业资金的缺乏等客观因素导致创业失败的可能性。

2．按创业风险的内容划分

按创业风险的内容划分，创业风险可分为技术风险、市场风险、政策风险、管理风险、生产风险和经济风险。

（1）技术风险是指由技术方面的因素及其变化的不确定性所导致的创业失败的可能性。例如，技术研发、技术前景、技术寿命、技术效果和技术成果转化的不确定性等，都可能带来技术风险。

（2）市场风险是指由市场情况的不确定性所导致的创业失败的可能性。例如，市场供给和需求的变化、市场对产品的接受度和接受时间的不确定性、产品价格变化、市场战略失误等，都可能给创业活动带来一定的市场风险。

（3）政策风险是指由于政策改变或新政策的出台而导致创业者或创业企业蒙受损失的可能性。

（4）管理风险是指由于创业企业管理不善而产生的风险。

（5）生产风险是指创业企业提供的产品或服务从小批试制到大批生产的风险。

（6）经济风险是指由于宏观经济环境发生大幅度波动或调整而使创业者或创业企业蒙受损失的风险。

3．按创业风险对创业投资的影响程度划分

按创业风险对创业投资的影响程度划分，创业风险可分为安全性风险、收益性风险和

流动性风险。创业投资的投资方包括专业投资者与投入自身财产的创业者。

（1）安全性风险是指从创业投资的安全性角度来看，不仅预期收益有损失的可能，而且专业投资者与创业者自身投入的其他财产也可能蒙受损失，即投资方财产的安全存在风险。

（2）收益性风险是指投资方的资本和其他财产不会蒙受损失，但预期收益有损失的可能性。

（3）流动性风险是指投资方的资本、其他财产和预期收益不会蒙受损失，但资金有可能不能按期转移或支付，造成资金运转的停滞，使投资方有蒙受损失的可能性。

4. 按创业过程划分

一般而言，创业过程可分为 4 个阶段：识别与评估机会；准备与撰写创业计划；确定并获取创业资源；新创企业管理。

因此，按创业过程划分，创业风险可分为识别与评估机会风险、准备与撰写创业计划风险、确定并获取创业资源风险和新创企业管理风险。

（1）识别与评估机会风险是指在机会的识别与评估过程中，由于各种主客观因素，如信息获取量不足、信息把握不准确或推理偏误等，使创业活动一开始就面临方向错误的风险。此外，机会风险，即创业者由于创业而放弃原有职业所面临的机会成本风险，也是该阶段存在的风险之一。

（2）准备与撰写创业计划风险是指创业计划的准备与撰写过程中存在的风险。创业计划往往是投资方决定是否投资的依据，因此创业计划是否合适将对具体的创业活动产生影响。此外，创业计划制订过程中的各种不确定性因素与制订者自身能力的限制，也会给创业活动带来风险。

（3）确定并获取创业资源风险是指由于存在资源缺口，创业者无法获取所需的关键资源，或者即使可以获取，但获取资源的成本较高，从而给创业活动带来一定风险。

（4）新创企业管理风险主要包括管理方式，企业文化的选取与创建，发展战略的制订，组织、技术、营销等各方面管理中存在的风险。

5. 按创业与市场和技术的关系划分

按创业与市场和技术的关系划分，创业风险可分为改良型风险、杠杆型风险、跨越型风险和激进型风险。

（1）改良型风险是指利用现有的市场和技术进行创业所存在的风险。该类型风险最低，但经济回报有限：一方面会遭遇已有市场竞争者的排斥或进入壁垒的限制；另一方面即便进入市场，想要占有一定的市场份额也非常困难。

（2）杠杆型风险是指利用新的市场、现有的技术进行创业所存在的风险。该类型风险稍高，对于一个全球性公司来说，这种风险往往是地理上的。该类型风险常见于开辟新市场的企业中，如某智能家居企业利用原有技术进入下沉市场。

（3）跨越型风险是指利用现有的市场、新的技术进行创业所存在的风险。该类型风

险稍高，主要体现在创新技术的应用方面，通常反映了技术的更新换代，是一种较常见的情况。该类型风险常见于企业的二次创业，领先者可获得一定的竞争优势，但模仿者很快就会跟上。

（4）激进型风险是指利用新的市场和技术进行创业所存在的风险。该类型风险最大，如果市场很大，可能会带来巨大的机会。对于第一个行动者来说，其优势在于竞争对手较少；其缺点是知识产权的保护力度很弱，市场需求不确定。

6. 按创业中技术因素、市场因素与管理因素的关系划分

按创业中技术因素、市场因素与管理因素的关系划分，创业风险可分为技术风险、市场风险和代理风险。其中，技术风险、市场风险前面已有介绍，代理风险是指高级经营管理人才、组织结构及生产管理等在适应创业的快速增长或克服创业企业危机阶段的动态不确定性因素方面面临的风险。

这三类风险之间相互作用，使得创业企业运作的各个层面上的诸多因素的不确定性更加复杂，并且在创业企业不同的发展阶段，各因素的风险性质也会产生一定的变化。

三、大学生创业常见的风险

大学生创业者要认真分析自己创业过程中可能会遇到哪些风险，以及这些风险中哪些是可以控制的，哪些是不可以控制的，哪些是需要极力避免的，哪些是致命的。一旦这些风险出现，大学生创业者应该想好该如何应对和化解。特别需要注意的是，大学生创业者一定要明白最大的风险是什么，最大的损失可能有多少，自己是否有能力承担并渡过难关。

概括来说，大学生创业常见的风险主要有以下几个方面。

（一）项目选择的风险

大学生在创业时如果缺乏前期市场调研和论证，只是凭自己的兴趣和想象来决定创业方向，甚至仅凭一时心血来潮决定创业项目，很大可能会创业失败。大学生创业者在创业初期一定要做好市场调研，在了解市场的基础上创业。一般来说，大学生创业者的资金实力较弱，所以适合选择启动资金不多、人手配备要求不高的项目。

（二）创业技能缺乏的风险

一些大学生创业者眼高手低，当创业计划转变为实际操作时，才发现自己根本不具备解决问题的能力，这样的创业无异于纸上谈兵。因此，大学生创业者应该去企业工作和学习，以积累相关的管理和营销经验，同时积极参加创业培训，积累创业知识，接受专业指导，从而提高创业成功率。

（三）资金风险

资金风险在创业初期会一直伴随着创业者。是否有足够的资金创办企业是创业者遇到

的第一个问题。企业创办后，还必须考虑是否有足够的资金支持企业的日常运作。对于初创企业来说，如果连续几个月入不敷出或因为其他原因导致企业的现金流中断，都会给企业带来极大的威胁。相当多的企业在创办初期会因资金紧缺而严重影响业务的拓展，甚至错失商机而不得不宣布破产。

此外，如果没有广阔的融资渠道，创业计划只能是一纸空谈。除了银行贷款、自筹资金、民间借贷等传统方式外，大学生创业者还可以充分利用风险投资、创业基金等融资渠道。

（四）社会资源缺乏的风险

企业创建、市场开拓、产品推介等工作都需要调动社会资源，多数大学生创业者在这方面会感到非常吃力。因此，大学生创业者平时应多参加各种社会实践活动，扩大自己的人际交往范围。例如，大学生在创业前，可以先到相关行业领域工作一段时间，以便为自己日后的创业积累人脉。

（五）管理风险

一些大学生创业者虽然技术上出类拔萃，但是理财、营销、沟通、管理等方面的能力不足。因此，大学生创业者要想创业成功，必须技术、经营两手抓，可以从合伙创业、家庭创业或虚拟店铺开始，锻炼自己的创业能力。当然，也可以聘用职业经理人负责企业的经营管理。

很多创业失败者都是在管理方面出了问题，其中包括：决策随意、信息不通、理念不清、患得患失、用人不当、忽视创新、急功近利、盲目跟风、意志薄弱等。特别是大学生创业者，他们知识单一、缺乏经验，资金实力和心理素质明显不足，更会增加管理上的风险。

（六）竞争风险

寻找蓝海（未知的市场空间）是创业的良好开端，但并非所有的新创企业都能找到蓝海。更何况，蓝海也只是暂时的，所以，竞争是必然的。如何面对竞争是每个企业都要考虑的问题，新创企业更是如此。如果创业者选择的行业是一个竞争非常激烈的领域，那么在创业之初极有可能会受到同行的强烈排斥。例如，一些大企业为了吞并或挤垮小企业，通常会采用低价销售的手段。对大企业来说，由于规模效益或实力雄厚，短时间的降价并不会对其造成致命的伤害，但对初创企业则可能意味着彻底毁灭。因此，如何应对来自同行的残酷竞争是创业企业必须要考虑的问题。

（七）团队分歧的风险

现代企业越来越重视团队的力量。创业企业的诞生及成长过程中最主要的力量来源一般都是创业团队，一个优秀的创业团队能使创业企业迅速成长起来。但与此同时，风险也蕴藏其中，并且团队的力量越大，产生的风险也就越大。一旦创业团队的核心成员在某些问题上产生分歧或不能达成一致意见，就极有可能对企业造成强烈的冲击。

事实上，做好团队的协作并非易事。特别是当矛盾问题与股权、利益等相关联时，很多初创时要好的伙伴往往会闹得不欢而散。

（八）核心竞争力缺乏的风险

对于具有长远发展目标的创业者来说，他们的目标是不断发展壮大企业。因此，企业缺乏自己的核心竞争力就是最主要的风险。一个依靠别人的产品或市场来竞争的企业是永远不会成长为优秀企业的。核心竞争力在企业的创业之初可能不是最重要的问题，但要谋求企业的长远发展，核心竞争力就是最不可忽视的问题。没有核心竞争力的企业终究会被淘汰出局。

（九）人力资源流失的风险

在一些依靠某种技术或专利创业的企业中，拥有或掌握关键技术的专业人才或业务骨干是企业成长的重要基础，所以这类人才的流失是创业失败最主要的风险源。大学生创业者应时刻注意专业人才及业务骨干流失的问题。

（十）意识上的风险

意识上的风险是创业团队最内在的风险。这种风险是无形的，但却有着强大的毁灭力。风险性较大的意识有：投机的心态、侥幸的心理、试试看的心态、过分依赖他人的心理、回本的心理等。

提　示

实际上，大学生在创业过程中需要面对的风险并不仅仅只有上述几个方面，企业在发展过程中，随时都可能遭遇灭顶之灾的风险。为此，大学生创业者必须始终保持积极的心态，多学习、多汲取优秀经验，并且在此基础上结合自身既有的特长和优势，扎实走好每一步。只有这样，创业的步伐才会越走越远，越走越稳。

知识拓展

一、创业风险的识别

创业有风险，但也可以有效地规避和防范风险。风险规避和防范的第一步就是要正确、全面地识别可能面临的各种潜在风险。

风险识别是指在风险事件发生之前，风险管理人员在搜集资料和调查研究的基础上，运用各种方法对尚未发生的潜在风险进行全面识别和系统归类的过程。其任务是查明各种

不确定性因素和风险来源，预估各种风险事件的可能后果，确定哪些因素对创业构成威胁，哪些因素可能带来机会，从而为风险管理做好准备。

创业风险识别是创业者依据企业活动，运用各种方法对创业企业面临的现实及潜在风险加以判断、归类并鉴定风险性质的过程。创业者需要具备风险识别的能力，并不断提升这种能力。

（一）树立风险识别的基本理念

创业者应该具备风险识别的基本理念，主要包括以下几个方面：

（1）有备无患的意识。创业风险的出现是正常的，造成一些损失也是正常的，创业者既不能怨天尤人，也不能骄兵轻敌。关键是要密切监视风险，化解不利，以减少损失，甚至将风险转化为盈利。

（2）识别风险的能力。发现和识别风险是为了防范和控制风险。如果创业者在企业未发生损失之前就能够识别风险发生的可能性，那么这个风险是可能被管理的。因此，风险识别是进行风险管理的基点。

（3）未雨绸缪的观念。创业者需要通过创业活动的迹象和信息归类来认知风险产生的原因和条件。创业者不仅仅要识别所面临风险的性质及可能产生的后果，更重要的（也是最困难的）是要识别创业过程中各种潜在的风险，为采取有效措施提供依据。

（4）持之以恒的思想。由于创业风险伴随着整个创业过程，并且风险具有可变性和相关性的特点，所以创业者必须要有“打持久战”的准备。此外，风险的识别工作应该连续地、系统地进行，并成为企业一项持续性、制度化的工作。

（5）实事求是的精神。虽然风险识别是一个主观过程，但是仍要遵循客观规律。风险识别是一项复杂而细致的工作，要按照特定的程序、步骤，选用适当的方法逐层次地分析各种现象，并且实事求是地做出评估。

（二）掌握风险识别的基本途径

风险的识别途径应该重点从风险的来源上入手，即自然因素和人为因素两大方面：

（1）自然因素。例如，企业的选址、项目等会受所在地区自然环境的影响。又如，对于许多企业来说，必须注意到影响原材料供应的矿产、能源、农产品及交通等问题。

（2）人为因素。创业者应该了解企业所在国家或地区的政治和经济制度、法律政策、民情民俗，以及企业周边的经营环境等。

（三）了解风险识别的方法和步骤

风险识别的具体方法主要有以下几种：

（1）业务流程法。按创业企业经营过程的内在逻辑制作流程图，并针对流程中的关键环节和薄弱环节进行调查分析，找出可能存在的风险，进而分析该风险存在的原因和可能造成的损失。

（2）咨询法。委托咨询公司或保险代理人对创业企业进行风险调查和识别，由其提出风险管理方案，供创业者参考。

（3）现场观察法。通过直接观察创业企业的各种生产经营设施和具体业务活动，了解和掌握企业面临的各种风险。

（4）财务报表法。通过分析资产负债表、损益表和现金流量表等报表中的每一个会计科目，确定创业企业在何种情况下会有何种潜在损失及其成因。由于每个企业的经营活动最终都要涉及商品和资金，而财务报表可以集中反映商品和资金的流转情况，所以用财务报表法分析企业风险比较客观、准确。

风险识别的一般步骤如下：

（1）信息收集。首先，通过调查、询问、现场考察等途径获取信息；其次，需要敏锐的观察和科学的分析对各类数据及现象进行处理。

（2）风险识别。根据信息的分析结果，确定风险或潜在风险的范围。

（3）风险评估。根据量化结果，运用定量分析、定性分析、假设、模拟等方法进行风险评估，预测可能发生的后果并提出多个预案以供选择。

提　示

风险评估是指在风险识别的基础上，对可能发生的某类风险的预计、度量等。在这一阶段，创业者可先按照相关风险的发生概率，评估出大概率风险、一般风险和小概率风险，同时对风险事件可能带来的损失规模进行分析，以使风险评估科学化；然后，综合考虑风险事件的发生概率、损失程度与其他综合因素，并比较风险管理所需支付的费用，进而决定是否需要采取风险控制措施及控制措施实施到什么程度，从而为风险决策提供可靠的依据。

（4）拟订计划。确定处理风险的方法和行动方案。

提　示

风险识别过程中需要注意以下问题：

（1）信息收集要全面。可以通过以下两种方法收集信息：一是内部积累或专人负责；二是借助外部专业机构的力量。后者通常可以获取足够多的信息资料，这有助于企业更准确、更全面地识别面临的风险。

（2）因素罗列要全面。根据企业在运营过程中可能遇到的风险，首先找出一级风险因素；然后再进行细化，延伸到二级风险因素；接着延伸到三级风险因素。例如，管理风险属于一级风险因素，管理者素质属于二级风险因素。

（3）最终进行综合分析。既要进行定性分析，也要进行定量分析。

二、创业风险的防范

创业者评估风险后，若认为某类风险会给企业带来较大的损失，就可以针对该类风险采取相应的防范措施。

（一）财务风险的防范

扫一扫

创业者如何防范创业风险

创业者可以采取以下措施来防范财务风险：

（1）对创业所需资金进行合理估计，避免筹资问题影响企业的健康成长和后续发展。

（2）为创业企业建立信用，以提高成功筹集资金的概率。

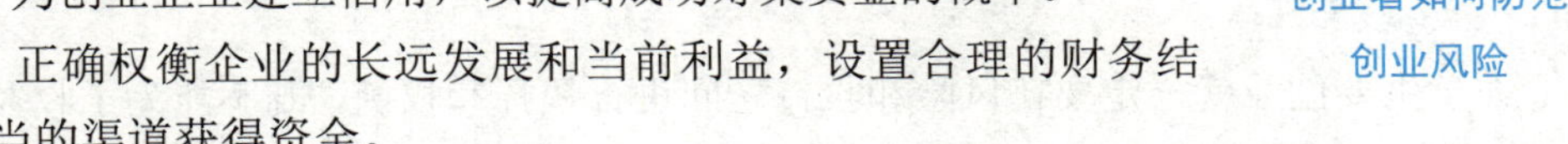

（3）正确权衡企业的长远发展和当前利益，设置合理的财务结构，从恰当的渠道获得资金。

（4）妥善管理现金流，避免现金断流，进而造成资金拮据甚至破产清算的局面。

（二）竞争风险的防范

创业者可以采取以下措施来防范竞争风险：

（1）回归到产品本身，提高产品质量，丰富产品种类。

（2）关注竞争对手的动向和用户需求，找到竞争对手的弱点，据此找到市场竞争的突破口，进而为用户提供独一无二的产品。

（三）技术风险的防范

创业者可以采取以下措施来防范技术风险：

（1）加强技术创新方案的可行性论证，减少技术开发与技术选择的盲目性，并通过建立灵敏的信息预警系统，及时预防技术风险。

（2）通过组建技术联合开发体或建立创新联盟等方式，减少技术风险发生的可能性。

（3）高度重视专利申请、技术标准申请等，通过法律手段降低技术风险出现的可能性。

（四）市场风险的防范

创业者可以采取以下措施来防范市场风险：

（1）以市场为导向，以消费者的需求为出发点，有针对性地组织生产。

（2）时刻关注市场变化，及时规避市场不利因素的影响。

（3）广泛收集市场信息，并加以分析比较，进而制订有效的市场营销策略。

（4）摸清竞争对手的底细，分析其营销思路并找出其弱点，据此调整自己的营销思路，规避市场风险。

（5）对各种成本精打细算，杜绝不必要的开销。

（6）建立健全符合自身产品特点的销售网络。

（7）以良好的售后服务赢得消费者的青睐。

（五）团队风险的防范

创业者可以采取以下措施来防范团队风险：

（1）谨慎选择创业团队成员。

（2）构建团队的共同价值观和愿景，让所有团队成员就“创业使命”“共同目标”等关键命题达成共识，并用这些共识去指导团队成员的言行。

（3）制定团队管理制度，规范团队纪律，用良好的制度和纪律来约束团队成员。

三、创业各阶段风险来源及防范

大学生要创业就一定要在风险和收益之间进行抉择和权衡，既不能为了收益而不顾风险的大小，也不能因害怕风险而错失良机，而是要在争取实现目标的前提下，管理风险、控制风险、规避风险，这才是大学生创业者对待风险的正确态度。

（一）创业启动阶段风险来源及防范

创业启动阶段风险的主要来源有：创业计划的内容被泄露，仓促上阵；创业团队内讧分裂，计划不明；资源不足，前期开支过高，选址不当；对市场环境和竞争对手缺乏了解，悲观主义等。

创业启动阶段风险的防范措施有：严格筛选项目，有效保护创业的创意和商业机密，选择好创业伙伴，密切关注资金风险和技术风险，注重建设营销队伍，采用迂回战术竞争，设法分散和转嫁风险等。

（二）创业起步阶段风险来源及防范

创业起步阶段风险的主要来源有：孤军奋战，目标游离，长期缺乏流动资金，管理混乱，缺乏市场等。

创业起步阶段风险的防范措施有：着力抓好人和财两个关键点，千方百计地让企业生存下去，降低并化解市场风险，对经营业务不断调整和巩固，探索简洁实用的商业模式，把有限的资源集中于创业目标等。

（三）创业成长阶段风险来源及防范

创业成长阶段风险的主要来源有：管理风险，盲目冒进，用心不专，小富即安，家庭压力等。

创业成长阶段风险的防范措施有：尝试授权，学会解脱；完善组织架构，规范决策；建立风险责任机制，趋利避害；完善激励机制，凝聚人才；发展核心竞争力，战略制胜等。

四、创业者风险承受能力评估

当创业者必须对两个或更多潜在结果不明确的备选方案进行主观评估并做出取舍的时候，就会产生风险。风险意味着可能成功也可能失败，潜在的损失或收益越大，存在的风险就越大。创业者要对不确定的情况做出决定，就需要平衡潜在的收益与损失。创业者在进行决策的过程中需要考虑以下几个方面：

（1）这一选择有多大的吸引力。（2）可以接受的损失底线。（3）成功和失败的相对概率。（4）个人努力对增加成功可能性或减少失败可能性的影响程度。

每个人对风险的承受能力是不一样的，有的人有足够的能力和资源去驾驭风险，那么风险因素对他来说并不是最重要的考量指标；而有的人可能无法承受创业失败带来的损失（包括物质上和心理上），那么就需要分析现在选择创业是否正确，又或者自己是否适合创业。对风险的承受能力其实更多的是对创业者心理素质的考量，因为创业者一旦选择创业，那么他面对的将不再是自己一个人的事情，家庭、员工、社会责任、个人前途等每一个环节都需要认真仔细地考虑、衡量。

通常情况下，可以通过以下几个方面对创业者的风险承受能力进行综合评估：

（1）创业目标与个人目标的契合程度。创业过程中遭遇的困难与风险极大，因此有必要了解创业者的创业动机，以此来判断创业者愿意为创业活动付出的程度。一般认为，创业目标与个人目标的契合度越高，创业者的投入意愿与风险承受意愿自然也会越大，创业目标最后得以实现的概率也就相对较高。

（2）机会成本。一个人的黄金岁月大约有30年，其间包括学习、发展、收获等不同阶段。因此，创业者需要认真考虑：为了创业自己需要放弃什么？可以从中获得什么？如何评价得失？此外，还需要仔细思考创业所要付出的机会成本，经由对机会成本的客观判断，可以得知创业是否真的对个人的发展有帮助。

（3）失败的底线。俗话说："留得青山在，不怕没柴烧。"创业必然会面对可能失败的风险，因此创业者不宜将个人声誉与全部资源都压在创业活动上。理性的创业者必须要为自己设定一个失败的底线，以便保留东山再起的机会。通过失败的底线可以有效判断创业者的风险承受能力。

（4）个人风险偏好。每个人的风险偏好都不一样。一般来说，喜欢冒险、具有风险意识的创业者要比安全保守的创业者的风险承受能力强。

（5）风险承受度。每个人对于风险的承受度都不一样。一般而言，风险承受度过高或过低均不利于创业者创业活动的开展。风险承受度过低的创业者，由于决策过于保守，所以拥有的创新机会比较少。但风险承受度过高的创业者，也会因为孤注一掷的举动，让企业陷入险境。一个能理性分析风险的人，才是比较理想的创业者。

（6）负荷承受度。创业者的负荷承受度是评估创业者风险承受能力的一项重要指标。负荷承受度与创业者愿意为创业企业投入工作量的多寡，以及愿意忍受的辛苦程度密切相关。

课堂活动

一、创业风险探索与规避尝试

不管在什么行业，创业都存在风险。这些风险从开始创业时就潜伏在创业者的身边，有的创业者能很好地预测风险，所以可以巧妙地避开风险。在创业过程中，一般存在资金风险、竞争风险、技术风险、市场风险和团队风险等。除了上述风险外，还存在其他风险吗？请同学们运用头脑风暴法，探索其他可能存在的创业风险，并想一想：你认为的最大的创业风险是什么？该如何规避？

每 3～6 名学生为一组就上述问题展开讨论，并记录讨论的结果。讨论结束后，每组选一个代表汇报讨论的结果，然后由师生一起评比出观点最合理、方法最实用的讨论结果。

二、加盟户外运动品牌风险探索

随着户外运动的兴起，新兴户外运动品牌如雨后春笋一般不断涌现，许多传统运动服装企业也嗅到了商机，纷纷开发出户外系列服装。选择一个你喜欢的户外运动品牌，并想一想：如果通过加盟该品牌的方式进行创业，需要注意哪些风险？应采取哪些防范措施？（主要对加盟前、加盟中和加盟后的风险进行评估。）

活动的具体操作步骤如下：

（1）教师对学生进行分组，每 3～5 人为一组，选出一个小组负责人。

（2）各组成员就上述资料中提出的问题进行讨论，然后写一份约 600 字的分析报告。

（3）各组负责人上台汇报讨论的结果。

三、自我风险承受能力评估

请同学们根据下列题目，自行进行风险承受态度检测和风险承受能力检测：

（1）风险承受态度检测：能够接受赔偿吗？在压力之下，是否仍然能够表现良好？性格是否乐观？是否过度忧虑？对于自己的决定是否从来都很有信心？在意外损失出现时，能否控制住自己的情绪？在看魔术表演时，如果魔术师邀请观众上台表演，你会立刻上台吗？某大公司想邀请你担任部门主管，薪金比现在高 20%，但你对这个行业一无所知，你愿意接受这个职务吗？

（2）风险承受能力检测：父母都是工薪阶层吗？家庭的月收入为中等以上水平吗？购买疾病及养老保险了吗？父母或亲友中有经商的吗？有需要归还的较大数额的借款吗？一旦创业失败或丧失了主要的经济来源，依然能够较好地生活吗？

延伸阅读

一、常见的大学生创业认识误区

大学生对创业存在诸多认识误区是直接或间接制约和影响创业成功的重要原因。下面是一些常见的认识误区：

（1）什么赚钱干什么。做企业就像做人一样，时时刻刻都会面临各种利益的诱惑。千万不要过于贪心，不要只看到赚钱的多少而忽略自身的情况和背后所要付出的代价，否则很可能碰到的不是“馅饼”而是“陷阱”。

（2）自己的事自己干。自己擅长的事自己干，自己不擅长的事应该交给其他擅长的人去干，组建优势互补的创业团队，这样成本会更低，风险也会更小，资金运营效率自然也会提高。

（3）小马拉大车。做事情眼光要放长远，但也不能好高骛远。初次创业者往往雄心万丈，最容易犯这个错误。创业者要从自己能做的做起，从某个细分市场切入，或者利用技术的先进性先为大公司做外包，获得收入才能帮助创业企业快速成长。

（4）心急想吃热豆腐。一些创业者看到身边的朋友做生意成功了，心里非常羡慕，希望自己也能成功，因而在处理问题时容易考虑不够周全，或者在做出决策时对风险评估不足，结果可想而知。

（5）技术优势等于创业成功。大学生在创业时容易拥有技术优势，有的甚至握有专利，但创业是一种商业行为，技术的先进性不等于成熟性。技术型创业通常会有投入周期，技术转变为产品再成为盈利产品是需要时间的。因此，创业者在利用技术创业之前必须要经过周密的市场调研和论证，同时还要掌握商业和管理等相关知识。

（6）复制成功的商业模式就一定会成功。一些创业者在选择项目时，看到某类项目在国外或国内其他省份有运行成功的商业模式便原版“复制”过来，却忽略了本地具体的创业条件和市场发育状况。殊不知，在国外成功并不意味着在国内也能成功，别人成功并不意味着自己也能成功。

（7）创业大赛成功等于创业成功。如今，各类创业大赛层出不穷，为大学生了解创业、尝试创业提供了很好的渠道和平台。但是，创业大赛不同于真正的创业，因为在真实的创业过程中，最终的“评委”是客户。因此，在时机成熟之前，大学生创业者不妨先到行业领先公司或其他创业型公司历练，培养自己的综合素质，提高自己对市场和商业的理解力。

（8）好朋友等于好团队。好朋友共同创业成功的案例不少，但这并不意味着只要是

好朋友就一定能成为创业的好伙伴。价值观一致、能力和经验互补、明确的决策模式等是建立好团队的必要条件。技术型创业要特别注意吸收理解技术并擅长商业运作的团队伙伴，然后在实际的合作中不断磨合以达到默契。

（9）拿到投资等于创业成功。拿到第一笔投资对于创业团队来说无疑是一剂强心针。获得投资，意味着投资人对项目和团队的看好，但是创业团队更应该关注如何让第一笔投资发挥其最大的效益，否则创业活动很快也会草草收场。

二、常用的创业风险控制方法

常用的创业风险控制方法主要有以下几种：

（1）风险回避。创业企业在既不能有效降低风险发生的概率，又无法降低风险损失，更无法直接承担风险时，最好采取回避的策略，主动放弃、中止或调整创业方案，如将经营方向从高科技领域转向常规技术领域，或者采取迂回的策略等。

（2）风险预防。即事先采取相应的措施以预防和阻止风险损失的发生，防患于未然。例如，重视信息收集，减少信息不对称；实行民主化决策等。

（3）风险转移。即创业企业将自己不能承担的或不愿承担的，以及超过自身财务能力的风险损失或损失的经济补偿责任以某种方式转移给其他单位或个人。具体可以通过以下 3 种途径实现风险转移：一是以合同的形式向其他主体转移，如业务外包和工程承包等；二是以投保的形式把风险全部或部分转移给保险公司；三是利用各种风险交易工具转嫁风险，如利用外汇期货、期权或利率期货及期权工具转嫁汇率风险和利率风险等金融风险。

（4）风险分散。创业主体可以通过多元化经营，让风险在不同经营活动中分散化。风险分散的方法主要有以下 3 种：一是多项目投资，这是风险分散通常采用的方法；二是产品多样化；三是策略组合，即同时采取多种创业策略，如联合投资、合资合营和兼并扩张等。

（5）风险利用。在风险已经出现或风险损失已经发生的情况下，创业企业可以积极采取措施，抑制风险的进一步扩大，变被动为主动；或者当风险后果较严重时，尽量通过各种手段减少风险所造成的损失。

三、常用的创业风险规避策略

常用的创业风险规避策略主要有以下几种：

（1）以变制胜。所谓“适者生存”，强调的就是“变”，创业者要适应外部环境的变化，随时做出调整。

（2）出其不意，攻其不备。核心是一个“奇”字，用出奇的产品、出奇的经营理念、出奇的经营和服务方式去战胜竞争对手。

（3）以快制胜。机不可失，时不再来，比对手快一分就能多一分机会。对什么都慢慢来、左顾右盼的创业者必然会被市场淘汰，胜者属于那些争分夺秒、当机立断者。

（4）后发制人。从制胜策略看，后发制人比先发制人更好，因为可以更多地吸取别人的经验或教训，时机也会抓得更准，所以制胜把握更大。

（5）集中优势重点突破。这一策略特别适用于小企业，因为小企业人力、物力、财力等比较弱，如果不把有限的力量集中起来很难取胜。

（6）趋利避害，扬长避短。经营什么产品，选择什么市场，都需要创业者仔细衡量，以发挥自己最大的优势。干应该干的，干可以干的，有所为，有所不为。

（7）迂回取胜。小企业在市场竞争的过程中，不能采取“正面战”或“阵地战”，而应当采取“迂回战”。

（8）积少成多，积微制胜。一个有作为的创业者要用“滴水穿石”“聚石成山”的精神去争取每一次胜利，轻微利、追暴利的创业者很大可能性会失败。

（9）以廉制胜。“薄利多销”是不少企业经常采用的一种经营策略。“薄利多销”的前提是能多销，“薄利少销”则是不可取的。

模块六

整合创业资源

内容导读

创业就是把创业机会与创业资源的获取及整合相结合的活动，创业资源的获取和整合伴随着整个创业过程。正确识别、获取和利用创业所需的资源是创业成功的关键。充足、有效的创业资源，不仅能提高创业企业的竞争力，摘掉创业企业“小”“弱”等标签，还能为企业的长期发展提供助力。在所有的创业资源中，资金是创业企业进行生产经营活动的起点，因此，创业企业应合理估算和筹集创业所需资金。

学习目标

知识目标

- 熟悉创业资源的概念和分类，了解创业资源的来源和获取途径。
- 了解创业资源管理的内容，熟悉创业资源的整合过程。
- 熟悉创业融资的概念、过程和渠道，了解创业融资的选择策略。
- 了解创业所需资金的估算方法。

能力目标

- 能够根据实际情况分析创业所需的资源。
- 能够整合创业资源。
- 能够根据实际情况估算创业所需的资金，并选择合适的融资渠道。

引导案例

大学生创业团队研发云打印机

在浙江省某大学的校园里，学生不用出寝室就可以实现各种资料的打印。给大家带来这种便利的是一款叫“天天互通”的非接触式智慧云打印机，该打印机是由该校机械设计专业 2017 级学生小程和他的创业团队研发的。如今，该打印机还进驻了浙江省的其他大学，越来越多的大学生享受到了“云打印”带来的便利。

大学校园发现商机，投身创新创业

小程在 2016 年考上大学后，由于母亲病重家庭无力承担入学的各项费用，被迫辍学回家。之后，他在一家文印店工作，边打工攒学费边照顾母亲，同时还积极利用零碎的时间备考。2017 年，小程再一次参加高考，并被浙江某大学机械设计专业录取。

入学后不久，长期在文印店打工的小程发现，现在的大学生有很多作业、材料都要求打印，如果每位学生都买打印机是不现实的。因此，一到考试高峰期，学校里的打印店生意都很火。与此同时，校园打印市场需求虽然大，但是利润却不高，很多学生都只是打印几页资料，如果打印店为了这些小业务而增加工作人员，并不能带来同步的利润，因此校园打印的供需矛盾在很多高校都存在。

如何研发一款新型的打印机，让学生足不出户就可以打印资料呢？小程认为，现在国家十分重视创新创业，如果自己探索出新的打印模式，不仅能够服务学生，也许还能解决自己的生活费，甚至为毕业以后的创业打下基础。

学生组团研发设备，受到同学热捧

2018 年 10 月，为了准确掌握全国高校打印市场的真实情况，小程和身边的 50 多位同学以电话和问卷等形式，面向全国 20 多个省市的 300 余所高校，针对校园打印和学习资料共享难的问题进行了调研。

他们发现，高校校园现有的打印模式普遍存在诸多不便。一是打印时间受限、排队时间较长；传统的打印服务需要使用 U 盘等载体传输文件，增加了设备文件感染病毒的风险；电脑是公用的，学生的个人信息安全得不到保障。二是缺少高效的学习资料分享渠道，学生考公、考研等需要大量的学习资料，有时还需要跨年级、跨专业、跨院校的相关资料，但是目前高校里并没有一个高效的资料分享途径。

既然有需求，就一定有市场。2019 年 2 月，小程拿出了自己打工积攒的钱，团队成员也各自拿出自己的积蓄，大家合伙成立了一家公司。公司的目标就是研发一款校园云打印设备，方便学生随时进行线上打印，免去排队的麻烦，同时还能够高效地分享学习资料。

2019 年 4 月，小程和团队成员依靠专业优势，研发出一台“天天互通”非接触式智慧云打印机（见图 6-1），并于 9 月初开始在学校部分公寓楼下进行试运行。因为价格便宜、打印方便，隐私安全还有保障，首批云打印机一出现就受到了同学们的热捧。

图 6-1　“天天互通”非接触式智慧云打印机

创新产品不断升级，改变打印模式

和传统打印机不同，小程和团队成员设计的打印机能够满足学生足不出户就能打印的需求。学生只要坐在寝室里动动手指，将需要打印的资料上传到“天天互通”小程序，就能根据寝室楼下的云打印机序号，在小程序上选择相应的打印机进行打印。既不需要到打印店，也不需要排队，更不需要用 U 盘传输资料，资料打印十分方便、快捷。

此外，这款小程序不仅能用于资料打印，还能实现学习资料共享。小程序上有一个大学生学习资源共享社群，学生只需将想要分享的学习资料上传到小程序，其他用户就可以按需付费下载相关资源。

据不完全统计，截至 2020 年年底，云打印机的用户数量已经超过 5 万人，并且用户数量还在持续稳定增长，平均每台设备每天能够打印 450 张甚至更多。已有将近 10 000 份资料共享到后台，累计点击率已突破百万。团队已经向近 10 所高校投放了 100 多台设备，并与 27 所高校达成了合作协议，公司自成立以来总营业额累计超过 150 万元。

如今，小程和他的创业团队又全面投入使用了 2.0 版云打印装置，新版打印机在外观和功能上做了全面升级，不仅操作更简单、效率更高，而且共享的学习资源也更丰富。小程说：“创新对于企业经营来说非常重要，公司在研发上从未止步，我们的设备也将会具备更强大的功能，满足更多学生对打印及相关服务的需求。”

理论初识

一、创业资源的概念与分类

（一）创业资源的概念

创业资源是指企业在创立及成长的过程中所需要的各种生产要素和支撑条件，是创业企业在创造价值的过程中所需要的特定资产。

对于创业者来说，只要是对其创业项目和创业企业的发展有帮助的要素，都可以归入创业资源的范畴。创业者既要善于积累个人资源，又要善于创造性地整合外部资源，从而为创业创造良好的条件。

创业资源概述

（二）创业资源的分类

按创业资源的性质划分，创业资源可分为人力资源、财务资源、物质资源、信息资源、技术资源、品牌资源和组织资源。

1. 人力资源

人力资源包括创业者及其创业团队成员的知识、技能、经验、视野和愿景等，以及创业者本身的人际关系网络。创业者是创业企业最重要的人力资源，其价值观念和信念是创业企业的基石，其所拥有的人际关系网络还能使企业获取大量的外部资源。由于企业之间的竞争主要是人才的竞争，因此，高素质人才的获取和开发便成为创业企业可持续发展的关键因素。

2. 财务资源

财务资源主要是指创业者向债权人、权益投资者筹集的资金。一般来说，创业者在创业初期及时筹集到足够的资金，是企业成功创办和顺利经营的前提条件。

3. 物质资源

物质资源是指创业企业经营所需要的各种有形资源，如场地、设施、机器设备、原材料等。在某些情况下，一些自然资源（如矿山、森林等）也可能会成为创业企业的物质资源。

4. 信息资源

信息资源是指创业企业在经营管理过程中所需要的一切文件、数据等信息，如行业概要、项目交易数据、供求信息、调研报告、经济数据、相关科研数据等。

5. 技术资源

技术资源包括关键技术、制造流程、生产工艺等。技术资源一般与物质资源结合使用，部分技术资源还会形成企业的无形资产，创业企业可通过法律手段保护其技术资源。

6. 品牌资源

品牌是一个名称、符号或设计，或者是它们的组合，一般用于识别某个销售者、产品或服务，并使之与竞争对手的产品和服务区别开来。一个优秀的品牌是产品质量、服务、企业信誉等的象征，其价值巨大。

7. 组织资源

组织资源主要是指企业的组织架构、生产机制、决策体系、管理体系，以及正式或非正式的计划体系等。

二、创业资源的获取

创业资源的获取是指在确认并识别资源的基础上，得到所需资源并使之为创业服务的过程。创业资源的获取与否不仅决定着能否把创业设想转化为创业行动，而且决定着企业这一契约组织的形成方式。

（一）创业资源的来源

创业所需的资源有两个来源：一是来自内部积累，这类资源被称为自有资源；二是来自外部机会发现，这类资源被称为外部资源。自有资源是创业者自身所拥有的可用于创业的资源，如自有资金、自有技术、自己获得的创业机会信息、自建的营销网络、自己控制的物质资源等。外部资源包括其他企业的资源和公共资源。

（二）影响创业资源获取的因素

影响创业资源获取的因素主要有创业导向、商业创意的价值、创业资源的配置方式、创业者的管理能力及社会网络等。

1. 创业导向

创业导向是一种态度或意愿，这种态度或意愿会导致一系列创业行为。创业导向会引起创业机会的识别和开发，进而促进创业资源的获取。因此，创业者要注重创业导向的培育和实施，充分关注创业者特质、组织文化和组织激励等影响创业导向形成的重要因素，采取有效的方式获取资源，并在资源的动态获取、整合和利用过程中，注意区分不同资源，充分发挥知识资源的促进作用。

2. 商业创意的价值

创业的关键在于商业创意。商业创意为资源获取提供了杠杆，但获取资源的程度还有赖于创意的价值被资源所有者认同的程度。换言之，一种被资源所有者认同的、有价值的商业创意，才能帮助创业者降低资源获取的难度。

3. 创业资源的配置方式

由于创业过程中资源的异质性、效用的多维性和知识的分散性，人们对于同一创业资源往往具有不同的效用期望，其中有些期望难以依靠市场交换得到满足。因此，如果通过

资源配置方式创新产品，开发出新的效用，使之更好地满足资源所有者的期望，创业者就有可能从资源所有者手中获得资源使用权，从而开展生产经营活动。

4. 创业者的管理能力

创业者的管理能力是企业软实力的主要表现，创业者的管理能力越强，获取资源的可能性就越大。创业者的管理能力可以从沟通能力、激励能力、行政管理能力、学习能力和协调能力等多方面予以衡量。创业者通过管理能力获取必要资源的同时，还能为创业企业创造良好的发展环境。

5. 社会网络

社会网络是机构之间及人与人之间比较持久的、稳定的多种关系结合而成的网络关系。由于创业资源广泛存在于各种资源所有者手中，这些资源所有者又处于一定的社会网络之中，而且人们对于商业活动的认识和参与，客观上会受到自己所处的社会网络及其在网络中的地位的影响，因此社会网络对于创业资源的获取具有重要的意义。

不同的社会网络和在网络中的不同地位为人们之间的沟通协作提供了不同渠道。在社会网络中，处于优势地位的创业者一般具有较好的社会关系，可以有选择地了解不同对象的效用需求，有针对性地对不同对象传递商业创意，有目的地获取不同资源所有者的理解和信任，最终成功地从不同网络成员那里获取所需的资源，为自己进行资源配置方式创新提供基础。

除上述因素外，创业者的资源辨识能力和外部社会环境等也会对创业资源的获取产生一定影响。

三、创业资源的管理

（一）创业资源的整合

创业资源的整合是指创业企业对不同来源、不同层次、不同结构、不同内容的创业资源进行识别、选择、汲取、配置、激活和有机融合，使之具有更强的柔性、条理性、系统性和价值性，并创造出新的资源的一个复杂的动态过程。简单来说，创业资源的整合就是优化创业资源配置，以获得整体的最优解。

创业者需要整合的资源主要包括人力资源、信息资源、财务资源和技术资源。

1. 人力资源

人才是创新之源，是企业最核心的竞争力。现代企业的竞争，归根结底是人才的竞争，而要吸引、留住人才，就必须在尊重人才的价值上下功夫。因此，企业应根据自身发展情况，建立合适的人力资源管理体系，具体内容如下：

（1）建立完善的企业薪酬制度，以吸引和激励人才。

（2）建立培训机制，使人才发挥出最大的潜能。

（3）善待员工，既要给予其物质上的激励，也要给予其精神上的鼓励。

（4）要量才而用，用人所长，将人才安排在最合适的岗位上。

（5）各部门的分工应尽可能明确，避免出现交叉。

对于中小型企业来说，人才是可遇而不可求的。企业发展的关键在于吸引那些具有潜力和强烈事业心、对企业有认同感的人才。

2．信息资源

当今社会，信息资源对于很多创业者来说是非常重要的，创业者应当像管理其他创业资源一样对信息资源加以整合。创业者在做决策时，要充分利用整合后的信息资源，综合考虑政府、行业、竞争对手、合作伙伴等各方面的信息。

3．财务资源

创业离不开资金的支持。创业者除了要合理评估和利用自身财务资源外，还要学会借力，通过不同的渠道筹集资金。需要注意的是，创业者在接受外部投资时，要先对投资者的基本情况（如资质、业绩等）有所掌握，再根据企业的实际情况在众多投资者中进行选择。

4．技术资源

在创业初期，技术是最关键的资源，是决定企业产品市场竞争力和企业获利能力的根本因素。企业成功的基础是要有好的产品，好的产品一般都具有一定的专业性，而产品的专业性通常来源于企业所掌握的先进技术。

企业既可以自己研发先进技术，也可以与科研院所或拥有领先技术的公司等合作研发。

（二）创业资源的整合过程

创业资源在未整合之前大多是零碎的、低效的，要使这些资源发挥最大的使用价值、产生最佳效益，就必须运用科学的方法对各种类型的资源进行整合，使它们有机地融合起来。

创业资源的整合是一个复杂的过程，通常可以分为资源扫描、资源控制、资源利用和资源拓展 4 个步骤。

1．资源扫描

所谓资源扫描，就是对企业拥有的资源进行全面梳理。根据资源类型的不同，资源扫描可以分为自有资源扫描和外部资源扫描。

自有资源扫描是指创业者对企业自身所拥有的资源进行全面梳理，并找到这些资源的优势和不足，认清哪些属于战略性资源，哪些属于一般性资源。同时，创业者还要确定资源的数量、质量、使用时间及使用顺序等，以便更好地进行资源整合。

外部资源扫描是指创业者对外部环境进行全面梳理，及时发现创业企业所需的资源。同时，创业者还应了解获取这些资源的渠道，并对获取各种资源的难易程度进行排序，然后按先易后难的顺序对相关资源的所有者进行深度分析，从而找到自己与资源所有者的利益契合点，并创造性地设计出双赢的合作方案，进而获取所需资源。这通常需要创业者具有一定的行业知识和社会经验。

2. 资源控制

资源控制是指创业者对各种资源的掌握程度。资源控制力越强，创业企业在利用资源时越得心应手，同时还能规避因资源灭失而产生的风险。

3. 资源利用

在获取和控制了大量资源后，创业企业必须对这些资源进行恰当地配置和利用，以充分发挥其使用效益，体现出这些资源的价值。在整合资源时，创业者需要协调各种资源之间的关系，使资源间的联系更加紧密，从而达到“1+1>2”的效果。

4. 资源拓展

资源拓展是指借助已有资源，进一步为企业开发潜在的资源，从而推动企业的持续发展，并不断形成新的优势。

企业借力

某乳制品企业创始人和他的创业团队把一个一无奶源、二无工厂、三无市场的“三无企业”发展成了在中国排名靠前的乳制品企业，其成功的核心因素之一就是借力。

对于乳制品企业来说，奶源的重要作用不言而喻。但在企业创立初期，奶源已被各大企业瓜分殆尽。企业若要自建奶源基地和工厂，不仅费时费力，还可能会落个“出师未捷身先死”的下场。面对这种困境，企业的创业团队创造性地提出了“先建市场，后建工厂”的战略，通过与其他经营不善的液体奶公司合作，借来奶源，借出技术、管理人员等资源，将别人的工厂变成了“自有车间”，实现了真正意义上的双赢。

此外，企业还通过“虚拟联合”战略，将传统的“体内循环”变为“体外循环”。企业内部只专注于自己最擅长的事，如销售、管理等。奶站基地、运输车辆等都外包给其他更为专业、更有效率的外部主体去运营。这种资源外取的战略整合了大量的外部资源，既强化了企业的核心业务，又补足了其短板，进一步促进了企业的快速发展。

企业创始人和他的创业团队就是这样用别人的钱干自己的事，用智慧及灵活的战略和战术创造了乳制品行业的神话。

四、创业融资的概念与过程

任何企业的生产经营活动都需要资金的支撑。对于创业企业来说，无论是进行产品研发还是进行生产和销售，都需要大量的资金投入，如何有效融资是创业者极为关注的问题之一。

（一）创业融资的概念

创业融资是指创业企业从自身生产经营及资金运用情况出发，根据未来经营发展的需要，通过一定的渠道或方式筹集资金，以满足后续经营发展需要的一种经济行为。

企业创立初期，业务刚刚起步，开支大，收入少，需要不断投入资金以维持其正常的经营运转。事实证明，初创企业很难依靠自有资金来解决各种突发的资金问题，这就需要企业寻求外部资金的支持。

当企业进入正常发展轨道后，为了在激烈的市场竞争中站稳脚跟，又面临扩大企业规模、进行市场推广、进行产品或技术研发等任务。充足的资金是完成这些任务的必要条件，企业仍需要不断融资。可以说，创业融资伴随着企业发展的全过程。

（二）创业融资的过程

一般来说，创业融资的过程包括以下几个阶段。

1. 做好融资前的准备

尽管创业企业融资较为困难，但创业融资却是创业企业顺利成长的关键。因此，创业者一定要在融资之前做好充分的准备工作：对融资过程有一定了解，建立和经营个人信用，积累自己的人脉资源，学习估算创业所需资金的方法，了解各种融资渠道，熟悉创业计划书的结构和编写策略，提高自己的谈判技巧等，以提高融资成功的概率。

个人信用

个人信用是指基于信任，通过一定的协议或契约提供给自然人及其家庭的信用，使得接受信用的个人不用付现就可以获得商品或服务。它不仅包括用作个人或家庭消费用途的信用交易，也包括用作个人投资、创业及生产经营的信用。

个人信用记录包括以下内容：一是个人基本身份信息，包括姓名、婚姻及家庭成员状况、收入状况、职业、学历等；二是信用记录，包括信用卡及消费信贷的还款记录、商业银行的个人贷款及偿还记录；三是社会公共信息记录，包括个人纳税、参加社会保险、通信缴费、公用事业缴费，以及个人财产状况及变动等记录；四是特别记录，包括有可能影响个人信用状况的涉及民事、刑事、行政诉讼和行政处罚的特别记录。

市场经济是信用经济，信用对于国家、社会和个人来说都是重要的资源，并且在创业融资过程中起着很重要的作用。无论是从何种渠道筹集资金，投资者都会比较关注创业者个人的信用状况。因此，为保证融资的顺利进行，创业者应尽早建立起良好的个人信用记录，如做一个诚信的信用卡持卡人，同时注意在日常生活中按时缴纳各项税费，遵纪守法，保持良好的个人信用记录。

2. 计算创业所需资金

“世上没有免费的午餐”，也没有零成本的资金。创业者必须明白，企业所使用的资金都是具有一定成本的。这并不是说筹集的资金越少越好，因为任何一家顺利经营的企业都需要基本的周转资金，如果筹集的资金不足以支持企业的日常运转，则企业会面临资金断流的风险，甚至可能导致破产清算，但也不意味着筹集的资金越多越好。此外，如果资金在使用过程中不能创造出高于其成本的收益，则企业会发生亏损。因此，创业者在筹集资金之前，要能够运用科学的方法准确地计算资金需求量。

3. 撰写创业计划书

创业企业在评估资金需求时，需要通盘考虑企业创办和发展的方方面面，要对企业有一个全面的筹划，撰写创业计划书就是一种对企业未来进行规划的方式。在创业计划书中，创业者需要估计未来的销售状况及为实现销售需要配备的资源，进而计算出所需要的资金数额。

4. 确定融资渠道

确定了创业企业需要的资金数额之后，创业者需要进一步了解各种融资渠道的优缺点，然后根据筹资机会的大小，以及创业者对企业未来的所有权规划，充分权衡利弊，确定所要采用的融资渠道。

5. 展开融资谈判

选定拟采取的融资渠道之后，创业者需要与潜在的投资者进行融资谈判。创业者首先要对自己的创业项目非常熟悉，还要对潜在投资者可能提出的问题做出猜想，并事先准备相应的答案。在谈判时，创业者要充满信心，并抓住时机陈述重点，同时做到条理清晰。另外，创业者还应向有经验的人士咨询，以提高谈判成功的概率。

五、创业融资的渠道

创业融资的渠道是指创业者筹集资金的方向与通道，体现了资本的来源和流量，主要由社会资本提供者的数量及分布决定。目前，我国社会资本的提供者众多，领域分布广泛，为创业企业融资提供了广泛的资本来源。

创业融资的渠道

具体来讲，创业融资的渠道主要有私人资本融资、机构融资、风险投资、天使投资和政府扶持。

（一）私人资本融资

1. 个人积蓄

一般来说，创业者的个人积蓄是创业融资的首选，几乎所有的创业者都会向他们新创办的企业投入个人积蓄。虽然个人积蓄是企业融资的一种途径，但并不能从根本上解决企

业的资金问题。因为个人积蓄对于企业来说是十分有限的，特别是对于资本密集型企业来说，几乎是杯水车薪。

2．向亲友融资

向亲友融资也是创业融资的重要渠道。家庭成员和亲朋好友出于对创业者的信任，往往愿意向其企业投入资金，因此向亲友融资是企业十分常见的融资方式。以创业者为中心形成的亲缘、地缘、商缘等社会关系网络，对包括创业融资在内的许多创业活动都有着重要影响。

（二）机构融资

1．向银行借款

适合创业者的银行借款形式主要有抵押贷款和担保贷款两种。

（1）抵押贷款是指借款人以其所拥有的财产作抵押获得银行贷款的一种借款方式。在抵押期间，借款人可以继续使用其用于抵押的财产。

（2）担保贷款是指借款人向银行提供符合法定条件的第三方保证人作为还款保证的借款方式。当借款方不能履约还款时，银行有权按照约定要求保证人承担清偿贷款的连带责任。担保贷款分为自然人担保贷款和专业公司担保贷款两种。

2．向非银行金融机构借款

非银行金融机构是指以发行股票和债券、接受信用委托、提供保险等形式筹集资金，并将所筹资金用于长期性投资的金融机构。根据《中国银保监会非银行金融机构行政许可事项实施办法》的规定，非银行金融机构包括经银保监会批准设立的金融资产管理公司、企业集团财务公司、金融租赁公司、汽车金融公司、货币经纪公司、消费金融公司、境外非银行金融机构驻华代表处等机构。

3．交易信贷

交易信贷又称商业信用，是指企业在正常的经营活动和商品交易中，由于延期付款或预收货款所形成的企业间常见的信贷关系。企业在筹办期及生产经营过程中，均可以通过交易信贷筹集部分资金。

4．融资租赁

融资租赁是指出租人根据承租人对租赁物件的特定要求和对供货人的选择，出资向供货人购买租赁物件并租给承租人使用，承租人则分期向出租人支付租金的融资方式。在租赁期内，租赁物件的所有权属于出租人，使用权属于承租人。租赁期限届满，租金支付完毕并且承租人根据融资租赁合同的规定履行完全部义务后，对租赁物件的归属没有约定的或约定不明的，可以协议补充；不能达成补充协议的，按照合同有关条款或交易习惯确定；仍然不能确定的，租赁物件的所有权归出租人所有。

（三）风险投资

风险投资又称创业投资，是指专业机构向极具增长潜力的创业企业投资并取得该公司股份的一种融资方式。风险投资的投资对象多为处于创业期的中小型企业，而且多为高新技术企业或服务型企业。风险投资的投资期限通常为3～5年，投资方式为股权投资。投资者一般会占被投资企业15%～30%的股权，但其并不要求拥有控股权，也不需要任何担保或抵押，仅可能对被投资企业以后各阶段的管理、融资等提出一定的要求。

风险投资者一般会积极参与被投资企业的经营管理，以促进被投资企业增值。由于投资的目的是追求超额回报，所以当被投资企业增值或上市后，风险投资者会通过股权转让方式撤出资本，以实现资本的回收。

（四）天使投资

天使投资是一种非组织化的创业投资形式，是指自由投资者（个人）或非正式风险投资机构（团体）对有发展前景的原创项目构思或初创期小企业进行早期权益性资本投资，以帮助这些企业迅速启动的一种民间投资方式。

天使投资的主要特征如下：

（1）天使投资的金额一般较小，而且多为一次性投入，是一种个体或小型的商业行为。它对创业企业的审查并不严格，更多的是基于投资者的主观判断或个人喜好。

（2）天使投资者是指任何愿意投资公司的人士，可能是企业家或其他高收入人士，也可能是创业者的邻居、家庭成员、朋友、公司伙伴、供应商等。

（3）天使投资者不但能带来资金，也能带来一定的资源。如果投资者是知名人士，还可以提高公司的信誉和影响力。

天使投资与风险投资的关系

天使投资是风险投资的一种，但相对而言，天使投资不够正式和规范；而风险投资基金的运作则是一种正规化、专业化、系统化的大型商业行为，投资人在投入资金时也投入管理，其除了注入资金以外，更注重提供增值服务。天使投资投入的资金规模一般较小，且多为一次性投入，投资人不参与管理，对投资项目的审查不太严格；风险投资投入的资金规模一般较大，往往是几家机构的资金联合进行投资，而且是随着创业企业的发展逐步投入，其对被投资企业和项目的审查也很严格。

（五）政府扶持

随着我国经济的发展，政府对创业的支持力度越来越大。无论是政府扶持产业的广度方面，还是政府对创业者的资金支持力度方面，都有很大提升。因此，创业者可以根据政

府的扶持政策，从政府方面获得融资支持。

党中央、国务院高度重视大学生创新创业工作。为了解决大学生创业初期的资金难题，2021 年 10 月 12 日，国务院办公厅印发《关于进一步支持大学生创新创业的指导意见》，明确提出要推动落实大学生创新创业财税扶持政策，加强对大学生创新创业的金融政策支持，包括继续加大对高校创新创业教育的支持力度、落实落细减税降费政策、落实普惠金融政策、引导社会资本支持大学生创新创业等。

案例阅读

两次政府贴息贷款如雪中送炭，大学生创业项目“起死回生”

江苏某大学研究生小冯和 4 个小伙伴在开始他们的创业之路时，他们的目的只有一个：造出船舶通信导航设备，打破进口产品垄断。

创业以来，小冯的团队遭遇了来自研发、推广、资金等方面的重重困难，甚至一起奋斗的小伙伴也因对公司前景缺乏信心而离开团队，“是国家的两次大学生创业贷款让我们‘起死回生’，不仅让团队渡过了初创期现金流缺乏的难关，也让团队的小伙伴重拾自信。”小冯说。

放弃读博，创业造国产船舶通信导航设备

小冯是一名通信专业硕博连读的学生。在他即将攻读博士时，与同学小卓进行了一次对话，这次对话改变了他的想法。小卓把一位海员亲戚给他的难题抛给了小冯：“为什么目前国内商船上用的通信导航设备绝大多数是从国外进口的？”

后来，小冯了解到，这是因为船舶通信导航行业的专业性非常强，做通信、信息系统的专业人士很少触及。深思熟虑之后，他决定放弃继续读博的机会，与小卓和另外 3 个研究生同学一起组成团队开始创业。

启动资金 300 万元，是 5 个小伙伴找家人和亲戚借来的。创业之初，他们租了一个 10 平方米的小屋作为研发场地。不幸的是，一场大暴雨把场地淹了，他们唯一一台电脑也被淹坏了。由于创业环境异常艰苦，直到第 2 年，他们才拿出第一款产品。

30 万元贴息贷款，支持首笔订单赚了 100 多万元

“几个大学生折腾出来的产品，市场上根本不认可。于是，我们找了一家研究所进行海上测试。1 年后，稳定的通信质量让对方心服口服，我们拿到了第一笔订单。”小冯说。

当时，整个团队面临生死存亡的境地：300 万元启动资金已经全部用完，如果要完成订单，还必须投入 70 万～80 万元。团队中一位小伙伴决定放弃，因为当时他即将毕业，杭州一家公司将他挖走了，小伙伴的离开让整个团队的士气陷入低谷。

在一次活动中，小冯听说有专门针对大学生的创业担保贷款贴息，就去市人力资源和社会保障局（以下简称人社局）咨询。很快，人社局的工作人员就来他们的创业现场考察了。“当时，我心里特别没底气，因为创业现场乱七八糟，仓库、研发、销售都挤在一个办公室里。”小冯说。让他没想到的是，通过交流，人社局的工作人员认为他们是个干实事的团队，决定批准通过这笔贷款，由政府贴息。小冯找了 5 个人做担保，有亲戚也有大学的老师。

一个月后，30 万元贴息贷款到账。小冯和小伙伴们又找亲戚朋友借了一些钱。在这笔资金的帮助下，他们赚了 100 多万元。

50 万元“绿色通道”贷款，助力销售额翻番

对于初创期的企业来说，资金往往是最大的难题。小冯说，当时，公司年销售额已经超过 400 万元，并且之前申请的 30 万元担保贷款马上到期，公司急需现金流继续开拓市场，他便又提出贷款申请。这一次贷款申请非常顺利，人社局将额度破格提升到 50 万元，还是由政府贴息，且走的是贷款“绿色通道”，不需要担保人，所有贷款风险由财政承担。

这笔资金让这个年轻的创业团队再次腾飞。创业第 5 年，公司销售额超过 800 万元；创业第 6 年，销售额飙升至 1 500 万元。据小冯介绍，目前他们有 8 款产品，全都是自主研发的，好用还便宜，市场销路也都不错。

小冯说，创业的成功，离不开政府的支持。尤其是第一笔贷款，让整个团队的小伙伴重拾了创业信心。无论今后走得多远，他都会记得创业初期政府雪中送炭的这笔资金。

知识拓展

一、获取创业资源的途径

获取创业资源的途径分为市场途径和非市场途径两大类。当创业所需资源有活跃的市场时，创业者可以通过市场途径获取，其他情况下则可以通过非市场途径获取。

（一）通过市场途径获取创业资源

通过市场途径获取创业资源的方式包括购买和联盟两种。

1. 购买

购买是指利用财务资源通过市场购入的方式获取资源。这种途径可用于获取厂房、设备等物质资源，关键技术、专利等技术资源，聘请有经验的员工等。需要注意的是，某些知识，尤其是隐性知识可能会附着在物质资源上，此时可通过购买物质资源（如机器设备）来获取。

提　示

显性知识是指能明确表达的知识，即人们可以通过口头传授、教科书、参考资料、期刊、专利文献、视听媒体、软件和数据库等方式获取，或者通过语言、书籍、文字、数据库等编码方式传播；隐性知识与显性知识相对，是指那种人们知道但难以言述的知识。与隐性知识相比，显性知识容易表达和转移，因此更容易被人们模仿学习。

2．联盟

联盟是指通过联合其他组织，对一些难以自行开发的资源进行共同开发，从而获取资源。联盟的前提是联盟双方的资源和能力互补且有共同的利益，并能够对资源的价值和使用达成共识。

（二）通过非市场途径获取创业资源

通过非市场途径获取创业资源的方式包括资源吸引、资源积累等。

1．资源吸引

资源吸引是指发挥无形资源的杠杆作用，利用创业企业的创业计划和创业团队的声誉，通过对创业前景的描述来获得或吸引物质资源、技术资源、人力资源和财务资源等。

2．资源积累

资源积累是指利用企业现有资源，在企业内部通过建造、开发、培训等方式形成所需的资源。其主要包括自建厂房、设施，在企业内部开发新技术，通过培训来增加员工的知识和技能，通过企业的自主经营来获取资金等。

提　示

企业究竟是通过市场途径还是非市场途径获取资源，需要参考资源在市场的可用性和成本等因素。例如，若已明确快速进入市场能够带来成本优势，则可采用购买的方式获取资源。对于多数创业企业来说，由于初始资源的不完整性，创业者需要通过获取资源所有者信任的方式来获取资源。但无论如何，采用多种途径同时获取不同资源总是正确的选择。

二、创业资源整合及利用技巧

如何整合创业资源

创业者能否成功地抓住机会，进而推动创业活动向前发展，通常取决于他们掌握和整合到的资源的程度，以及利用资源能力的强弱。许多创业者在创业早期所能获取与利用的资源非常匮乏，而优秀的创业者在创业过程中所体现出的卓越创业技能之一，就是创造性地整合

和利用各种资源，尤其是那种能够创造竞争优势并带来持续竞争优势的战略资源。就创业者而言，一方面要借助自身的创造性，用有限的资源创造尽可能大的价值；另一方面要设法获取和整合各类创业资源。

（一）善用资源整合技巧

为了确保公司的持续发展，创业者在每个阶段都要对创业资源进行合理有效地配置，以有限的资源创造尽可能大的价值。

1．学会拼凑

很多创业者都是拼凑高手，他们善于用发现的眼光洞悉身边的各种资源，然后将它们创造性地整合起来。创业者通常会利用身边能够找到的一切资源进行创业活动，有些资源对他人来说也许是无用的，但创业者可以通过自己独有的经验和技巧，对这些资源加以整合创造。例如，很多高新技术企业的创业者并不是科班出身，他们可能出于兴趣或其他原因，对某个领域的技术略知一二，却凭借这个略知的“一二”敏锐地发现了机会，并迅速实现了相关资源的整合。

整合已有资源，快速应对新情况是创业的利器之一。这种资源整合很多时候并不能提前计划好，而需要具体情况具体分析，是“摸着石头过河”的产物。而这也恰恰体现了创业的不确定性，同时考验了创业者的资源整合能力。

2．步步为营

步步为营是指创业者分多个阶段投入资源，并在每个阶段投入最有限的资源。步步为营的策略表现为自力更生，减少对外部资源的依赖，目的是降低经营风险，加强对所创企业的控制。通常情况下，步步为营不仅是一种做事比较经济的方法，也是创业者在资源受限的情况下实现企业目标的途径，更是创业者在有限资源的约束下获取满意收益的方法。习惯步步为营的创业者通常会形成一种审慎控制和管理的价值理念，这对创业型企业的成长与向稳健成熟发展期过渡尤其重要。

（二）发挥资源杠杆效应

资源杠杆就是以尽可能少的付出或投入获取尽可能多的收益。在初创企业自有资源不足或短期内难以获取内部资源而外部资源充足的情况下，企业可以通过核心能力构建资源杠杆，以快速撬动外部资源为己所用。就创业者而言，教育背景、相关经验、个性品质、专业技能、信誉、资格认证等个人的能力和素质最容易产生杠杆效应。

资源杠杆效应主要体现在以下方面：更加长久地使用资源；更充分地利用别人没有意识到的资源；利用他人或其他企业的资源来完成自己创业的目标；用一种资源弥补另一种资源，从而产生更高的价值；利用一种资源获得其他资源。

（三）设置合理的利益机制

资源通常与利益相关。整合资源需要关注有利益关系的组织或个人，要尽可能多地找

到利益相关者，并且利益关系越强、越直接，整合资源的可能性就越大，这是资源整合的基本前提。因此，创业者在整合资源时，一定要设置合理的、有助于资源整合的利益机制，借助利益机制把包括潜在的和非直接的资源提供者整合起来，借力发展。

然而，有共同的利益或利益共同点并不意味着能够顺利实现资源整合。由于资源整合是多方面的合作，而切实的合作需要有各方面利益能够真正实现的预期加以保证，所以创业者需要寻找和设置多方共赢的机制。创业者在设置共赢机制时，既要帮助对方扩大收益，也要帮助对方降低风险，因为降低风险本身也是扩大收益。在此基础上，创业者还需要考虑如何建立稳定的信任关系，并加以维护和管理。

（四）有限资源的创造性利用

1. 资源的重复利用

资源的重复利用包括技术资源、品牌资源、制造资源、营销网络资源、管理资源的重复利用。

（1）技术资源的重复利用。特定技术的使用次数越多，表示资源杠杆的运用越充分，资源的利用效率越高。例如，夏普将自身研发的液晶显像技术陆续应用于计算机、电子记事簿、大荧幕投射电视及手机等产品。

（2）品牌资源的重复利用。一些顾客在购买产品时会优先考虑知名企业的产品，所以企业可以利用高知名度的企业名称推出全新的产品，与其他低知名度的同期新产品相比，高知名度的产品会有很大的竞争优势。

（3）制造资源的重复利用。能够迅速调整生产线改为生产另一种产品是企业制造资源重复利用的前提条件。在网络经济下，把高度分散的制造能力组合成必要的制造资源以响应市场机遇的协作式伙伴关系将迅速发展。

（4）营销网络资源的重复利用。对于有多系列产品的中小企业来说，共用一个销售网络可以降低营销成本，充分利用营销网络资源。但如果产品的差异化比较大，特别是在售后服务环节存在较大差异或不同产品对营销网络资源有差异化的要求时，实现营销网络资源的重复利用就存在一定难度。

（5）管理资源的重复利用。将工厂的作业改善经验应用于其他工厂；同一系统应用于同一系列产品；迅速广泛应用一线员工的良好构想，以改善对顾客的服务；暂调有经验的主管赴供应商处驻厂指导等均属于管理资源的重复利用。

2. 资源的快速回收

加快资源回收是资源杠杆运用的重要领域，公司盈利越快，回收资源就越快，资源就越能再加以利用。如果两家公司投入的资源相同，甲公司回收利润的时间是乙公司的一半，则表示甲公司具有两倍于乙公司的杠杆运用优势。

3. 资源的融合

通过融合不同种类的资源，可以提升各种资源的价值。抢先进入一个科技领域，并得到领导地位固然重要，但公司若不能将创业资源融合起来，使既有科技能力不能得到持续扩充，即使公司在许多单项科技领域领先，也没有太大实质意义。只有培养出一批优秀的人才，将不同种类的资源融合起来，才能建立真正的竞争优势。

三、创业资金的估算

合理地筹集创业所需资金是对创业者最基本的要求，也是创办企业的前提。筹集不到足够的资金可能会使企业出现资金链断裂的情况，甚至被迫清算；筹集的资金过多，又可能会使企业的资金闲置，导致企业的经营效益低下。因此，创业者在筹集资金前应先对创业所需资金进行估算。

（一）创业资金的分类

创业资金是开办企业并使其正常运转需要的所有资金。创业资金按用途可分为投资资金和流动资金两部分。

1. 投资资金

投资资金是指创业者为开办企业而购置的固定资产和无形资产，以及支付开办费和其他投入的资金总和。

2. 流动资金

此处的流动资金是指维持企业日常运转所需的开支。一般而言，在销售收入能够收回成本之前，小微企业事先需要准备 3 个月的流动资金。

（二）预测投资需求

初创企业的投资一般可分为固定资产、无形资产、开办费和其他投入 4 类。

1. 固定资产

固定资产一般是指企业创办时购买的价值较高、使用寿命较长的资产，如厂房、设备等。

（1）企业用地和建筑。创办企业需要场地和建筑，也许是安装生产线的厂房，也许只是一个小工作间，也许只需租一个店面，如果创业者可以在家工作，固定资产的投资就能大大减少。当创业者明确了企业生产方式和所需场地后，就要选择企业用地和建筑，具体类型特点如表 6-1 所示。

表 6-1　初创企业用地和建筑的类型特点

特点 / 类型	适用性	费用预算	工期
建房	有特殊需要	大量资金	长
买房	部分改造即可	较多资金	较长
租房	适当装修即可	一定资金	一般
用现住房	稍微调整	很少资金	短

（2）设备。设备是指初创企业所需的所有机器、机械、工具、车辆、办公家具等。对于制造商和某些服务企业来说，它们在初创期最大的投资就是设备。因此，了解清楚初创企业需要什么设备，以及选择正确的设备类型就显得非常重要。即使初创企业只需要少量设备，创业者也要慎重考虑，并把它们列入创业计划书。

2. 无形资产

无形资产是指企业长期使用的、不具有实物形态但能带来经济收益的资产，如特许经营权、商标权、专利权、土地使用权、商誉和大型软件等。无形资产是企业的一种特殊资产，在法律规定的范围内，企业对无形资产享有占有、使用、收益、处置的权利。企业在预测无形资产前，首先应考虑所购买的无形资产的合法性，其次要确认清楚无形资产的法定有效期，以及评估和计价的法律依据。

3. 开办费

开办费是指企业在筹建期间除投资固定资产以外发生的各项费用，包括培训费、差旅费、印刷费及不计入固定资产和无形资产的借款费用等。

4. 其他投入

除上述投资外，开办企业可能还需要投入装修费、转让费等其他费用。

提 示

创业者在估算创业资金时，一方面要尽可能考虑全面所需要的各项支出，避免遗漏一些必需的项目，以充分估算资金需求；另一方面，由于创业资金筹集的困难性及创业初期资金需求的迫切性，创业者应想办法节省开支，如采取租赁厂房、采购二手设备等措施节约资金。

案例阅读

创业资金估算案例

小王是一名会计学专业的学生，毕业时想自己开办一家会计公司。在开办公司前，他先进行了简单的市场调查，调查结果显示会计行业有很大的市场空间。因此，他对开办公司的必要支出进行了以下估算：

（1）租一间 20 平方米左右的办公室，每月需要租金 3 000 元左右。

（2）购置两台电脑，每台 5 000 元；一套最基本的财务软件，大约需要 3 000 元；两台打印机，一台针式打印机用来打印输出的会计凭证和账簿，另一台激光打印机用来打印一般的办公文件，两台打印机大概需要 3 500 元；一台税控机（用于帮助客户进行纳税申报），价格 3 000 元；一台传真机，价格 1 000 元。

（3）购置 3 套办公桌椅，每套 300 元。

（4）购置一台饮水机，价格 300 元；每月大约需要 4 桶水，每桶水 15 元。

（5）购买一些办公用品及办公耗材，需支出 1 000 元，大约可供使用一个月；电话费、网费每月需要 340 元左右；水电费每月大约需要 200 元；同类会计服务公司的广告费一般每月需要 1 200～2 000 元，小王准备每月花费 1 500 元。

（6）公司开业初期需雇用 1 名会计和 1 名外勤人员，两人的工资每月合计 6 400 元，社会保险费每月合计 1 000 元。

（7）开户、刻章直至办完整套开业手续，大约需要 1 个月的时间，公司开业前需要缴纳的基本手续费用为 1 000 元。

（8）每个客户每月可以收取 320 元的服务费，为每个客户服务的基本支出大约每月 20 元。此外，客户在 60 户以内时基本不用增加会计和外勤人员。

于是，经过简单计算，小王得出创办会计公司所需要的资金为 36 200 元。由于开办公司的资金需求不是太多，而每一户的利润也较为可观，加上小王对自己的专业知识和开拓市场的能力非常自信，他认为自己的公司一定会办得红红火火。

但是，为了以防万一，避免有些项目考虑不周全，小王在筹集资金时还准备了一些风险资金，共筹集了 50 000 元。可是，令小王没想到的是，公司刚刚经营了几个月，就出现了资金链断裂的情况，连支付房屋租金的钱都不够了。

案例分析：

（1）小王只计算了开办公司所需的投资资金数额，而没有考虑流动资金的需求。为计算公司需要的流动资金数额，小王需要补充调查公司客户数量的变化情况，即公司每个月大约可以增加的客户数量，以估算公司的营业收入，以及与此相关的利润情况，计算盈亏平衡点，并据此估计公司需要的流动资金数额。

案例中，公司每个月需要固定支出的资金包括：房租 3 000 元、办公用品及办公耗材 1 000 元、饮用水 60 元、电话费和网费 340 元、水电费 200 元、广告费 1 500 元、雇员工资及社保费用 7 400 元，由此，公司每月的基本支出为以上各项之和，即 13 500 元。每个月主要的资金流入是客户缴纳的服务费用，每个客户 300 元。因此，公司资金收支平衡点的业务量为

$$\text{收支平衡点业务量}=\frac{13\,500}{300}=45\text{（户）}$$

即客户数量达到 45 户时才能实现资金的收支平衡。假定补充调查的结果是每个月可以增加 6 个客户，则达到盈亏平衡点的时间为 8 个月，这意味着小王要在开业后的 8 个月内不断追加投资。因此，公司需要投入的流动资金数额为 108 000 元。

（2）小王在计算资金需求时，对支出项目的考虑不够周全，如小王自己的生活支出、业务开拓费、相关税费等都没有考虑在内。一般来说，创业者在创办企业之前会有一份工作，在筹办企业期间创业者原来工资收入部分相当于其创业的机会成本，应当作

为一项潜在支出考虑，而且创业者每月基本的生活和社保支出也应计算在创业所需的资金之内。另外，创业初期的市场开拓费用也是一项必不可少的支出，还有按照行业不同确定的营业税费的支出等。

四、创业融资的类型

无论通过哪种渠道融资，融资的类型都不外乎两种：股权融资和债权融资。

（一）股权融资

股权融资是指企业的股东愿意让出部分企业所有权，通过企业增资的方式引进新股东，使企业总股本增加的融资方式。股权融资所获得的资金，企业无须还本付息，但新股东将与老股东同样分享企业的赢利与增长。股权融资的特点决定了其用途的广泛性，它既可以充实企业的营运资金，也可以用于企业的投资活动。广义上的股权融资包括内部股权融资与外部股权融资。内部股权融资是企业依靠其内部积累进行的融资；外部股权融资即用企业的股权去交换外部资金。

创业企业在创建的启动阶段及较早发展阶段，内部积累极为重要。内部积累的资金来源主要是企业在经营过程中赚取的利润，采用内部积累方式融资符合融资优序理论的要求，也是很多创业者的必然选择。鉴于创业企业在资金实力、经营规模、信誉保证、还款能力等方面的限制，创业企业往往会通过不分红或少分红的方式，将企业的经营利润尽可能以未分配利润的形式留存下来，投入到再生产过程中，为持续经营或扩大经营提供必要的资金支持。

（二）债权融资

债权融资是指企业通过借钱的方式进行融资，对于债权融资所获得的资金，企业首先要承担资金的利息，然后还要在借款到期后向债权人偿还本金。向亲友、银行、非银行金融机构及其他企业借款等都是常用的债权融资方式。债权融资的特点决定了其用途主要是解决企业短期营运资金短缺的问题，一般不用于长期的资本性项目。

（三）股权融资与债权融资的比较

股权融资与债权融资各有优缺点，具体如表 6-2 所示。创业者在筹集资金时应对两者的优缺点进行比较，并综合考虑企业的资金需求量、资金的可得性、宏观理财环境、筹资的成本、风险和收益，以及控制权分散等问题，以选择最适合企业的融资方式。

表 6-2 股权融资与债权融资的比较

比较项目	股权融资	债权融资
本金	永久性资本，保证企业最低的资金需要	到期归还本金
资金成本	根据企业经营情况变动，成本相对较高	事先约定固定金额的利息，成本较低
风险承担	高风险	低风险
企业控制权	按比例或约定享有，分散企业控制权	无，企业控制权得到维护
资金使用限制	限制条款少	限制条款多

课堂活动

一、创业项目与资源分析

假设你是一名即将毕业的大学生，准备毕业后自主创业。请根据你选择的创业项目，分析以下问题：

（1）对所选创业项目进行详细分析，并从市场、资源、效益等方面论证其可行性。

（2）写出创业所需的资源，并列明其中需要持续获取的资源。

（3）写出拟采用的获取资源的途径和方法。

二、创业资源整合训练

创业是一个评估自有资源、整合外部资源的过程。创造性地整合外部资源是优秀创业者应具备的关键技能之一。请同学们按下列步骤进行创业资源整合训练：

（1）请同学们利用表 6-3 对自身条件进行评估。

表 6-3 自身条件评估

评估内容	具体要求	自我描述
你想做什么？	根据你的兴趣、爱好等确定你的创业项目	
你拥有什么？	你的优势、强项是什么（如技术优势、人脉优势、知识优势等）	
你缺少什么？	你的劣势、缺点是什么（如技术劣势、人脉劣势、知识劣势等）	

请认真思考自己拥有的资源。想一想，如果要进行创业，还需要哪些资源？

（2）评估你的同学是否具有你需要的资源。如果有，你将如何说服他和你一起创业或将资源借给你使用？

（3）除了同学外，你还有什么渠道获取创业资源？

（4）获取创业资源后，你将如何有效整合这些资源？

三、制订创业融资计划

小贾想成立一所培训学校。请根据搜集到的培训学校的实际业务情况和投资情况，帮助小贾确定公司的启动资金。具体实施步骤如下：

（1）教师对学生进行分组，每组 4～6 人，同时选出一个小组负责人。

（2）上网查找培训学校的实际业务情况和投资情况。

（3）小组讨论并解决以下问题：① 创业需要多少资金？具体包括哪些支出？（填写表 6-4）② 初步制订获得这笔资金的融资方案；③ 该融资方案符合企业目前的发展规划吗？④ 在融资前，应做好哪些准备工作？

表 6-4　资金估算表

行次	项目	数量	金额	行次	项目	数量	金额
1	房屋租金			9	通信费		
2	机器设备			10	保险费		
3	办公用品			11	设备维护费		
4	员工工资			12	相关税费		
5	业务开拓费			13	开办费		
6	购买交通工具费			14	……		
7	广告费				合计		
8	水电费						

（4）正式拟订融资计划。

（5）将融资计划制作成 PPT，由小组负责人上台演讲。

（6）教师对各小组的活动完成情况进行点评。

四、创业融资调研

以小组为单位，选择 4～6 家当地的公司（如财务公司、信贷公司、劳务公司、软件开发公司等），以电话或微信等方式联系其负责人或相应的工作人员，就该公司的创业融资规划和具体做法进行访谈。比较这些公司在创业融资规划和具体做法方面的异同。

延伸阅读

一、大学生创业资源获取技巧

如果大学生在创业过程中采取适当的技巧获取创业资源，可以达到事半功倍的效果。获取创业资源最主要的原则是盘活、用好企业的现有资源，以有限的资源撬动尽可能多的外部资源。

（一）用好已有资源

创业者原本拥有的资源内容和数量对其获取更多资源有很大的影响。首先，创业者已有的资源会影响企业的资源需求，假如新创企业的创始人是拥有专利的大学生，那么他们对资源的需求更倾向于财物资源；其次，创业者已有的资源会影响其资源获取方式的选择，假如创业者有比较好的社会资源，那么他们更倾向于依赖现有的社会资源获得客户信息等其他资源。

提 示

高校大学生创业存在信息不对称的问题。有很多创业资源还没有被大学生所知晓和了解，更谈不上运用。目前，高校系统聚集了大量的可以帮助大学生创业的资源。有创业意愿的大学生应该留意这些身边的资源，加以充分利用，这样不但能更好地提高自己创业判断分析和把握机遇的能力，而且也可能发掘出很好的创业机会。

（二）善用学校资源

（1）学习创业课程，参加各类社团活动。各高校通常会开设创业课程，成立创业协会、科技发明协会及实践创业的学生社团，举办创业论坛或讲座等。大学生可以通过学习创业课程，参加各类社团活动，与志同道合的朋友交谈，或者向成功的校友企业家请教，提高自己获取资源的能力。有些高校还会组织企业、高校、科研单位和政府职能部门的专业人士成立创业导师团，为学生答疑解惑，提供决策咨询和参考等，甚至发掘有潜力的创业项目进行跟踪辅导。

（2）争取大学生创业基金。为鼓励大学生创业，各地均设立了大学生创业基金，鼓励大学生参与创业计划、科技创新项目、专项计划等，大学生可以通过参与此类活动争取创业启动基金。此外，有些高校还会与天使投资基金和风险投资机构合作，为有潜力的创业项目提供筹资、管理等方面的指导。

（3）拜访优秀人士。大学生要主动大胆地向优秀人士请教，要善于寻找好的顾问，如老师、成功校友等。

二、借款时应考虑的问题

一般来说，债权人在收到借款人的借款申请后，会从许多方面对借款人的资质进行评估，以决定是否放款，主要包括以下几个方面：

（1）借款人的信用。债权人在评审企业借款申请时，会考虑借款人的信用，主要包括：借款人的品质，即借款人对待信用的态度，包括过去的信用记录；偿还能力，即借款人的收入情况，以确定其是否有能力偿还借款；资本结构，即借款人的个人财产，包括存款、不动产及其他个人财产；经营条件，即企业所处国家和地区的经济状况，这会对借款的难易程度有很大影响；担保物，即借款人是否有担保和抵押财产，以及这些财产的质量；事业的连续性，即借款人持续经营的前景。

（2）借款类型和还款期限。债权人会考虑借款人的借款类型，是短期借款（还款期限在 1 年或 1 年以内），还是长期借款（还款期限在 1 年以上），同时还要对借款人提出的还款方案进行分析，以确认借款人的还款能力。

（3）借款的目的和用途。债权人为保证自己的资金安全，一般会对借出资金的用途进行规定，并要求借款人不能将资金用于法律法规限制或禁止的产品或项目，力求资金的使用符合国家规定。

（4）资金的安全性。除了对借款人的以上情况进行审查外，债权人还会对借款人企业未来的销售情况和现金流状况进行预测，以分析借款人未来是否有足够的现金流用于偿还贷款本息。

因此，大学生创业者在借款时，也可以从以上几个方面出发，合理评估自己能否借款，以及能获批的大概额度。

三、如何与投资者有效沟通

（一）沟通前的准备

1．了解投资者

了解投资者的投资模式、投资流程和退出方式等，如投资者重在投个人还是投团队、目的是项目的长期发展还是短期获利。

2．编写创业计划书

对于创业者来说，创业计划书是创业者的自我梳理，是创业者自信心的来源，也是创业团队内部声音的统一；对于投资者来说，创业计划书是高效地初筛项目、进行内部沟通讨论的依据。

3. 寻找和联系投资者

寻找投资者的途径包括朋友推荐（首选）、官方平台查找（个人邮箱优于公司邮箱）、活动现场自荐等。

联系投资者的方法包括发送创业计划书（注意避免群发，邮件中应突出团队背景和优势，以及项目方向）、电话初步沟通、预约面谈等。

一般来说，与投资者沟通的流程为：第一次电话沟通→面谈（多次）→邮件反馈（多次）→合伙人面谈（多次）→达成投资意向。

（二）沟通内容

1. 讲解创业计划书

一般来说，投资者对创业计划书的关注点包括：创业者的创业愿景和初衷、企业的创造价值、创业市场规模、团队执行力等。

2. 现场问答

一般来说，投资者的提问点集中于创业企业有哪些优势。通常情况下，创业者可以从以下几个方面回答：① 团队人力优势；② 产品功能优势；③ 核心技术优势；④ 内容优势；⑤ 资源优势；⑥ 渠道优势；⑦ 口碑品牌优势；⑧ 商务运营优势；⑨ 用户优势，包括用户数、关系网络、数据等；⑩ 生态系统优势，企业生态系统是由相互作用的企业组织与个人所形成的经济群体，包括生产商、销售商、消费者、供应商、投资商、竞争商、互补者、企业所有者或股东，以及有关的政府机构等，同时包括企业生产经营所需的各种资源。

3. 处理问题反馈

投资人的反馈方式和创业者应该采取的应对方法包括：① 投资人明确拒绝时，创业者应礼貌地感谢并听取建议，避免纠缠；② 投资人认为项目待定时，创业者可以持续跟进项目进展；③ 投资人建议调整方向时，创业者如果认同可再重新沟通。

模块七

设计商业模式

内容导读

“现代管理学之父”彼得·德鲁克曾说过：“当今企业之间的竞争，是基于商业模式的竞争。”商业模式的好坏在很大程度上决定着一个企业的成败，商业模式创新更是创新的重要一环。现如今，越来越多的企业通过新型的商业模式取得了显著成功。

学习目标

知识目标

- 了解商业模式的概念及构成条件。
- 了解商业模式的核心要素。
- 熟悉商业模式的设计思路和设计步骤。
- 熟悉商业模式的检验与评价方法。
- 了解商业模式创新的概念和途径。

能力目标

- 能够分析不同企业的商业模式。
- 能够设计出具有创造性的商业模式。

引导案例

支付宝的商业模式

支付宝是一种信用担保型第三方支付平台，在网上支付过程中起到信用担保和代收代付的作用，其运作的实质是以支付宝为信用中介，在买方确认收到合格商品前由支付宝替买卖双方保存货款。

具体来说，支付宝的运营模式是，买方在购物网站选中自己所需商品并提交订单后，须把货款汇到支付宝这个第三方账户上，支付宝作为中介方立即通知卖方货款已经收到可以发货。待买方收到商品并确认无误后，支付宝才会把货款汇到卖方的账户上完成整个交易。支付宝在这个流程中充当第三方的角色，同时为买卖双方提供信誉，确保交易安全进展。

支付宝的盈利模式如下：

（1）便民服务收入。很多平台看到支付宝用户量大，会主动与它签约，希望利用便捷的支付方式为其带来客流。与此同时，这些平台也需要向支付宝缴纳一定的费用。此外，用户还可以在支付宝首页找到支付宝提供的生活缴费服务，进行电费、水费等的缴纳。

（2）营销收入。支付宝能够为商家提供更加详细精准的营销，它不会在用户浏览其界面时突然出现广告使用户厌烦，而是通过小程序应用情况或用户近期搜索记录为用户推送信息。需要营销的商家可以根据品类进行竞价，支付宝从中获得利润，达到三方获利的目的。

（3）支付宝为用户提供消费信贷产品。用户在消费时，可以预支蚂蚁花呗的额度，享受“先消费，后付款”的购物体验。但是，用户须按时还款，如果逾期不还，支付宝将收取每天万分之五的逾期费。

理论初识

一、商业模式的概念及构成条件

（一）商业模式的概念

商业模式是企业探求所经营业务的利润来源、生成过程和产出方式的系统方法，也是围绕企业盈利这个核心来配置企业资源和组织企业所有内外部活动的一个行为模式。简单

地说，商业模式就是企业通过什么途径或方式来获得利润。例如，饮料公司通过卖饮料的方式来获得利润；快递公司通过为客户送快递收取服务费的方式来获得利润；网络公司通过提高点击率，为第三方投放宣传广告的方式来获得利润；通信公司通过收取电话费的方式来获得利润等。有利润产生的地方，就有商业模式的存在。

商业模式是一种包含了一系列要素及其关系的概念性工具，用以阐明某个特定实体的商业逻辑。它描述了企业形态，能为客户提供的价值，以及公司的内部结构、合作伙伴网络和关系资本等，借以实现（创造、推销和交付）这一价值，并产生可持续盈利的模式。商业模式的内涵就是要将投入商业运营的资源转化成社会产出。

知识链接

商业模式的本质

从本质上看，商业模式是一系列制度结构和制度安排的连续体，其核心是企业组织的价值产生机制。价值创造是企业组织存在的根本理由和发展的必要条件，也是经营活动的核心主题，主要有3个来源，即组织自身价值链、技术变革和价值网络。

静态地看，在组织自身价值链层面，商业模式从制度上决定业务流程，而业务流程又与信息系统密切相关，两者适应与否决定了组织能否实现价值预期。在技术层面，商业模式是技术开发与价值创造之间的转换机制，其成本/收益结构也决定了技术开发成本能够获取的价值收益。随着信息技术和电子商务的发展，组织边界日益模糊，这大大增加了交易和协作创造价值网络增值的可能性。

动态地看，上述3个方面是商业模式在特定时间和空间下的静态实现。但事实是，今天的模式也许并不适用于明天，甚至会成为今后发展的障碍。为了使企业组织获得长期的、韧性的核心优势，商业模式必须具备基于制度结构和制度安排的动态连续性，必须始终保持必要的灵活性和应变能力，这样，动态匹配的商业模式才能获得成功。

（二）商业模式的构成条件

一个成功的商业模式，至少要满足以下两个条件：

（1）商业模式必须是一个整体，有一定的结构，而不仅仅是一个单一的组成要素。

（2）商业模式的组成部分之间必须有内在联系，这个内在联系把各组成部分有机地关联起来，使它们相互支持、共同作用，形成一个独特的良性循环。

一个好的、完整的商业模式，不仅能为企业带来丰厚的利润，而且能保证企业的长久经营。例如，某公司就是通过一个完整的、能够持续循环的商业模式——“酷终端+用户体验+内容”来获利的。该商业模式很好地实现了客户体验和技术之间的平衡，不仅能够持久盈利，而且别人几乎无法复制。

二、商业模式的核心要素

商业模式主要由 4 个核心要素构成，即核心战略、战略资源、伙伴网络和顾客界面。

（一）核心战略

核心战略从企业的使命、产品/市场范围、差异化战略等方面描述企业如何与竞争对手竞争。

企业的使命描述了企业为什么存在，以及企业的商业模式、实现的目标。通过企业使命陈述，可以很容易地看出企业的意图。在一定程度上，使命表达了企业优先考虑的事项，并设置了衡量企业绩效的标准。

企业的产品/市场范围定义了企业集中关注的产品和市场。首先，产品的选择对企业商业模式的选择有重要影响。例如，某网站起初是作为网上书店而创建的，后来逐渐开始销售 CD、DVD、珠宝盒、服装等产品。它的商业模式目前已经拓宽，涉及对出版商之外的其他供应商和伙伴关系的管理。企业从事经营活动的市场也是其核心战略的重要因素。例如，有的企业把政府机构作为其目标市场，而有的企业则把个人、小企业和首次购买产品的客户作为其目标市场。

企业的差异化战略要求企业集中力量开发独特的产品和服务，并制定更高的价格。采用差异化战略的企业把大量精力和财力用于创造品牌上，即树立和维系顾客对品牌的忠诚度，这使得企业可以保持领先竞争对手的地位。

（二）战略资源

企业的战略资源包括核心竞争力和战略资产。

核心竞争力是一种资源或者能力，是企业竞争优势的来源。它是超越产品或市场的独特技术或能力，对顾客的可感知利益有巨大的贡献，并且难以被模仿。企业的核心竞争力在任何时期都很重要。在短期内，正是核心竞争力使得企业能够实现差异化，并创造独特价值。例如，某计算机公司的核心竞争力包括供应链管理、有效装配产品和服务于企业客户，它的商业模式使其能够向企业客户提供价格便宜、技术新颖、售后服务优良的计算机。从长期看，通过核心竞争力获得成长及在互补性市场上建立优势地位对企业来说也很重要。

战略资产是企业拥有的稀缺、有价值的事物，包括工厂、设备、品牌、专利、顾客数据信息、高素质员工和独特的合作关系等。一项特别有价值的战略资产是企业的品牌。企业最终会把自己的核心竞争力和战略资产综合起来以创造可持续竞争优势。

（三）伙伴网络

初创企业往往不具备执行所有任务所需的资源，因此需要依赖其他合作伙伴。在很多时候，企业并不愿意独自做所有事情，因为完整地完成一项产品或交付一种服务会分散企

业的核心优势。例如，某公司因其装配计算机的专业技术而具有差异化优势，但该公司却从其他公司购买芯片。虽然该公司可以自己制造芯片，但它在这方面却不具有核心竞争力。同样，该公司还依靠其他公司递送产品，而不是自己建立一个遍布全球的物流系统。

企业的伙伴网络包括供应商和其他合作者。

1. 供应商

供应商是向其他企业提供零部件或服务的企业。几乎所有的企业都有供应商，它们在企业商业模式的运作中起重要作用。

传统上，企业与供应商之间的关系是以交易关系为特征的竞争关系。需要某种零部件的生产企业往往与多个供应商联系，以寻求最优价格。现如今，企业将精力更多地放在如何推动供应商高效率运作的层面上来。

2. 其他合作者

除供应商外，企业还需要其他合作伙伴来使商业模式有效运作。合资企业、合作网络、社会团体、战略联盟和行业协会是企业合作关系的一些常见形式。合作关系能给企业带来更多的创新产品和有益的机会。

创业者创建具有可持续竞争优势的新企业的能力，不仅依赖于企业自身技能，还依赖于外部合作伙伴的技能。合作伙伴关系有助于企业集中精力发展核心竞争力。

当然，合作伙伴关系也具有一定的风险，在仅有的合作关系为企业商业模式的关键要素时更是如此。由于种种原因，很多合作关系没能实现参与者最初的愿望。企业联盟也有一些潜在劣势，如专有信息丢失、管理复杂化、财务和组织风险、依赖伙伴的风险，以及决策自主权的部分丧失等。

（四）顾客界面

顾客界面是指企业如何与顾客相互作用。与顾客相互作用的类型取决于企业如何在市场上竞争。例如，有些企业只通过互联网销售产品，而有些企业则通过实体店和网络两种途径来销售产品。

对初创企业来说，顾客界面的选择对于自身如何与对手竞争，以及将自身定位于产品或服务价值链的哪个环节非常重要。下面分别从目标市场、销售实现与支持、定价结构 3 个方面来表述顾客界面的内容。

1. 目标市场

目标市场是企业在某个时点追求或尽力吸引的有限的个人或企业群体。企业选择的目标市场影响其所做的每件事情，如获得战略资产、培育合作关系及开展推广活动等。拥有清晰界定的目标市场将使企业受益。因为目标市场的清晰界定能够使公司将自己的营销和推广活动聚焦于目标顾客，并且发展与特定市场匹配的核心竞争力。

2. 销售实现与支持

销售实现与支持描述了企业产品或服务进入市场的方式，或送达顾客的方法。它也

指企业利用的销售渠道与其提供的顾客支持水平。这些都影响着企业商业模式的形式与特征。

例如，一个初创企业开发出一项移动电话技术，并为此申请了专利。为了形成自己的商业模式，该企业在如何把这项技术推向市场的问题上有 3 种选择：一是将技术以特许经营方式转让给现有移动电话企业；二是自己生产移动电话，并建立自己的销售渠道；三是与某个移动电话公司合作生产，并通过与移动电话服务提供商的合作关系来销售电话。

企业对销售实现与支持的选择，深刻地影响着企业演化的类型及开发的商业模式。例如，企业对其技术实行特许经营，就有可能建立起一种强调研发的商业模式，从而使其不断获得领先的技术。

企业愿意提供的服务内容也影响着自身的商业模式。有些企业将自己的产品或服务差异化，通过高水平的服务和支持向顾客提供附加价值，如送货和安装、顾客培训、担保和维修、便利的经营时间、方便的停车场、通过免费电话和网站提供信息等。

3．定价结构

企业的定价结构随企业目标市场与定价原则的不同而变化。例如，有些租车企业收取日租金，而有些租车企业则按照行驶的公里数收取租金；有些咨询企业按照提供服务的次数收费，而有些咨询企业则按照提供服务的时间收费。在某些情况下，企业还必须决定是直接向顾客收费，还是通过第三方间接收费。

总之，初创企业应从整体角度审视自己，理解商业模式的重要性，根据自身核心战略及资源优势构建合适的、有效的商业模式。

知识拓展

一、商业模式的设计

（一）商业模式的设计思路

设计商业模式时，首先应考虑企业的战略，然后结合内外部环境、市场、资源、产品（服务）等因素，整合资源和匹配价值。具体来说，商业模式的设计思路包括价值定位、价值创造和价值实现 3 个部分。

1．价值定位

一个企业要想在市场中占有一席之地，首先必须明确自身的定位，即企业通过其产品或服务向客户提供什么样的价值，它决定了企业所要填补的需求是什么，客户是谁，要解决什么样的问题，应该提供什么样的产品或服务等。例如，如家连锁酒店的定位介于二星级酒店和三星级酒店之间，目标客户是对价格敏感的商务人士和自助游、休闲游游客，给

客户提供的是“够用而不多余的住宿条件和卫生条件，且比星级酒店便宜”。

2. 价值创造

价值创造即企业如何将价值创造出来。价值创造应考虑企业能否为客户创造最大价值，思考客户为什么选择本企业而不是其他企业的产品或服务，如何与客户进行沟通，有哪些特殊资源和能力可以增强商业模式的竞争力，如何实现商业模式的可持续盈利等。

商业模式的价值创造应体现出便捷性、新颖性、成本低廉、用户黏性高等特点。例如，京东商城提供给年轻人的价值就是“提供有品质且价格比实体店便宜的产品，能方便快捷地结算、送货和退货”，其一切商业活动也是围绕这个价值实现展开，包括构建呼叫系统和网站、监督供货商产品质量、监督快递服务质量、提供货到付款等。

3. 价值实现

价值实现是指企业创造的价值被市场认可并接受，完成从要素投入到要素产出的转化。在价值实现这一活动中，涉及最多的就是盈利模式，即企业自身如何获得利润、如何以合适的成本把价值传递给客户、如何构建利益相关者的价值网络、如何进行产品或服务的定价、如何最大限度地提高利润等。

提　示

设计商业模式应遵循的原则：① 必须能为客户带来价值；② 必须能盈利；③ 必须能自我保护；④ 必须可调整。

商业模式设计的要素：① 客户价值最大化；② 利益相关者结构；③ 价值整合；④ 高效管理；⑤ 系统思维；⑥ 盈利模式；⑦ 实现形式；⑧ 核心竞争力；⑨ 整体解决方案。

（二）商业模式的设计步骤

商业模式的设计可按照以下步骤进行：

（1）确定业务范围，以寻求产品在市场中的最佳定位。对企业业务范围进行定义，是成功进行企业价值定位的最重要的一步。

（2）分析和把握客户需求，以锁定目标客户。想要锁定目标客户，企业必须考虑如何对客户进行细分。客户细分通常可以从人口、地理、心理和行为等方面进行。在客户细分的过程中，分析和把握客户需求是最重要、最关键的。例如，阿里巴巴的市场定位是为国内和进出口贸易提供交易服务平台，目标客户是规模较小、需要小批量货物快速付运的中小型企业。

（3）构建企业独特的业务系统，以提高对手模仿的难度。业务系统反映的是企业与其内外部各种利益相关者之间的交易关系。首先需要确定的是企业与不同利益相关者之间的关系。构建业务系统时，要针对不同的利益相关者，确定关系的类别及相应的交易内容和方法。然后根据企业的资源能力分配利益相关者（客户、供货商和其他合作伙伴）的角色，确定他们与企业相关的价值链上的活动。

（4）发掘企业的关键资源能力，以形成核心竞争优势。关键资源能力包括金融资源、人力资源、信息资源、客户关系等。关键资源能力是企业有别于竞争对手并得以持续发展的支撑力量，有助于打造和维系企业的核心竞争力。

（5）构建独特的盈利模式，以最大限度地实现盈利。简单地说，盈利模式就是企业赚钱的渠道或方法。客户怎样支付、支付多少，所创造的价值在企业、客户、供应商、合作伙伴之间如何分配，这些都是企业在构建盈利模式时需要考虑的问题。例如，电视台通常不向观众收费，而是通过收取广告费、出售节目冠名权来实现盈利。

（6）提高企业价值（即投资价值），以获得资本市场的青睐。企业价值是商业模式的落脚点，评判商业模式优劣的最终标准就是企业价值的高低。企业的价值由其成长空间、成长能力、成长效率和成长速度决定。好的商业模式可以让投入和产出的效率提高（即投资少、运营成本低、收入的持续增长能力强等），从而使企业的价值迅速提升。

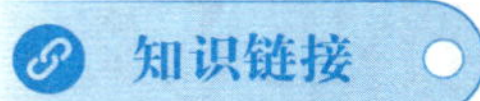

商业模式的开发方法——价值链分析

首先，创业者可以通过分析一个产品或服务的价值链，来发掘价值链的哪个阶段能够以其他更有意义的方式增加价值。

其次，这种分析可以集中于价值链的某项基础活动（如营销）、价值链某个部分与其他部分的结合处（如生产经营和外部后勤之间）或某项辅助活动（如人力资源管理）。

最后，不管集中于价值链的哪一项基础活动，创业者都要确定自己在整个价值链中的地位和角色，并进一步明确合作伙伴，以给新企业提供有效支持。

二、商业模式的检验与评价

（一）商业模式的检验方法

成功的商业模式一定是一种有效的盈利模式，它必须经受逻辑检验和盈利性检验。

1．逻辑检验

商业模式的逻辑检验，即从直觉的角度考虑商业模式的逻辑性及隐含的各种假设是否符合实际或在道理上说得通。商业模式的逻辑检验，重点从以下 4 个方面进行：

（1）谁是目标顾客？

（2）顾客重视的价值是什么？

（3）参与商业活动的各方的动机和目的是什么？

（4）商业模式的与众不同之处是什么？

通过分析以上问题，可以判断出商业模式的逻辑是否顺畅。

2. 盈利性检验

商业模式的盈利性检验，重点从以下 4 个方面进行：

（1）基于损益表的检验。

（2）基于资产负债表的检验。

（3）商业怎么实现良性循环？

（4）瓶颈在什么地方？

对市场的规模和盈利率、消费者的消费行为和心理、竞争者的战略和行动进行分析和假设，从而估算出关于成本、收入、利润等的量化的数据，以此评价商业模式的经济可行性。当估算出的损益达不到要求时，则该商业模式不能通过盈利性检验。

（二）商业模式的设计评价

1. 商业模式的适用性

适用性也可以称之为个性，是设计商业模式的首要前提。由于企业自身情况千差万别，市场环境变幻莫测，一个企业所设计的商业模式必须具备不同于其他企业的独特性。这种独特性表现为商业模式如何能为企业赢得顾客、吸引投资者和创造利润。严格地说，一个企业的商业模式应当仅仅适用于自己的企业，而不应从其他企业那里原封不动地搬过来。商业模式没有绝对的好坏之分，只有是否适用之说。适用的就是好的，适用较长久的就是较好的。

2. 商业模式的有效性

有效性是商业模式的关键要素。在经济全球化、信息化的今天，无论哪个行业或企业，都不可能有一个万能的、单一的商业模式保证自己在各种条件下均能产生效益。因此，评价商业模式最根本的一点在于它的有效性。有效的商业模式是企业在一定时期、一定条件下，能够为自己带来最佳效益的盈利战略组合。

根据某咨询公司对 70 家企业的商业模式所做的研究分析，有效的商业模式应具有以下 3 个共同特点：

（1）它必须是能提供独特价值的。这个独特价值可以是新的思想，也可以是产品和服务独特性的组合。这种组合要么可以向客户提供额外的价值，要么能使客户用更低的价格获得同样的效用，或者是能用同样的价格获得更多的效用。

（2）它必须是难以模仿的。企业通过确立自己与众不同的商业模式，如对客户的关怀、过硬的实力等，来提高行业的进入门槛，从而保证利润的可持续性。

（3）它必须是脚踏实地的。脚踏实地就是实事求是，就是把商业模式建立在对客户行为的准确理解和把握上。

所以，有效的商业模式是丰富和细致的，并且它的各个部分要互相支持和促进，改变其中任何一个部分，它就会变成另外一种模式，也就可能影响它的有效性。

3．商业模式的前瞻性

前瞻性是商业模式的灵魂所在。商业模式是与企业的经营目标相联系的，一个好的商业模式要和企业比较高的目标相结合。商业模式实际上就是企业为达到自己的经营目标而选择的运营机制。企业以盈利为目标，它的运营机制必然突出确保其成功的能力和手段——吸引客户、雇员和投资者，在保证盈利的前提下向市场提供产品或服务。但是，仅仅如此是不够的，因为这只是商业模式的“现在式”，而商业模式的灵魂和活力则在于它的“将来式”，即前瞻性。也就是说，企业必须在动态的环境中使自身商业模式能够灵活反应、及时修正、快速进步和适应。

（三）商业模式的实施评价

商业模式设计是否理想，实施商业模式后能否真正达到期望的效果，通常需要从以下3个角度进行评价。

1．客户价值实现的程度

判断创业者所设计的商业模式是否合理，首先要审视该模式对于创业团队所构想的“价值体现”的实现程度，即该商业模式能够在多大程度上实现创业团队原本拟为客户创造并传递的价值。而要回答这一问题，创业者一是需要评价该商业模式可能为客户创造并传递的价值是不是原本拟创造的价值。例如，创业者原本打算为客户创造“节能”的价值，但通过其所设计的商业模式是否真的能帮助客户节能有待评估。二是需要评价该商业模式实现拟定价值的程度。例如，如果创业者所设计的商业模式能够为客户创造“节能”的价值，则还需要进一步评价该商业模式能够为客户实现“节能”的程度大小。

2．客户价值实现的可靠性

创业者借助所设计的商业模式为客户提供价值，存在着可靠性问题。创业者在设计特定的商业模式之后，需要评价其能够在多大程度上可靠地为客户提供拟定的价值。显然，只有那些能够可靠地为客户提供拟定价值的商业模式，才是可取的。商业模式的可靠性评价，一定程度上是商业模式的风险评价。创业者既需要了解特定商业模式的系统风险和非系统风险，还需要了解各种具体风险的程度大小。只有考虑了各种可能的风险，才能称之为对特定商业模式的可靠性进行了较为充分的评价。

3．客户价值实现的效率

在商业模式的顶层设计中，价值创造方式和价值传递方式两者共同决定客户价值实现的效率。创业者评价客户价值实现的效率，一是要评价特定商业模式为客户创造价值的效率；二是要评价特定商业模式为客户传递价值的效率。而最终效率的形成，则是两者的“乘积”，而不是“相加”。只有特定商业模式为客户创造价值和传递价值的效率都很高时，创业者才可能以较高的效率为客户提供价值；反之，如果其中任何一个环节的效率较低，都可能降低创业者为客户提供价值的效率。

课堂活动

一、商业模式案例分析

某航空公司以“廉价航空公司”闻名，自它之后，廉价航空逐渐占据了1/3的民航市场。该航空公司为旅客提供的是：低票价、可靠安全、高频度的航班，舒适的客舱，一流的常旅客项目，顺畅的航站楼登机流程，以及友好的客户服务。其商业模式如下：

（1）采取短程飞行、点对点飞行方式简化了航线结构，消除了行李转运时间和烦琐程序。

（2）采用单一机型，节约了设备采购、维护保养、人员编制和员工培训方面的开支，又提高了资源调度的灵活性。

（3）通过让飞机快速周转（短程飞行尤为重要），以及坚持弹性工作制来增加飞机的空中飞行时间。

（4）在二线机场或航班不是很繁忙的机场着陆（让飞机周转更快）。

与其他航空公司相比，该航空公司的商业模式可将成本降低40%～50%，再加上其高运载能力等因素，票价可降低60%，很多航线的客运量可增加2～3倍。这样一来，乘客就可以享受更加优惠的票价。

思考：该航空公司商业模式的优势体现在哪里？

二、企业商业模式分析

竞争是商业活动中永恒的话题：20年前比产品，谁有好的产品，谁就能成功；10年前比渠道和品牌，谁的品牌影响大，谁的渠道终端广而有力，谁就能成功；那么今天的企业比拼的是什么呢？

我们看到，如今是一个产品（product）、价格（price）、促销（promotion）、渠道（place）（4P营销理论）激烈竞争，同时高度同质化的时代，产品同质化、广告同质化、品牌同质化、促销同质化、渠道同质化、执行同质化等现象比比皆是，企业已经很难从4P中的某一项脱颖而出，企业之间的竞争已经超越了营销这一层级，蔓延至更高层面——商业活动的全系统。

（1）请分析表7-1所示企业的商业模式。

表 7-1　企业及其商业模式

企业	商业模式
京东商城	网上购物
途牛旅游网	在线旅游服务
前程无忧	人才招聘
淘宝网	网上购物
聚美优品	网上购买化妆品
唯品会	特卖商品
呷哺呷哺	连锁餐饮

（2）这些企业的商业模式对你有什么启发？

延伸阅读

一、商业模式创新的概念

商业模式创新是改变企业价值创造的基本逻辑，是提升客户价值和企业竞争力的活动。通俗地说，商业模式创新就是指企业以新的有效方式盈利。商业模式创新实质上是一种高层次的企业创新行为，它与传统意义上的产品创新、技术创新、制度创新和经营创新有很大不同。新引入的商业模式，既可能在构成要素方面不同于已有的商业模式，也可能在要素间关系或动力机制方面不同于已有的商业模式。

执行体系是商业模式价值实现与创新的关键，主要包括以下内容：

（1）实现手段：产品经营、品牌经营、资本经营、人才经营。

（2）实现途径：虚拟途径、实体途径。

（3）实现渠道：直销渠道、总代理制式、联销体式、仓储式、专卖式等。

（4）实现载体：产品（服务）、品牌、标准、思想。

（5）实现内容：营销模式、融资模式、管理模式、生产模式、扩张模式等。

商业模式的创新

提　示

商业模式是一个商业系统，而不仅仅是产品或技术的某一个点。因此，商业模式创新属于企业最本源的创新。企业要想获得成功，商业模式创新比产品创新和技术创新更为重要。

二、商业模式创新的途径

商业模式创新的途径是对企业可利用资源的组合方式进行优化，表现为企业为改善其价值创造和价值获取能力而进行的价值链的优化和重组。它涉及多个要素的同时变化，因此也更难以被竞争者模仿，常给企业带来战略性的竞争优势，而且这种优势通常可以持续数年。商业模式创新通常有以下 5 种途径。

（一）基于价值活动的商业模式创新

这种商业模式创新把关注的焦点主要放在价值活动的定位、设计与匹配上。具体来说，其主要有以下 3 种创新策略可供选择：

（1）价值链上活动的重新定位。专注于价值链上的某些活动（通常是高利润活动），而将其他活动外包出去，可以实现商业模式的创新。一般来说，将非核心业务外包给其他企业，不仅有利于降低经营的不确定性风险和生产成本，还有利于发挥价值链上各模块的核心优势，从而提高产品质量。例如，某电信公司将企业的主要活动定位在营销和分销上，将 IT 及网络职能外包给专业服务供应商，不仅降低了成本，还提高了业务的专业度，从而有效地提高了自身的核心竞争力。

（2）重组价值链。重组价值链是指企业对产业价值链进行创造性的重组，得到新的商业模式。对价值链进行重组的关键就是围绕客户的需求确定价值链中重要的部分，并以之为中心，对非重要部分进行组合或调整，以适应这个中心。例如，某电脑公司按照客户的配置要求定做电脑，砍掉了中间销售环节，以直销的方式与客户和供应商建立了紧密的联系，对自身的价值链进行了改造从而加速了企业的成长。

（3）构造独特的价值活动体系。价值活动体系是价值链的另一种表述方式，它把企业所从事的主要价值活动以一种相互联系的系统图形式展现出来，更为直观地展示不同活动的主次及关联关系。构造独特的价值活动体系是指企业通过构建和整合多个价值优势，形成企业所独有的价值活动体系，从而实现商业模式的创新。

（二）基于价值曲线的商业模式创新

这种商业模式创新聚焦于企业为客户所提供的价值。价值曲线是指客户对企业提供的产品（或服务）各要素的价值感知。企业可以通过创造独特的价值曲线实现服务创新，在为客户提供更大价值感受的同时自身也获得成功。

（三）基于价值网络的商业模式创新

这种商业模式创新的重点在于打造企业独特的价值网络，设计各种交易机制将企业与价值创造伙伴有机联系起来，以形成价值创造的合力。具体来说，采取这种商业模式创新，企业可以选择成为交易的组织者、交易平台的构建者或交易的中介者。

（1）成为交易的组织者。企业可以创造性地将供应链上各个成员组织起来，建立起关键环节的联盟合作关系。例如，某汽车销售平台通过专业化的组织能力为客户提供便利的一站式购车服务。客户可以在其网站浏览各种汽车的配置、价格等信息。如果选定某款车，公司可以按照客户的要求（如是否在家试驾、送货上门或采取分期付款等）联系不同的合作伙伴（如生产商、物流公司或金融机构等）提供相关服务。在这个过程中，该汽车销售平台的作用就是把相关专业服务商组织起来，共同服务于客户，创造价值并分享收益。

（2）成为交易平台的构建者。构建交易平台是现在很多互联网公司常用的策略，其可以把原来不可能实现的交易变成现实。例如，淘宝网、京东商城等互联网企业通过搭建电商平台来吸引相关企业和客户在平台上进行交易。

（3）成为交易的中介者。中介的功能在于促成交易的实现，企业可通过此种方式实现商业模式创新，需要注意的是，一要制定各种机制和流程保证交易的顺利进行；二要通过多种手段精心发展和维护其价值网络，以显著提高企业的服务能力。

（四）基于资源能力的商业模式创新

这种商业模式创新的重点在于发掘和利用新资源，或者充分挖掘现有资源的潜在价值，从而增加竞争优势。具体来说，其主要有以下两种创新策略可供选择：

（1）围绕新资源构建商业模式。新资源能为企业创造新的价值。例如，某钢铁公司由于引进了新的炼钢技术，能够利用废钢生产出建筑用钢铁产品，由此填补了低端市场的空白。该公司进一步以低端市场为基础，将产品线延伸到高端产品市场，最终打败了其他钢铁公司。

（2）创造性地利用现有资源。一些企业可以围绕自身独特的技能、优势，挖掘现有资源的潜能，建立新的商业模式，以实现利润增长。例如，外卖配送业务模式整合了客户的外卖需求，在满足客户需求的同时提高了营业收入。

（五）基于收入模式的商业模式创新

收入模式即企业的盈利模式。这种商业模式创新是通过设计各种收入机制来获得收益，并利用一切可能扩大收入来源。具体来说，其主要有以下几种策略：

（1）利用“互补品”。这是一种“此失彼得”的策略，一般有两种方式：一是“产品+产品”的互补，如某公司的“低利润打印机加高利润墨盒”营销策略便采用了这种方式；二是“产品+服务”的互补，如某公司从飞机发动机销售中获取的利润不高，其主要利润来源于飞机发动机维修服务。

（2）从“免费”到“收费”。基于互联网提供的便利性，消费者对很多信息产品的期待是“免费获取”，因此，一些企业对“免费—收费”模式的细节进行创新，建立了新的盈利机制。例如，某软件公司的销售策略是，允许用户先免费试用一段时间，试用期过后，用户若想继续使用，则必须购买正版软件。

（3）由第三方付费。这种策略并不需要消费者付费，企业通过让其他利益相关方付费而获得收益。例如，某搜索引擎公司的商业模式是让普通用户免费使用其搜索引擎，通过向企业客户收取定向广告费用来获得收益。

（4）“多收入流”模式。这种策略一般多与价值网络构建密切相关，企业通过价值网络可以扩大收益来源。例如，上海硅知识产权交易中心有限公司是一个为中国企业提供信息技术产权交易的平台，其除了向技术需求方收取会费、向技术供应方收取展示费之外，还会按一定比例收取交易中介费。

模块八

撰写创业计划

内容导读

对于众多创业者来说，创业计划书是进行融资的必备文件，项目路演给创业者提供了向投资者面对面展示自己创业计划的机会，而各种创新创业大赛则给创业者提供了项目路演的途径。制订一个好的创业计划，是创业成功的第一步。

学习目标

知识目标

- 理解创业计划书的概念和作用，熟悉创业计划书的基本结构。
- 了解创业计划书的撰写原则和撰写要点。
- 熟悉项目路演 PPT 的制作方法，了解项目路演技能的提升方法和注意事项。
- 了解相关创新创业大赛。

能力目标

- 能够独立或与人合作撰写一份完整的创业计划书。
- 能够根据创业计划书制作项目路演 PPT 并进行创业项目路演。

引导案例

创业计划书助他成功拿到风险投资

王某是一名从事太阳能技术研究的工程师，经过多年研究，他在太阳能利用方面取得了一项重大技术突破。如果这项技术能在实际中得到应用，前景将会非常广阔。于是，他辞掉原来的工作准备创业。在注册公司后，由于所有资金全部用尽，他无力再招聘员工和准备实验材料，于是，王某想到了风险投资，希望通过引入合作伙伴来解决资金困境。为此，他多次与一些风险投资机构或者个人投资者洽谈。

在洽谈中，虽然王某反复向投资方强调他的技术先进、应用前景光明，并保证投资他的公司对方将会获得很大的回报，但仍然没有获得对方的信任。而且，对于投资方询问的一些重要数据，如市场需求量具体是多少、一年的回报率是多少等，王某也无法提供。

后来，一位做咨询管理的朋友提醒王某，他的技术很少有人懂，且没有创业计划书来做进一步说明，因此很难让人理解，从而相信他。于是，在向相关专家咨询和查阅大量资料后，王某从公司的经营宗旨、战略目标出发，对公司的技术、产品、市场销售、资金需求、财务指标、投资收益等方面进行分析和论证，同时还通过市场调查来获取详细的数据资料。

一个多月后，王某拿出了一份创业计划书初稿，在经过几位专家的指点后，他又对创业计划书进行了修改。最终，凭借这份创业计划书，他与一家风险投资公司签订了投资协议，得到了资金支持，员工招聘和实验材料问题迎刃而解。如今，他的公司经营得红红火火。谈到经验，王某总结：创业计划书不仅仅是写一篇文章，其撰写的过程就是不断理清创业思路的过程，只有创业者自己把思路理清了，才能让投资者相信你。

理论初识

一、创业计划书概述

创业计划书概述

（一）创业计划书的概念和作用

1. 创业计划书的概念

创业计划书又称“商业计划书”，是指创业者就某一具有市场前

景的新产品或服务向风险投资者游说，以取得风险投资的商业可行性报告。通常来说，风险投资管理机构会对创业者的创业计划书进行仔细研究、分析，然后判断是否值得投资。因此，创业者必须用心撰写创业计划书。

创业计划书不仅是创业者获得投资、打开创业之门的钥匙，也是创业者或创业团队仔细梳理创业思路的过程，有助于创业者系统地考虑创业活动的方方面面。在撰写创业计划书的过程中，创业者可以针对创业过程中可能遇到的困难和风险，制订可行性对策；可以进一步发现并分析商机，寻求取得成功的最佳途径；也可以更加仔细地考量自己的创业伙伴，努力打造出一个无往不利的精英团队；还可以提前规划企业未来的财务安排，合理利用有限的资源等。

2．创业计划书的作用

在具体的创业实践中，创业者一定要重视创业计划书的作用。具体来说，创业计划书具有以下作用：

（1）创业计划书是创业者把握企业发展的总纲领。创业者通过撰写创业计划书，能够明确创业方向、理清创业思路。创业计划书的撰写是一个长期的过程，创业者需要根据企业的实际情况进行不断的调整和完善。在这一过程中，创业者或者改变销售策略，或者更新经营思路，或者认识到某一方面的错误与不足，甚至改变了总目标下的某一分目标，这些都有利于企业的良性发展。总之，对创业者来说，创业计划书无异于总纲领和总路线。

（2）创业计划书是创业团队及合作者共同奋斗的动力。创业计划书是创业者对理想的现实阐述，是连接理想与现实的桥梁。创业企业的预期目标、战略、进度安排、团队管理等方面都是创业者理想的具体化图景，是创业团队奋斗的动力。明细的创业计划有助于创业团队成员步调一致、有的放矢。创业计划书是合作者的“兴奋剂”，能让创业者及其合作者紧密团结在一起，同甘共苦，打拼未来；创业计划书还是亲缘纽带的“黏合剂”，因为优秀的创业计划书可以让创业者赢得亲友的信任与支持，坚定创业者在艰难的创业路上的信心与勇气。

（3）创业计划书是投资者决定是否投资的重要参考。从融资的角度看，创业计划书通常被喻为“敲门砖”。一份详细完备的创业计划书中，往往包含了投资者所需要的信息：创业企业的现实业绩和发展远景，市场竞争力和优劣势，企业资金需求现状和偿还能力，以及创业者及其团队成员的阵容和能力等。这些信息都是投资者关注的重点，是他们衡量创业企业实力和潜力的依据，并以此作为是否对创业企业进行投资的重要参考。

（4）创业计划书为企业经营活动提供依据和支撑。创业计划书是为企业发展所做的规划，企业的创立与成长需要由创业计划书引领。创业计划书的主要构思围绕企业，主要内容更是离不开企业，诸如资金规划、财务预算、产品开发、投资回收、风险评估等，步步都与企业目标及发展休戚相关。因此，创业计划书是企业经营活动的有力依据和有效支撑，对创业行动具有指导意义。

（二）创业计划书的基本结构

一份完整的创业计划书由封面、扉页、目录、正文和附录 5 个部分组成。

1. 封面

封面也称“标题页”，一般应包含以下内容：

（1）编号。

（2）保密等级：秘密（机密、绝密）。

（3）标题：×××公司（或×××项目）创业计划书。

（4）落款：公司名称。

（5）时间：××××年××月××日。

其中，编号体现档案管理水平；保密等级表明创业项目的保密程度；标题应该体现核心主题，使人一目了然。

封面的设计

封面是创业计划书的脸面，如同求职简历，最先呈现在阅读者（投资者、合作者）面前，因此一定要有独特的风格。创业计划书的封面重在设计，要求设计者具有一定的审美能力和艺术天赋。封面一般以简约、明确为主，忌晦涩怪异。

例如，图 8-1 所示的创业计划书的封面既突出了创业项目，又具有一定的艺术性，能使阅读者产生最初的好感，形成良好的第一印象。此外，最好为创业计划书加硬皮封面或塑料封皮，以体现创业者对项目和阅读者的重视。

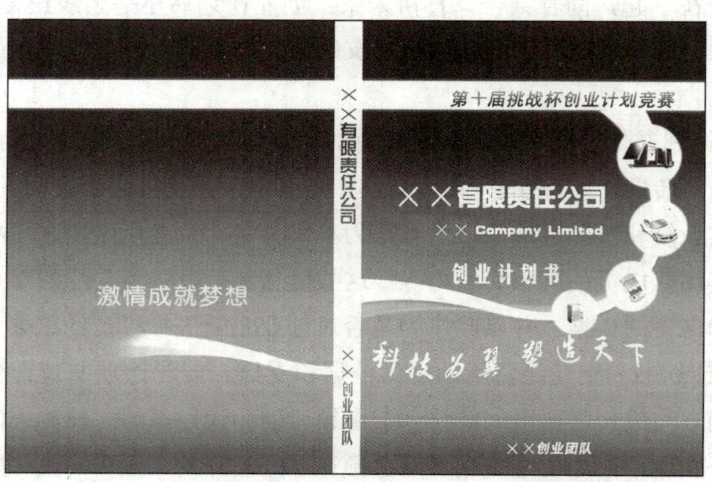

图 8-1　创业计划书封面

2. 扉页

扉页主要由上、下两部分内容构成。其中，上半部分提出保密要求或展示创业者/创业项目的情况简介，以便阅读者对创业项目有初步了解，这些内容可根据具体情况进行适当的修改或删除，有时也可省略不写；下半部分写明创业者的联系方式，如团队名称，负责人或联系人的姓名、电话、传真、地址等信息，以便阅读者核实情况并及时与创业者取得联系。

3. 目录

目录用来显示创业计划书中的章节名称及其所在的页码，目的是方便阅读者快速了解创业计划书的整体结构与内容，并根据目录页码查阅相应的内容。下面是《淘宝书店创业计划书》目录的部分内容：

目　录

4. 正文

正文是创业计划书的主要内容，包括摘要、主体和结论 3 个部分。

（1）摘要。摘要一般列在正文的最前面。它涵盖了创业计划书的要点，能让阅读者在最短的时间内评审计划书的内容并做出判断。摘要通常包括以下内容：企业的基本情况、竞争能力、市场地位、营销策略、管理策略、财务计划、资金需求、创业项目的投资前景及风险预测等。

创业者在撰写摘要时，首先要说明创办新企业的思路形成过程及新企业的发展目标和发展战略。其次要介绍创业者的背景、经历、经验和特长等。由于创业者的素质对企业发展起着关键性的作用，创业者应尽量突出自己的优点并表达出自己强烈的创业愿望。

摘要通常在完成创业计划书的主体后撰写。一份出色的摘要应简短而精练，篇幅控制在 1～2 页即可。

 知识链接

撰写摘要时应回答的关键问题

鉴于摘要在创业计划书中的重要地位，在撰写时一定要简明生动、精练贴切，以便阅读者尽早发现闪光点。一般来说，撰写摘要时应回答以下关键问题：

第一组问题

创意由来和存在的理由是什么？

理念是什么？

能准确客观地描述目标市场吗？了解它们吗？

能给目标客户带来什么价值？他们为什么会接受？

预计市场占有份额和增长率会是多少？

最大的竞争者是谁？将如何应对？

需要多少投资？

第二组问题

预计需要多少资金？怎么安排资金？

销售额、成本及利润情况如何？

使用何种分销渠道？

核心能力是什么？

盈亏平衡点在什么时候？

有专利吗？如何保护它？

第三组问题

团队能胜任吗？为什么？

如何为团队成员分工？

有行动时间安排表吗？请列举行动计划。

为什么你是创业带头人？你能胜任吗？

（2）主体。主体是对摘要内容的具体展开。为了让阅读者一目了然，主体部分一般采用章节式逐层叙述。主体的内容包括企业介绍、市场分析、产品或服务介绍、人员及组织结构说明、市场预测、营销策略、生产计划、财务规划和风险分析等。

（3）结论。结论是整个创业计划书内容的总结概括。结论和摘要应首尾呼应，体现创业计划书的完整性。

5. 附录

附录是对主体部分的补充。受篇幅限制，不宜在主体部分过多描述和详细展示的内容，或者需要提供参考资料、数据的内容，一般放在附录部分，以供参考。

附录可有附件、附图和附表 3 种形式，主要内容如下：

（1）产品的相关资料，如产品目录、产品说明书、产品专利、产品宣传资料等。

（2）生产、技术和服务的相关资料，如设备清单、工艺流程图、技术图纸与方案等。

（3）市场营销的相关资料，如主要客户名单、主要供应商和经销商名单、市场调查和预测资料等。

（4）财务的相关资料，如各种财务报表、现金流量预测表、资产负债预测表、公司利润预测表等。

二、创业计划书的撰写

（一）创业计划书的撰写原则

一份好的创业计划书必须呈现出企业的竞争优势与投资者的利益，同时还要具体可行，并提供尽可能多的客观数据来加以佐证。创业计划书的撰写原则如下。

扫一扫

如何写好创业计划书

1. 市场导向原则

利润来自市场需求，如果没有明确的市场需求分析作为依据，则所撰写的创业计划书将是空泛的、无意义的。因此，创业计划书应按照市场导向的观点来撰写，要充分显示对市场现状的把握与对未来发展的预测，同时要说明市场需求分析所依据的调查方法与实事证据等。

2. 文字精练原则

创业计划书中应避免与主题无关的内容，应开门见山、直切主题并清晰明了地将观点呈现出来。投资者没有时间，也不愿意花太多时间来阅读一些对他来说毫无意义的内容。文字精练、观点明确才能引起投资者的注意和兴趣，从而提高融资成功的可能性。

3. 前后一致原则

创业计划书的内容复杂繁多，容易出现前后不一的情况。如果出现这种情况，会让人难以理解，甚至对创业计划产生怀疑。所以，整个创业计划书前后的基本假设或预测等要相互呼应，保持一致。

4. 呈现竞争优势原则

撰写创业计划书的重要目的之一是为投资者提供决策依据，并借以融资。因此，创业计划书中要呈现出新创企业具体的竞争优势，显示出经营者创造利润的强烈愿望，并明确列出投资者可获得的回报。但同时也应该说明可能遇到的风险或威胁，而不能只强调优势和机遇。

5. 便于操作原则

创业计划书是创业者拟定的创业行动蓝图，因此，它必须具有很强的可操作性，以便于实施。特别是其中的营销策略、财务规划、应对风险的方法和策略等，必须具有可行性和可操作性。

6. 通俗易懂原则

创业计划书中应尽量避免使用技术性很强的专业术语，因为这些术语不是人人都明白，过多的专业术语会影响投资者的阅读兴趣。即使不得已要使用专业术语，也应该在附录中加以解释和说明。

7. 客观实际原则

创业计划书中的所有内容必须实事求是，即使是财务规划也要尽量客观、实际，切勿凭主观意愿进行估计。创业者必须事先进行大量的调查和科学分析，尽量陈列出客观、可供参考的数据与文献资料。

（二）创业计划书的撰写要点

1. 企业介绍

企业介绍如同自我介绍，其目的是让投资者认识该企业。企业介绍中应涉及企业的基本概况（企业名称、组织形式、注册地址、联系方式等），发展历史与现状，生产的产品或提供的服务，未来的发展规划和目标等内容。其中，企业目标是企业要达到的效果，应按照国内外现状、存在的问题及发展趋势进行阐述，同时它还是创业计划书的亮点所在，因此必须认真编写。

2. 市场分析

市场分析在整个创业计划书中起着举足轻重的作用，主要包括目标市场分析、行业分析、竞争对手分析等内容。

（1）目标市场分析。按消费者的特征把整个潜在市场分成若干部分，根据产品本身的特性选定其中部分消费者作为一个特定的群体，这一群体称为目标市场。例如，手机的消费者中有诸多不同的消费群体：时尚人士青睐外观精巧、功能先进的手机；商务人士喜欢具备多样化商务功能的手机；学生一族追求外观时尚、性价比高的手机。

分析目标市场时，通常要回答以下问题：

① 细分市场是什么？

② 拥有的市场有多大？

③ 市场份额是多少？

④ 目标客户群是哪些或哪类人？

⑤ 未来 5 年的生产计划是什么？收入和利润分别是多少？

⑥ 营销策略是什么？

详细的目标市场分析能够帮助投资者判断企业目标的合理程度及他们承担风险的大小。在对目标市场进行分析时，创业者需要阐明这样的观点：企业处在一个足够大、发展前景非常广阔的市场中，并有足够的能力应对来自各方面的竞争。

（2）行业分析。在创作创业计划书的过程中，创业者应对所选行业有一个全面的了解，通过分析所选行业的整体状况及关键性的影响因素来把握该行业的基本特点、竞争状况及发展趋势。只有做到这一点，创业者才能充分认识行业的发展规律，认清行业的发展方向，从而确立企业的发展目标。

分析行业时，通常要回答以下问题：

① 该行业的现状：处于萌芽期还是成熟期？发展到了何种程度？总销售额是多少？总收益如何？

② 该行业的发展趋势：未来走向如何？

③ 该行业的所有利益相关者概况：竞争者、消费者、供应商、销售渠道等。

④ 该行业的影响因素：国家的政策导向、社会文化环境、竞争者的现状、行业壁垒等。

（3）竞争对手分析。如今，各行各业的竞争都在加剧，很难在市场上找到一个没有竞争对手的行业。竞争对手通常是这样一类企业：它们在市场上提供与创业企业相同或类似的产品或服务，并且在配置和使用市场资源的过程中与创业企业具有一定的竞争性。如何打败竞争对手，在竞争中胜出是每个创业者都需要考虑的问题。

分析竞争对手时，通常要回答以下问题：

① 竞争对手有哪些？最大的竞争对手是谁？

② 竞争对手的优势在哪里？有什么新动向？

③ 竞争中具备哪些优势和劣势？优势如何发扬，劣势如何消除？

④ 能否承受竞争所带来的压力？

⑤ 采取什么策略战胜竞争对手？

3．产品或服务介绍

在进行投资项目评估时，投资者最关心的问题之一就是：创业项目涉及的产品或服务能否及能在多大程度上解决现实生活中的问题，或者能否赢得客户的青睐。因此，产品或服务介绍是创业计划书的重要内容。

产品或服务介绍包括产品或服务的概念、特性、市场竞争力、研发过程、市场前景、品牌和专利情况等。介绍产品或服务时，通常要回答以下问题：

（1）客户能够从你提供的产品或服务中得到什么？

（2）与竞争对手相比，你提供的产品或服务有哪些优势与劣势？采取什么办法取长补短？

（3）拥有哪些专利与许可？为产品采取了哪些保护措施？

（4）对新产品或服务有什么规划？

（5）产品或服务定价为什么能带来长久利润？

（6）产品或服务如何拥有稳定的客户群？客户群一旦缺失，该如何应对？

产品或服务介绍应准确、详细、通俗易懂，最好附上产品原型、照片或其他相关资料，以便非专业领域的投资者阅读和理解。需要注意的是，任何一个创业者在创业之初都会对自己提供的产品或服务充满信心，因此撰写创业计划书时，难免会对其有许多赞美之词。但是，企业的种种承诺都是需要兑现的，否则将不利于与投资者建立长期合作的伙伴关系，甚至会影响创业项目与创业团队的声誉。因此，对产品或服务的介绍一定要实事求是，切勿夸大。

4．人员及组织结构说明

企业管理的好坏直接决定了企业经营风险的大小，高素质的管理人员和良好的组织结构是管理好企业的重要保证。因此，投资者会重点评估企业主要管理人员与人员组织结构。

（1）主要管理人员。主要管理人员必须重点介绍，介绍的内容包括他们的详细经历及背景、所具备的能力、所担任的职务和承担的责任等。

（2）人员组织结构。在介绍人员组织结构时，应包括的内容有：创业企业的组织结构图；各部门的功能与职责；各部门的负责人及主要成员；企业的股东名单，包括认股权、持股比例和特权；企业股东的背景资料等。

5．市场预测

创业团队在开发一种新产品或新服务时，首先应进行市场预测。市场预测就是运用科学的方法，对影响市场供求变化的诸多因素进行调查研究，分析和预测其发展趋势，掌握市场供求变化的规律，为经营决策提供可靠的依据。通常来说，企业所面对的市场有着变幻不定、难以捉摸的特点，因此，创业者对市场的预测不应凭空想象，而应尽量扩大信息收集的范围，以严谨、科学的调查手段和方法来进行预测。

在创业计划书中，市场预测应包括以下内容：市场现状综述、市场需求预测、竞争对手概况、目标客户和目标市场、企业产品的市场地位等。在编写市场预测时，创业者应着重阐述市场需求预测和市场竞争预测。首先，应对产品或服务需求进行预测，如“市场是否存在对这种产品或服务的需求”“需求程度是否可以带来所期望的利益”“新的市场规模有多大”“需求发展的状态及趋势如何”“有哪些因素会影响需求”等。其次，应对市场竞争的情况进行预测，如“市场中主要的竞争者有哪些”“企业预计的市场占有率是多少”

“企业进入市场会引起竞争者怎样的反应，这些反应对企业会有什么影响”等。

6. 营销策略

营销策略是企业以客户需求为出发点，有计划地组织各项经营活动，通过相互协调一致的产品策略、渠道策略、价格策略和促销策略，为客户提供满意的商品或服务的过程。在创业计划书中，营销策略应包括以下内容：产品的品牌和包装、市场机构和营销渠道的选择、营销团队的建设和管理、价格决策、促销计划和广告策略等。

处于不同发展阶段的企业的营销策略是不同的。对于初创企业来说，由于产品和企业的知名度通常较低，很难进入其他企业已经控制的销售渠道，因此不得不暂时采取高成本、低效益的营销策略，如上门推销、广告宣传、向批发商和零售商让利、找经销商代销等。

 知识链接 

编写营销策略时应回答的关键问题

第一组问题

产品出厂价格是多少？

希望产品最终的销售价格是多少？

能控制产品最终价格吗？

定价的依据是什么？

在产品的定价中，利润占多少？

产品定价是合理的吗？为什么？

产品定价和营销策略是一致的吗？

如何应对市场价格混乱？

第二组问题

目标客户中，哪些是最容易入手的？

有多少条销售渠道？请评价各渠道的优劣情况。

在哪里可以买到产品？

通过哪些分销渠道来分别接近哪些目标客户？

如何让目标客户注意到产品？

如何与目标客户进行沟通？

有一个能够聆听客户心声的渠道吗？

如何争取第一批客户？

如何抢在竞争对手之前迅速占领市场？

如何控制销售渠道？

如何管理一线推销员？

有广告计划吗？

第三组问题

一线推销员是如何体现企业形象的？

广告内容和企业理念是一致的吗？

产品设计反映了客户价值吗？

7. 生产计划

生产计划是企业对生产任务做出统筹安排，具体拟定生产产品的品种、数量、质量和进度的计划（如果是非制造业，不需要生产产品，则可以制订相应的经营计划）。在创业计划书中编写生产计划，其作用在于使投资者了解企业的产品研发进度、生产情况和所需资金。

在创业计划书中，生产计划应包括以下内容：厂房的基本情况（包括地址、基础设施和基本配置情况），产品制造设备的现状，生产流程及关键环节介绍，新产品投产计划，生产经营成本分析，质量控制、改进计划及能力。创业者编写生产计划时，尤其应表述明确生产制造流程中的关键环节，写明生产部门的基本运营周期及间隔时间，也应将季节性生产任务和生产中会遇到的问题及解决方案解释清楚。

8. 财务规划

财务规划是企业筹资计划、财务管理、投资计划的统称。一份好的财务规划可以帮助企业降低经营风险，增强企业的风险评估价值，提高企业获取资金的可能性。

在创业计划书中，财务规划应包括以下内容：创业计划的条件假设、预计的资产负债表、预计的损益表、现金收支分析、资金的来源和使用等。那么，如何制订财务规划呢？这首先取决于创业企业的远景规划——是为一个新市场创造一个新产品，还是将产品推入已有市场。

着眼于一项新技术或一款新产品的创业企业无法参考现有的市场数据。因此，创业者应自行预测新市场的成长速度和所能获得的收益，并向投资者解读相应的财务模型。而对于准备将产品推入已有市场的创业企业，创业者则可以在获得目标市场相关信息的基础上对近几年的财务管理进行规划。

要完成财务规划，通常须明确以下问题：

（1）产品在每一个周期内的销售量是多少？

（2）什么时候开始产品线扩张？

（3）每件产品的生产成本是多少？

（4）每件产品的定价是多少？

（5）使用什么分销渠道，所预期的成本和利润各是多少？

（6）哪些职位需要雇用人员？什么时候开始雇用？工资预算是多少？

创业者在编写财务规划时应保证财务规划和创业计划书中的假设一致。事实上，财务规划和企业的生产计划、人力资源计划、营销计划等都是密不可分的。

提　示

编写财务规划需要具备财务、会计方面的专业知识，要做到规划详细、账款明晰，最好由专业人员来完成。专业人员能够避免财务报表出现漏洞，也能增强投资者的信任。因此，创业管理团队中有熟悉财务的成员是非常必要的。

9. 风险分析

没有风险分析的创业计划书是不完整的，因为创业本身就带有一定的冒险性，创业过程中的风险也通常会让人始料不及。风险分析不仅能消除投资者的疑虑，让他们对企业有全方位的了解，也能体现管理团队对市场的洞察力和解决问题的能力。在编写风险分析时，创业者可以从以下几个方面进行阐述：

（1）市场风险。市场风险包括销售中未知的因素、竞争中难以预料的方面、客户的不同需求与反馈等。

（2）技术风险。技术风险主要是指产品研发和生产中的困境，如技术力量不够强大、研发不到位、员工熟练程度不高、研发资金短缺等。

（3）资金风险。创业者需要阐明可能出现的资金周转不畅和资金断流等问题，也要说明万一企业遭遇清算的后果，以及遭遇清算后有无偿还资金的能力。

（4）管理风险。创业者要实事求是，不能刻意隐瞒管理方面的缺陷和漏洞，而要如实反映情况，如人手不足、经验欠缺、资源匮乏等。

（5）其他风险。企业的其他风险有很多，如政策的不确定性、经营中的突发状况、财务上的不确定因素等，都可以归入此类。

创业者应对市场、技术、资金、管理等各方面的风险进行分析，将这些风险及相应的解决方案在创业计划书中清晰地反映出来。风险并不可怕，可怕的是没有应对风险的能力与对策。主动识别和应对风险会极大地增加企业的信誉，使投资者更有信心。

三、创业项目路演

撰写创业计划书，只是融资的第一步。一般情况下，投资者看到创业计划书后，会对项目做出初步判断。如果感兴趣，就会和创业团队见面沟通，这种见面沟通就是项目路演。项目路演通常分为公开路演和一对一路演，在创业大赛中向评委老师展示创业项目也属于路演的范畴。

（一）项目路演 PPT 的制作

项目路演通常需要借助 PPT 进行，且路演时间不宜过长，以 5～8 分钟为宜。制作项目路演 PPT 最重要的原则是“长话短说，深入浅出”，整体风格要简洁大方，内容逻辑要清晰（尽量不要出现创业计划书中没有的内容），PPT 页数尽量不要超过 15 页。具体来说，项目路演 PPT 应该包括以下内容。

1．问题/痛点

这是项目路演 PPT 中最重要的内容之一，要尽可能简洁地说明以下几点：

（1）问题/痛点是什么？

（2）怎么知道这是一个问题/痛点？有一手或二手的研究数据来支持你的观点吗？

（3）要为谁解决这个问题/痛点？

2．解决方案

现在已经告诉投资者有一个重要的问题需要解决，并且也已经通过研究得到了验证，这时就可以开始讲述将如何解决这个问题了。此时，需要回答以下问题：

（1）人们正在使用的解决方案是什么？为什么这些解决方案都没有真正解决问题？

（2）你提供的解决方案是什么？

（3）该解决方案为什么比其他解决方案更好？最终能带来的好处是什么？

（4）该解决方案有什么专利或独特之处吗？

3．数据验证

解决方案阐述完成后，大多数投资者都想看到解决方案的数据验证。此时，应该思考如何回答以下问题：

（1）有多少客户？

（2）每月/每年有多少收入？

（3）每月的收入可以增加多少？

（4）实现盈利了吗？

（5）有重要的合作伙伴吗？

（6）有来自客户的嘉奖或高的净推荐值吗？

4．产品

用简洁的语言向投资者介绍产品，并展示产品图，进行产品演示。此时，需要回答以下问题：

（1）产品是如何工作的？

（2）产品如何为客户带来价值？

5．市场分析

如果市场细分很精确，谈一谈如何成为“小池塘里的大鱼”。此时，需要回答以下问题：

（1）理想客户画像（ideal customer profile, ICP）是什么？谁是早期使用者？

（2）客户的生命周期价值和获得成本是多少？客户流失率是多少？

6. 竞争分析

在竞争分析中可以展示在适应市场和获得市场份额上的信心，同时展示当前的客户满意度和忠诚度。此时，需要回答以下问题：

（1）市场定位是什么？

（2）如何防止竞争对手抢占市场份额？

（3）如何做到比竞争对手更优秀？

7. 商业模式

展示商业模式的工作原理，以及它如何通过早期试用者得到验证。此时，需要回答以下问题：

（1）如何盈利？

（2）商业模式如何通过实验或案例研究得到验证？

8. 市场推广策略

确定目标市场和商业模式之后，应该让投资者知道该公司将如何获得这个市场。市场推广策略应该已经在小范围内得到了验证，也应该已经确定了最有效的客户获取渠道。此时，需要回答以下问题：

（1）如何让产品出现在客户面前？

（2）基于当前的资源，将关注哪些渠道？通过哪些方法来验证这些渠道是最有效的？

（3）最有竞争力的分销策略是什么？

9. 融资需求和财务数据

为了支持市场推广策略，需要提出融资需求。此时，投资者应该已经明白为什么该公司会是一个好的投资机会，现在他们想知道公司需要多少资金。此时，需要回答以下问题：

（1）需要多少资金来进一步验证商业模式？

（2）资金还能花多久？还需要多少资金？

（3）将如何分配资金？

（4）市场推广成本是多少？有多大的信心能够将其保持在一定范围内？

10. 团队

介绍团队成员的职务和经历。要向投资者解释为什么该团队是开展这个项目的最佳选择。此时，需要回答以下问题：

（1）团队成员有哪些？他们有什么相关技能和经验？

（2）是如何认识联合创始人的？过去一起做过哪些可以表明能一起顺利工作的事情？

（3）顾问有哪些？他们的经验与正在解决的问题有什么联系？

11. 愿景

愿景应该在项目路演 PPT 中作为重要的宣传标语，或者在项目路演 PPT 最后出现，以提醒投资者为什么他们应该关注该项目。此时，需要回答以下问题：

（1）愿景是什么？

（2）是什么激励着创业者实现这个愿景？

（二）项目路演技能的提升

项目路演技能的提升主要包含以下几方面：

（1）事前多练习，做到对路演内容烂熟于心。人们在表达时出现紧张、拘束等状况，多数是平时经历太少，准备不足导致的。试想如果让你讲一件你最熟悉的事情或者跟朋友聊天，你绝对不会是如此表现。因此，只要对自己要表达的内容有足够的自信、足够的熟悉，这些状况自然会克服。

（2）抓住项目核心，始终围绕中心思想进行描述。路演过程中思路要清晰，要始终谨记路演的目的，即描述项目核心，路演的内容也要围绕项目核心展开。类似于“请大家多多关照”“我们的产品是最棒的”之类的话应尽量少，进而在规定的时间内提升传播效率。

（3）路演更多是“演”，展示的是个人魅力。路演的重点在于向大家展示项目和自己，能够做到让观众记住你，也是路演成功的一部分。充分展示团队、展示个人魅力是路演带给观众的最大享受。

（4）加强对自身项目的思考，学会应对质疑。由于项目都会遭到质疑，因此团队不必为遭到质疑而忧虑。相反，不同的意见和建议会帮助团队更好地审视项目，完善自己。对于外界的质疑要勇敢面对，应基于对项目的深刻思考自如地回答，若确有回答不了的问题或考虑不周的地方，要勇于承认并虚心接受，以待日后考证完善。

（三）项目路演的注意事项

（1）忌对目标市场没有丝毫了解。前期准备要非常充分，首先要非常了解创业项目和目标市场。很多创业者的路演中没有表现出任何调研过市场的痕迹，要么调研样本太少，要么根本没有。同样，对目标用户的喜好也知之不详，甚至没有目标用户定位……这些都是准备不充分的表现。

（2）忌空谈市场。路演过程中，创业者如果只是不断地说着庞大的市场，却没有将自己项目的优势和目标市场联系起来，那么投资者会觉得无法通过创业者的项目进入目标市场，自然不会有投资意向。

（3）忌投身红海。准确来说，这不属于路演范畴，而是创业团队在一开始就选错了方向。投身红海的项目将面临激烈的竞争，投资者一般是慎之又慎的。

（4）忌不知所云。有些项目路演 PPT 上全是文字，创业者口若悬河，不分轻重缓急

地说了一通。虽然在专业领域这个项目也许很有价值，但是如果创业者不具备将其提炼并表达出来的能力，只能说明创业者对项目不够熟悉，无法知晓产品的核心卖点，更罔论将其推广出去了。

案例阅读

“糠渣变资源——农业降碳先行者”项目路演

本案例将为大家展示“糠渣变资源——农业降碳先行者”创业项目的路演过程，其与项目路演 PPT 对应，PPT 的内容如下（可扫描文中二维码详细了解）。

“糠渣变资源——农业降碳先行者”项目路演 PPT

（1）第一页：项目简介。

各位专家评委好，我是×号作品“糠渣变资源——农业降碳先行者”的项目负责人周某铖。所谓“糠渣变资源”，就是将菌糠、动物粪便与专利配方混合，达到变废为宝、减碳增汇的效果。

（2）第二页：项目背景。

我们的创业团队在实地调查中发现，仅湖南省常德市的食用菌行业每年产生的菌渣废料就达 30 000 吨以上，周边的动物园一年也会产生 7 000 吨左右的动物粪便废弃物。这些废弃物对于菌厂和动物园来说没有利用价值甚至还会影响环境。然而，这些废弃物在农业生产中却是宝贵的生产原料。

（3）第三页：政策扶持。

将菌渣废料和动物粪便废弃物转变为可利用的生产原料，可以实现农废与畜禽粪污的资源化再利用，同时还可以对“推进农业垃圾源头分类减量”产生积极作用。因此，我们的创业项目属于国家积极号召的事业，能够享受政策扶持。

（4）第四页：技术方案。

通过团队的不懈努力，我们摸索出了产品的技术方案。首先是将菌渣、动物粪便等农林生物质和废弃物进行除杂、粉碎和筛分；然后进行原料理化性质分析，在此基础上对其进行分类预处理；预处理完成后再使用添加物对其进行发酵处理或高温特殊处理；之后再次进行理化性质分析及初级基质混配；接着通过加入添加物产生光谱基质；对光谱基质进行盆栽实验后，就可以得到广谱基质产品和专用基质产品（需加入添加物）；最后得到专利产品，可以进行工厂化生产。

（5）第五页：产品介绍。

本项目的产品主要有两种，分别是育苗基质产品与成型基质产品。

（6）第六页：运营前景。

一路走来，从产品研发、实验，到代工厂进行产品实验性生产，作为农家子弟的我

们，内心激动不已。后来顺利达成原料洽谈和产品销售意向更是让我们备受鼓舞。目前，我们正在老师的指导下，对产品的性状与效用进行进一步的优化。

（7）第七页：技术壁垒。

截至目前，我们的项目团队已申请国家专利 3 项，获批 1 项。我们还将不断优化产品，走好农业降碳先行者的创业之路。

（8）第八页：竞品分析。

竞品方面，椰糠基质是我们产品最大的竞争对手。但我们的糠渣基质与之相比，成本更低，并且通过变废为宝，更是实现了社会效益与经济效益的双效并举。

（9）第九页和第十页：实践过程。

起初，我在自家农场见习，逐步加深了对无土栽培基质技术的了解，我的创业之梦也是从那时萌发的。通过网络查找信息和实地调研，我了解到无土栽培基质产品广泛应用于蔬菜种植产业，所占份额高达 70%。但是，成型基质产品的国产率仅为 40%。广阔的市场、急切的需求、有待提升的国产率激励着我们这些农家子弟去不懈奋斗和努力。

在组建创业团队后，接着就是找专家、定方案、忙实验。2022 年 4 月中旬，我们团队提交了最新配方的专利申报书，而我们仍将在创业之路上自觉肩负使命，勇毅向前。

（10）第十一页：市场定位。

近年来，国家正在大力建设农业高新技术产业区。基于此，我们将中国农业市场划分为传统农业市场和现代农业市场。在传统农业市场中我们主要投放育苗基质产品；在现代农业市场中则主打成型基质产品。

（11）第十二页：营销战略。

在营销战略上，我们坚持“质量为王”的产品宗旨。在“重视科研、保证投入”的经营方针下，力求实现“配方精准化、竞争有实力”。另外，我们对传统和现代两类农业市场也将采取差异化的营销策略。

（12）第十三页：产能目标。

根据我们的市场预测，在未来三年内我们能将基质产能做到每年 6 000 吨，实现年产值 1 000 万元人民币。我们的远期目标是实现基质年产能 30 000 吨，年产值扩大到 6 000 万元人民币。

（13）第十四页和十五页：财务预测。

我们编制了未来三年的企业财务预测表。通过产品销售，我们能在育苗基质产品和成型基质产品销售中获得可观的收入。相信经过我们的不懈努力，项目的利润会逐年增加，三年的投资回报率预计将达到 797.5%。

（14）第十六页：风险应对。

在创业路上，我们也发现了隐藏的风险点并给出了相应的解决措施。在成本、应对竞争对手、技术和融资等方面，我们还存在一些问题，但是我们可以通过应对之策加以解决。

（15）第十七页、第十八页和第十九页：项目团队（含项目的社会价值）。

下面，我想请我的团队核心成员上台，聊聊他们的发现。

各位评委好，我是×××，我发现我们的项目每年可实现对21 000吨菌渣和7 000吨动物废弃物的无害化处理。

各位评委好，我是×××，我发现我们的项目能实现对废弃物的资源化改良，助力区域环境治理，受益人数超三万人。

各位评委好，我是×××，我发现我们的项目在用菌渣资源替代泥炭资源后，可以在减碳增汇方面产生更大的效益。

各位评委好，我是×××，我发现我们的项目能够变废为宝，且产品原材料免费，初期投入小，产品价值却很高。

（16）第二十页：致谢。

这就是我们的"糠渣变资源——农业降碳先行者"创业项目，感谢大家的倾听，请各位专家批评指正。

知识拓展

一、创业计划书的评估

创业计划书要准确回答投资者的疑问，以增强投资者对创业企业的信心。因此，在创业计划书撰写完成后，可以从以下几个方面对创业计划书进行评估：

（1）创业计划书的逻辑是否清晰，论据是否充分，表达是否通俗易懂，语法是否正确，用词是否恰当。

（2）创业计划书是否设有目录，以便投资者可以较容易地查阅各个章节。

（3）创业计划书是否撰写了摘要并排列在最前面，摘要是否简明扼要、引人入胜。

（4）创业计划书是否显示出创业者具有管理企业的经验。如果创业者没有经验，一定要明确表示已经找到了一位专业人士来帮忙管理企业。

（5）创业计划书是否显示出创业者有能力偿还借款，从而增强投资者的信心。

（6）创业计划书是否显示出创业者已进行过完整的市场分析，以让投资者坚信创业计划书中阐明的市场需求是真实的。

（7）创业计划书能否打消投资者对产品或服务的疑虑。如有必要，可以准备一件产品模型。

二、创业计划的展示

（一）明确创业计划的展示对象

1. 企业内部人员

表述清晰的创业计划书，有助于企业明确自身的创业目标，协调团队的各项工作，增强团队凝聚力和行动力，激发团队一致行动，向目标前进。

对于企业职能部门经理而言，通过分析创业计划书各环节内容和未来战略目标，能确保自己所做的工作与企业整体计划方向一致。

2. 投资者和其他外部利益相关者

投资者、潜在商业伙伴、潜在客户、应聘的员工等外部利益相关者是创业计划书的第二类阅读者。要吸引这些人，创业计划不要过分乐观，过分乐观会破坏创业计划的可信度。

创业计划必须明确显示其商业创意可行，并与那些风险更小的投资选择相比，其商业创意能给潜在投资者带来更高的资金回报。对于潜在商业伙伴、潜在客户和应聘的员工而言，仍须如此。

创业计划必须论证其商业创意的可行性，并开发出一套行之有效的商业模式；深入认识所处的竞争环境；注意要展现的事实，即用事实说话。

（二）向投资者陈述创业计划的技巧

1. 陈述准备

与投资者会面之前，创业者一定要准备好 PPT，而且内容要以预计的陈述时间为限。陈述的首要原则是严格遵守会议时间地点安排，做好充分准备。如果需要视听设备，应事先准备好。陈述时，应注意以下事项：

（1）确保陈述流畅，逻辑清晰。

（2）PPT 要简洁扼要。

（3）内容应通俗易懂（忌过多专业术语）。

（4）陈述企业自身状况而非技术或产品细节。

（5）避免遗忘一些重要的资料。

2. 陈述的关键点及陈述技巧

陈述时使用的 PPT 仅需要制作 10～15 张幻灯片，不追求全面，要抓重点，尤其是投资者可能感兴趣的部分。

（1）企业：用 1 张幻灯片迅速说明企业概况和目标市场。

（2）机会（尚待解决的问题和未满足的用户需求）：这是陈述的核心内容，最好占 2～3 张幻灯片。

（3）解决方式：用 1～2 张幻灯片简要介绍企业将如何解决问题或如何满足用户需求。

（4）管理团队：用 1～2 张幻灯片简要介绍每个管理者的资历和优势。

（5）产业、目标市场：用 1～2 张幻灯片介绍企业即将进入的产业及目标市场状况。

（6）竞争者：用 1～2 张幻灯片简要介绍企业的直接和间接竞争者，并详细介绍企业如何与竞争者竞争。

（7）知识产权：用 1 张幻灯片介绍企业已有的或待批准的知识产权。

（8）财务：简要说明即可。用 2～3 张幻灯片强调企业什么时候能盈利，为此需要多少资金，以及什么时候实现现金流持平。

（9）需求、回购和退出战略：使用 1 张幻灯片说明即可。

（三）现场答辩与反馈

创业者要敏锐预见投资者可能会提出的问题，并为此做好准备。投资者可能会用很挑剔的眼光看创业计划，这时，创业者可能会很泄气。实际上，投资者仅仅是在做分内的工作，提出的问题可能会对创业者有很大帮助，也可能会给创业者很大启发。

答辩阶段是非常重要的，此时投资者往往会考察创业者是否挖掘到问题的本质，以及对新创企业了解的程度。

现场回答投资者问题要注意以下几点：

（1）对投资者问题的要点有准确理解，回答的内容应具有针对性而不是泛泛而谈。

（2）能在投资者提问结束后迅速做出回答，且回答的内容连贯、条理清晰。

（3）回答问题应建立在准确的事实和可信的逻辑推理上。

（4）对投资者特别指出的方面能做出充分的说明和解释。

（5）陈述和回答的内容有整体一致性。

（6）团队成员在回答问题时应互相配合，协调合作，对相关领域的问题能阐述清楚。

三、创新创业相关大赛

（一）中国国际“互联网+”大学生创新创业大赛

为贯彻落实《国务院办公厅关于深化高等学校创新创业教育改革的实施意见》，教育部、中央网络安全和信息化委员会办公室、国家发展和改革委员会、工业和信息化部、人力资源和社会保障部、国家知识产权局、中国科学院、中国工程院、中国共产主义青年团中央委员会和省级人民政府等自 2015 年开始共同举办中国国际“互联网+”大学生创新创业大赛（原名为中国“互联网+”大学生创新创业大赛，于 2020 年更名），每年举办一次。

中国国际“互联网+”大学生创新创业大赛已成为我国深化创新创业教育改革的重要载体和关键平台，并实现了基础教育、职业教育、高等教育的贯通，引导学生树立创新意识，拓展创新思维，广泛开展创新活动。

大赛主题、目的与任务、总体安排、具体组织机构、参赛项目要求、比赛赛制和赛程安排等以教育部发布的关于举办中国国际“互联网+”大学生创新创业大赛的通知为准。

参赛团队可通过登录全国大学生创业服务网（网址为 https://cy.ncss.cn）或关注微信公众号（名称为“全国大学生创业服务网”或“中国互联网+大学生创新创业大赛”）任一方式进行报名。

（二）“挑战杯”全国大学生系列科技学术竞赛

“挑战杯”全国大学生系列科技学术竞赛（简称“挑战杯”），是由中国共产主义青年团中央委员会、中国科学技术协会、教育部和中华全国学生联合会等共同主办的全国性的大学生课外学术科技活动。“挑战杯”在中国共有两个并列项目：一个是“挑战杯”全国大学生课外学术科技作品竞赛；另一个是“挑战杯”中国大学生创业计划竞赛。这两个项目的全国竞赛交叉轮流开展，每个项目每两年举办一次。

1. “挑战杯”全国大学生课外学术科技作品竞赛

“挑战杯”全国大学生课外学术科技作品竞赛是一项具有导向性、示范性和权威性的全国竞赛活动。自 1989 年首届竞赛举办以来，该竞赛始终坚持“崇尚科学、追求真知、勤奋学习、锐意创新、迎接挑战”的宗旨，在促进青年创新人才成长、深化高校素质教育、推动经济社会发展等方面发挥了积极作用，在广大高校乃至全社会产生了广泛而良好的影响，被誉为当代大学生科技创新的“奥林匹克”盛会。

凡在举办竞赛终审决赛的当年 7 月 1 日前正式注册的全日制非成人教育的各类高等院校在校专科生、本科生、硕士研究生和博士研究生（均不含在职研究生）均可申报作品参赛。

2. “挑战杯”中国大学生创业计划竞赛

创业计划竞赛又称商业计划竞赛，是风靡全球高校的重要赛事。“挑战杯”中国大学生创业计划竞赛作为学生科技活动的新载体，在培养复合型、创新型人才，促进高校产学研结合，推动国内风险投资体系建立方面发挥了越来越积极的作用。

该竞赛采取学校、省（自治区、直辖市）和全国三级赛制，分预赛、复赛和决赛 3 个赛段进行。它借用风险投资的运作模式，要求参赛者组成优势互补的竞赛小组，提出一项具有市场前景的技术、产品或服务，并围绕这一技术、产品或服务，以获得风险投资为目的，完成一份完整、具体、深入的创业计划。

（三）“创青春”全国大学生创业大赛

为适应大学生创业发展的形势需要，中国共产主义青年团中央委员会、教育部、人力资源和社会保障部、中国科学技术协会、中华全国学生联合会决定，在原有“挑战杯”中国大学生创业计划竞赛的基础上，自 2014 年起共同组织开展“创青春”全国大学生创业大赛，每两年举办一次。

大赛以“培养创新意识、启迪创意思维、提升创造能力、造就创业人才”为宗旨，下设大学生创业计划竞赛（即“挑战杯”中国大学生创业计划竞赛）、创业实践挑战赛、公益创业赛 3 项主体赛事。其中，大学生创业计划竞赛面向高等学校在校学生，以创业计划书评审、现场答辩等作为参赛项目的主要评价内容；创业实践挑战赛面向高等学校在校学生或毕业未满 5 年的高校毕业生，且已投入实际创业 3 个月以上，以盈利状况、发展前景等作为参赛项目的主要评价内容；公益创业赛面向高等学校在校学生，以创办非盈利性社会组织的计划和实践等作为参赛项目的主要评价内容。

（四）中国创新创业大赛

中国创新创业大赛是由科学技术部、财政部、教育部、中共中央网络安全和信息化委员会办公室和中华全国工商业联合会共同指导举办的一项以“科技创新，成就大业”为主题的全国性创业比赛。

大赛深入贯彻落实创新驱动发展战略和党中央、国务院重大决策部署，秉承“政府引导、公益支持、市场机制”的理念，聚焦国家战略和重大需求，突出高新技术产业和战略性新兴产业重点领域，以企业为主体、市场为导向，搭建众扶平台，引导集聚政府、市场和社会资源支持创新创业，大力促进科技创新，切实增强微观主体活力，不断培育发展新动能，积极服务和推动经济高质量发展。

大赛主题、组织机构、参赛条件、地方赛工作流程、专业赛工作方向、全国赛比赛安排等以中国创新创业大赛官网（网址为 www.cxcyds.com）发布的关于举办中国创新创业大赛组织方案为准。大赛官网是报名参赛的唯一渠道，其他报名渠道均无效。

（五）“创客中国”中小企业创新创业大赛

为激发创新潜力，集聚创业资源，营造“双创”氛围，共同打造为中小企业和创客提供交流展示、产融对接、项目孵化的平台，发掘和培育一批优秀项目和优秀团队，催生新产品、新技术、新模式和新业态；提升中小企业专业化能力和水平，推动中小企业转型升级和成长为专精特新“小巨人”企业，促进大中小企业协同创新发展，助力制造强国和网络强国建设，工业和信息化部与财政部共同举办了“创客中国”中小企业创新创业大赛。

符合条件的企业和创客（以下统称为“参赛者”）均可通过大赛官网注册报名参赛，未注册登记的参赛者不得参加大赛。大赛不向参赛者收取任何费用。

大赛由区域赛、专题赛和总决赛组成。其中，区域赛由省级中小企业主管部门牵头主办，着力发掘和推荐本地区、本领域创新能力较强、发展潜力较大的中小微企业；专题赛由秘书处办公室会同国内外行业协会、大企业，园区（中外合作区），工业和信息化部部属各高校和地方政府等主办，聚焦中小企业发展热点、难点问题，聚焦实体经济和制造业，聚焦行业和专业领域关键技术和创新产品；总决赛由工业和信息化部、财政部主办，具体由工业和信息化部信息中心、所在地省级中小企业主管部门承办，推荐通过区域赛和专题赛的优秀项目参加，采取“现场演示和答辩、当场亮分”的评选方式。

案例阅读

反复打磨创业计划，勇夺创新创业大赛奖牌

来自湖南某职业技术学院软件技术专业的学生胡某连续两年荣获国家励志奖学金，由她牵头组建的创业团队荣获2020年湖南黄炎培职业教育奖创业规划大赛二等奖、“建行杯”第六届湖南省“互联网+”大学生创新创业大赛二等奖、第九届“挑战杯”湖南省大学生创业计划竞赛二等奖等多项荣誉。其代表创新作品“配音达人”App——一款专注于配音的移动应用，在创新创业竞赛中获得评委及观众的广泛好评。

心之所向，夯实创业基础

早在中学时代，胡某就曾被科幻电影中的特效场景深深吸引。她后来通过搜索相关资料了解到，实现这些特效离不开软件编程的支持，于是对软件编程产生了浓厚的兴趣。进入“互联网+”时代，5G、大数据、人工智能等新技术的普及应用极大地改变了这个世界，过去的特效场景逐一变为现实，这让胡某更加钟情于新技术和新发明。

在胡某如愿以偿地考入湖南某职业技术学院软件技术专业后，专业学习为她打开了一扇新世界的大门。胡某喜欢创新，酷爱编程，一直在通过自学和积极参加学校创客活动来丰富自身App应用开发等方面的知识。通过创客活动，她和有着共同兴趣爱好的同学们一起讨论学习，共同提高。遇到技术问题时，她不畏困难，苦心钻研，从不言弃。她坚信只要全力以赴，问题就会解决。通过不断地学习和积累经验，胡某为今后的创新创业之路打下了良好的基础。

大胆思考，敲开创业之门

在为学校迎新季准备宣传视频时，胡某发现视频配音的效果非常差，严重影响了视频的质量。大家准备聘请专业配音演员，但一打听却发现配音的劳务费太高，制作经费不够。正在苦恼时，胡某突然想到，何不利用自己所学专业知识开发一款专注配音的互联网应用呢？经过调研，胡某发现，近几年国内的短视频应用保持高速增长，抖音、快手、QQ小世界等平台上的视频内容中有将近30%都采用了配音合成，国内影视剧后期制作基本全都需要配音合成。但是，目前市面上基于配音的移动互联网产品却很少，这是一个很好的创业机会。拿着调研和分析的结果，胡某立马邀请几位同学，开始了“配音达人”App的开发工作。

App的开发要从分析用户的需求开始，他们首先分析了目前市场上这一类App存在的缺陷，然后又通过访谈和调查问卷了解了各类用户群体对App功能的需求，她发现用户最关注的是配音App的操作难易度和配音效果，如何实现这一目标就成了团队技术攻关的关键。有了需求之后，胡某的创业团队马上不分昼夜地开始了原型设计和代码编程，并对App进行了功能测试。2020年，他们终于开发出第一个版本的“配音达人”App，敲开了创业之门。

困难重重，创业路上风雨兼程

创业之路注定不会风平浪静。当“配音达人”App开发完成后，如何处理新的技术难题、如何推广App、如何将App在各大应用市场上架等一系列问题摆在了胡某面前。

胡某告诉自己“开弓没有回头箭”，就算前面荆棘满地，也要坚持走下去。她找到了学校软件技术专业的魏老师，告诉他自己的创业想法并寻求帮助。魏老师很认可她的创业项目，于是带领团队成员一同解决项目中存在的技术问题，并同长沙某网络科技有限公司达成合作。胡某团队负责项目研发与维护；该网络科技有限公司负责产品上架、首发和推广，以占用20%期权的技术入股形式进行资源互换，共同运营。2020年4月，“配音达人”终于成功在国内各大应用市场上架。

胸怀梦想，勇向目标前行

胡某一直怀揣着一个梦想——把“配音达人”App做成全国范围内具有影响力的App，而参加各类创新创业大赛就是展现项目的最好机会。当各项创新创业大赛接踵而至的时候，胡某以法人身份成立了自己的公司，她以真实市场检验为抓手，努力做好项目的市场调研、营销策划、技术创新、财务管理等工作，撰写创业计划书和进行商业路演，每一个环节都由专业人士把关，并定期邀请创业项目投资人和优秀企业家到现场进行指导，检验项目的可行性、盈利性和成长性，反复打磨项目。

备赛期间，胡某每天早出晚归，大部分时间都“泡”在学校创客中心。有时，她坐在沙发上抱着电脑就睡着了。最忙的那段时间，她天天加班到凌晨两三点才回宿舍。终于，功夫不负有心人，经过近4个月的努力，“配音达人”App总下载量达226万，注册会员数达28 999人。胡某带领她的团队斩获多项创新创业大赛奖项，为“配音达人”App的推广提供了更多的机会。

课堂活动

一、确定创业项目并撰写创业计划书

具体实施步骤如下：

（1）学生每5～8人一组，并选出一个组长。以小组为单位，寻找与自己所学专业相关的创业项目，或者从自己的生活环境中寻找创业项目，并由组长最终确定。

（2）从网上搜索几篇优秀的创业计划书范文作为参考。

（3）各组成员讨论创业计划书的基本结构与目录，并由组长确定。

（4）各组组长分配撰写任务，每个成员撰写创业计划书的一部分或几部分，最后由组长进行统稿并修改。

（5）创业计划书撰写完成后，各组交换阅读，并指出对方的优点及不足，以相互促进。

二、制作项目路演 PPT 并进行创业项目路演

各小组根据自己的创业项目和创业计划书，制作项目路演 PPT 并进行创业项目路演。

（1）讨论分析本小组项目路演 PPT 应包括哪些内容。

（2）小组内部分工合作，演说者、宣传者、协助者等应明确分工。

（3）确定项目路演 PPT 的模板，制作项目路演 PPT。要求版面精美、内容精练、重点突出。

（4）各小组分别进行创业项目路演，并回答评审成员（其他小组成员和老师）的现场提问。

延伸阅读

一、大学餐厅创业计划书范文

大学餐厅创业计划书

摘　要

在高校里，学校食堂的饮食虽然价格较低，但食堂开放的时间不太灵活。此外，大学生聚餐风盛行，而食堂功能单一，通常无法满足学生聚餐及休闲需求。因此，在学校附近办一个以学生为消费群体的健康营养、价格适中的餐厅是我想创业的目标。

一、项目概况

（1）项目目的：在学校附近经营一个价格适中、品种多样，兼具休闲功能的餐厅。

（2）项目名称：樱兰餐厅。

（3）项目内容：提供早餐、午餐、晚餐、特色冷饮和休闲餐饮。

（4）开办地点：合肥大学城。

（5）经营宗旨：绿色食品，健康营养，价格公道，特色鲜明，服务学生。

（6）经营理念：特色饮食，微笑服务。

（7）经营特色：

① 早餐以南方小吃和本地小吃为主，品种多、口味全、营养丰富，使就餐者有多种选择。

② 午餐和晚餐有中西不同口味的菜式，且提供各种甜品饮料，如果汁、冰粥、

刨冰、冰豆甜汤、冰咖啡等。

③ 全天提供各色餐点、冷饮、热饮。

二、市场分析与餐厅定位

随着经济的不断发展及生活的不断进步，大学生对饮食的要求不再仅限于填饱肚子。大学生现在追求的是绿色食品，是干净卫生、有特色的餐饮，而本餐厅就是在此基础上开办的。

1. 大学食堂的优点与不足

众所周知，大学食堂的饭菜普遍价格低廉，但食堂开放时间不灵活，且无法满足学生们的休闲需求。因此，如果能有一家具备如下条件的餐厅出现，相信定会受到学生们的欢迎。

（1）距学校很近。

（2）就餐环境干净卫生，可供休闲放松。

（3）饭菜可口，营养丰富。

（4）价格适中。

2. 更具多样化

本餐厅以中餐为主、西餐为辅，以满足学生饮食的多样化需求。

3. 兼具休闲功能

合肥大学城是合肥高校集中的地方，人流量大，中餐厅多，但是专为学生提供休闲场所的餐厅却不多。本餐厅除了提供中西餐以外，还会通过提供各种冷热饮，合理安排餐厅布局，使其具备休闲功能。

4. 主要竞争对手——哈哈餐厅

（1）成立时间：不详。

（2）所在位置：合肥大学城。

（3）优势：开办时间较长，有固定客流，午餐、晚餐有特色，人气较高。

（4）主要经营项目：午餐为中餐，晚餐为西餐。

（5）主要问题：餐厅风格长时间未做改变，饮食种类几乎没有变化，对消费者而言毫无新鲜感；因为生意较为火爆，餐品价格整体有所上调，学生逐渐心生不满。

三、开办流程

（1）筹措资金 40 万元。其中，家人资助 30 万元，贷款 10 万元。

（2）租用场地，签订租赁合同。

（3）装修餐厅。装修风格应简朴、自然，并富有现代气息。墙面采用偏淡的温色调，厨房布置合理精致，采光性好，整体感观介于家庭厨房与酒店厨房之间。

（4）采购厨房设备、桌椅、碗筷等餐饮用品。

（5）申办营业执照、食品经营许可证、酒类经营许可证、税务登记证等。

（6）刻章、开立银行账户。

（7）聘用中西餐厨师、杂工等，并签订合同。

（8）联系原材料供应商，并签订合同。

（9）聘用服务员，谈好薪资、工作时间、工作内容，并签订合同。

（10）在各高校进行宣传，正式开张营业。

四、营销策略

1. 开业初期的营销策略

（1）通过赞助高校举办的一些活动，在各高校宣传。宣传的重点如下：

① 菜品丰富，口味独特，味道鲜美，让您流连忘返。

② 绿色食品，营养丰富，纯天然，无污染。

③ 多样化，提供精致的中西餐。

④ 提供丰富的冷热饮，免费提供茶水。

⑤ 环境优雅，干净卫生，适合休闲。

⑥ 好吃不贵，价格公道。

⑦ 提供外卖，送餐到宿舍。

⑧ 微笑服务，让您宾至如归。

（2）通过菜品打折、推出特价菜、赠送饮料等优惠活动吸引顾客前来就餐。

2. 开业后的营销策略

（1）不定期推出一些特色菜品，让顾客常吃常新，从而不断刺激顾客的消费欲。

（2）在情人节、劳动节、国庆节等节假日开展有针对性的促销。例如，可在情人节推出优惠价情人套餐等。

（3）为学生提供生日宴、班级宴等优惠活动。

（4）逐步积累出若干招牌菜，让它们成为餐厅的“名片”。

（5）密切关注顾客的消费动态，如顾客的口味变化、消费习惯变化等，使餐厅能紧跟时代潮流。

（6）密切关注各学校的动态，从而不断获取一些包餐、送餐机会。

3. 暑假与寒假的处理

暑假期间虽然客源会骤降，但毕竟还有部分留校学生、附近居民前来就餐，届时可采取减少生产量、转移服务重点等方式改善暑期的经营状况。寒假期间可考虑停业一个月，以减少不必要的成本支出。

五、人员配备及各岗位职责

1. 餐饮管理者职责

（1）拥有餐厅的决策权，对餐厅成员有聘用和解雇的权力。

（2）确定餐厅员工的薪资，安排员工的休假时间。

（3）监督员工的工作态度，有奖有惩。

（4）鼓励员工爱岗敬业，使整个团队充满活力。

（5）收集顾客的反馈意见，不断改进菜品质量，增强菜品特色；不断改进员工的服务态度，强化员工的服务意识；不断改进餐厅的经营管理方式，使餐厅保持活力、凝聚力和向心力。

（6）管理餐厅财产，掌握和控制好各种物品的使用情况。

（7）及时处理经营过程中出现的各种问题。

2. 中、西餐厨师职责

（1）制作每日早餐、午餐和晚餐。

（2）遵守作息时间，准时开餐，不擅离职守，不无故罢工。

（3）遵守安全操作流程，合理使用原材料，节约水、电、燃气等的消耗。

（4）上班时穿厨师专用服，注意个人卫生，在工作时间不抽烟，安全烹饪。

（5）努力开发特色饮食。

3. 服务员（3人）职责

（1）微笑服务，礼貌待人。

（2）每日营业前整理好桌椅、餐布，做好餐厅卫生，准备好各种用品，确保餐厅正常营业。

（3）顾客到店时及时安排顾客入座，主动介绍本餐厅的特色饮食。

（4）对顾客提出的非私人问题有问必答。随时留意顾客的情况，为顾客提供周到的服务。

（5）工作中遇到自己不能解决的问题，及时向餐厅管理者汇报，请其帮忙解决。

（6）顾客离开后，注意是否有遗留物，若有，速交柜台，然后迅速整理餐桌，做好下一批客人到来之前的准备。

（7）下班前检查工作区域是否关灯、关窗，电源是否切断，确保餐厅安全。

（8）与同事建立良好关系，互相帮助，遵守餐厅规章制度。

六、市场进程及目标

1. 半年目标

慢慢吸引顾客前来就餐，努力在半年内收回初期投资。提升知名度、美誉度，积极进行市场调研，努力开发新的饮食产品，为餐厅的进一步发展积蓄资本。

2. 两年目标

进一步健全餐厅经营管理制度，确定餐厅的特色菜及特色服务。相继推出各类活动，使忠实顾客人数进一步增加，餐厅运营步入稳定良好状态。

3. 五年目标

经营稳定后，可以考虑扩大经营，如扩大餐厅的面积、寻找新的经营场所做连锁经营等，并慢慢打造自己的品牌，向专为学生提供饮食的餐饮行业发展。

七、财务计划

1. 现金流量表

（1）初始阶段的成本主要包括：3个月房租与1个月押金共计80 000元（房租每月20 000元），房屋装修费共计80 000元，厨房用具及就餐桌椅等购置费共计80 000元。

（2）运营阶段的成本主要包括：员工工资、原料采购费、房租、税费、水电燃气费、杂项开支等，预计每月需支出63 000元。

（3）将剩余资金作为备用金，以应对开业时客人较少的情况和其他突发情况。

2. 预计损益表（主营业务收入）

根据调查，可大致估算出每日营业额约为3 000元，按收益率30%计算，每日纯利润约为900元，则每月纯利润约为27 000元。由此可计算出投资回收期约为6个月。

八、风险及对策

1. 资金方面

为防止资金回收较慢、资金链发生断裂，需要留有一定的备用金。

2. 资源方面

本餐厅主打绿色纯天然无污染食品，主要包括果蔬、豆类、菌类。因此，要与原材料供应商建立长期友好的合作关系。

3. 经营方面

餐厅在长期经营过程中，顾客会对餐厅的饮食感到厌倦，对餐厅风格的一成不变感到无趣，为此，要适时地改变菜式和餐厅的风格。

4. 管理方面

（1）餐厅管理者应对餐厅的特色菜有一定的了解，并在厨师辞职后及时聘请其他厨师开发其他特色菜。

（2）餐厅管理者应与厨师和服务员建立良好关系，尽可能给予他们较高的报酬，适时听取他们的意见，以不断改进自己的管理方式。

二、大学生创业计划书中的常见问题

或许是大学生缺乏实践经验，或许是创业设想还不太成熟，大学生创业计划书中普遍存在一些问题。下面列举一些常见的问题，供准备创业的大学生参考：

（1）主题不够鲜明集中。大学生创业者对创业项目的想法很多，但是不善于提炼，导致阅读者找不到项目核心内容而失去对创业项目的兴趣。

（2）筹资方案不明确。无法明确筹集资金的渠道，很多情况下是创业团队成员自己凑钱，这些资金的来源和规模使人缺乏信心。

（3）财务分析能力薄弱。在计算成本时考虑得不够全面，有关税费、财务费用及人

工物料等成本分析不到位，且在预期收益上不考虑可能存在的风险，在非常理想的情况下设想收益的丰饶和稳定，结果计算出来的收益率往往高于市场的实际水平。

（4）对生产、销售等环节的程序控制和细节管理等几乎完全没有考虑。大学生创业者认为这些常规性的工作不需要特意去应对，或者不屑于关注这些细枝末节，错误地以为只要策划做好了，所有的常规运行就可以放心大胆地不管不问了。

（5）人员组织结构、体制构想不明确。在人员组织结构方面没有从法律上明确说明，且对于企业长远发展过程中必然遭遇的产权明晰、责任划分等问题也不予考虑。

（6）在项目设计上浪漫色彩偏重。一些看似亮丽实质无谓的品牌包装、形象设计不舍得删改，而标题则很难让阅读者联想到企业所处行业和市场定位，从而让阅读者感觉晦涩、牵强。

三、大学生创业项目路演时的常见问题

下面是大学生项目路演时容易出现的 7 个问题。

（一）不知所云

这是最常见的问题，也是最严重的问题。不知所云的具体表现是，大学生创业者在项目路演的过程中以自我为中心，陈述完成后，投资者还不知道他们具体要做什么。

对策：尽量用简洁的语句概括创业项目的核心，以使投资者能听懂大学生创业者要做什么。

（二）技术展示

有时大学生创业者讲起技术滔滔不绝，却很少涉及实际运作情况、商业模式和财务数据等内容，导致投资者无法做出投资判断。

对策：在一分钟之内论述技术基本原理、研究成果和应用即可。

（三）盲目乐观

盲目乐观表现为大学生创业者对自身的预期远大于实际情况，导致投资者没有想与之沟通的欲望。

对策：客观冷静地评判创业项目，建议路演之前和 3 位以上的投资者进行相关情况的沟通。

（四）超出时间

项目路演的时间是有严格控制的，大学生创业者务必在规定的时间内完成路演。通常，投资者会认为不能严格把握时间的大学生创业者是没有做好充分的准备，可能会降低对项目的评价。

对策：多次练习，严格控制时间。

（五）弄虚作假

部分大学生创业者为了吸引投资者的注意力，编造数据或提供假的资料，这是坚决不允许的。实际上，造假行为很容易被发现，且一经发现，会严重影响大学生创业者的信誉。

对策：实事求是，坦诚面对。

（六）答非所问

在提问环节，有些大学生创业者会出现答非所问、有意拖延时间的情况。这样的做法往往没有太大作用，反而会影响团队的形象。

对策：回答每个问题的时间控制在 30 秒到 1 分钟之间。一般来说，回答的问题越多，越有利于展示团队的形象。

（七）只讲荣誉

参加项目路演的团队，很多是已取得一定成绩和成就的。一般来说，团队在介绍荣誉时点到即可，一切的路演论述均应以项目为核心。

对策：简要说明各项荣誉，不要喧宾夺主。

模块九

开办创业组织

内容导读

创业者在创办新企业时，要认真思考并选择企业组织形式，熟悉企业设立登记流程，能够编写企业相关文件、为企业选择合适的地址，并能正确把握新企业面临的法律与伦理问题。在企业选定经营场地、完成注册之后，面临的就是营销管理、财务管理、企业成长管理等一系列工作。

学习目标

知识目标

- 熟悉各种企业组织形式。
- 了解企业营销管理、财务管理和人力资源管理的要点。
- 熟悉企业生命周期、企业成长的驱动因素，以及企业成长的管理策略。
- 熟悉新企业起名与选址的策略与技巧。
- 了解新企业相关文件的内容与编写要点。
- 熟悉新企业的设立登记流程。

能力目标

- 能够根据实际情况为新企业选择合适的组织形式、起名和选址。
- 能够编写新企业所需的文件，模拟完成新企业的注册。
- 能够利用所学知识分析一些优秀企业成功的原因。

引导案例

隐形的茶饮巨头——蜜雪冰城

以价格便宜著称的茶饮企业——蜜雪冰城股份有限公司（以下简称“蜜雪冰城”），于2021年年初传出了融资上市的消息。据相关媒体报道，蜜雪冰城已完成首轮20亿元的融资，市场估值逾200亿元人民币，这一估值已超过某些当红高端茶饮品牌。

坚持低价策略

蜜雪冰城并非近几年新晋的茶饮企业，实际上它已经有24年的历史了。它是由张红超于1997年在河南省郑州市创办的。只不过当时它叫“寒流刨冰”，而且还只是一个小冰淇淋摊子。

蜜雪冰城的创始人张红超有一次路过河南省商丘市时，无意间发现了一款市面上不多见的新式冷饮——刨冰，嗅到商机的他当即决定拜师学艺。张红超苦练配方和技术，终于在郑州市金水区金水路燕庄摆了第一个冷饮小摊。后来，小摊越做越大，变成了小店，还有了一个好听的名字——蜜雪冰城。小店生意越来越火爆，但张红超并没有安于现状，而是在不断寻找商机。

2005年，郑州市街头出现了10元一个的“彩虹帽”冰淇淋，虽然价格昂贵但十分火爆，被这一现象触动的张红超决定研究学习其制作方法。功夫不负有心人，张红超最终研究出了冰淇淋原料的最佳配比，并研制出蜜雪冰城第一个冰淇淋。他在综合考量之后将其价格定为一元一个。蜜雪冰城的冰淇淋一推出就掀起了热潮，引得人们排长队购买。就这样，蜜雪冰城以压倒性的价格优势迅速打开了郑州市场。

此后，蜜雪冰城又先后推出柠檬水、奶茶等多种爆款产品，且价格大都在10元以下，低于市面上同等质量的商品。时至今日，蜜雪冰城依然坚持低价策略，始终坚守“让全球每个人享受高质平价的美味”的经营使命。

主攻下沉市场

除了低价策略，多年以来，蜜雪冰城一直将开店重心放在消费潜力更大的下沉市场。蜜雪冰城的门店主要分布在河南、河北、山东、四川等多个省份的三四线及以下城市，且几乎达到了“承包”的程度。这些地方的学生党、初入社会的年轻群体，是蜜雪冰城的目标消费者。

蜜雪冰城在选址时，往往会把门店开在学校周边、商业步行街、城中村、车站等客流量较大的区域。因为这些区域更容易聚集大量的消费者，利于品牌的宣传。

主攻下沉市场的策略不仅使蜜雪冰城巧妙地避开了网红茶饮品牌在一二线城市

的激烈竞争，还使得品牌的经营规模如滚雪球般不断扩大。截至 2022 年 6 月，蜜雪冰城全球门店数量突破两万家。

自建供应链体系

随着企业规模不断扩大，门店数量持续增多，原料成本和运营成本也在不断增长。那么，坚持低价的蜜雪冰城是如何压缩成本，并做到年营业收入 65 亿元的呢？它给出的答案是——自建供应链体系。

2012 年，蜜雪冰城成立了独立的研发中心和中央工厂，实现了核心原料自产，这样就从源头控制了原料的成本，掌握了议价权。而且，终端的门店越多，议价的空间就越大。

除了控制上游成本，蜜雪冰城还搭建了高效的物流配送体系。2014 年，蜜雪冰城占地 100 亩的河南焦作仓储物流中心投入使用，成为全国茶饮行业中第一家实行物料免费运送的企业。除了在河南省设立总仓之外，蜜雪冰城还在全国东西南北各区域分别设立了四大分仓，五仓联动，辐射全国，原料和物料可以直达门店，没有中间商赚差价。

此外，在门店管理上，蜜雪冰城建立了标准化的工作流程，并提供系统经营培训、店面装修设计、开业指导、营销活动方案策划等一系列指导服务，进一步降低隐性的运营管理成本。2017 年和 2018 年，蜜雪冰城的上海研发中心和深圳研究院相继成立。从研发生产到仓储物流，再到运营管理，蜜雪冰城拥有了完整的产业链闭环，形成了一套属于自己的运营模式。

抓准营销热点

2020 年，蜜雪冰城发布了主题曲《蜜雪冰城甜蜜蜜》的首版动画 MV，但当时并没有引发关注，只在蜜雪冰城线下门店循环播放。2021 年，一个内容是网友为了免费拿到蜜雪冰城的柠檬水，在蜜雪冰城门店哼唱这首歌词简单、旋律“洗脑”的主题曲的视频登上某社交平台热搜。

为了抓住消费者群体，蜜雪冰城切中消费者核心需求、找准营销场地，在年轻人喜欢的社交平台上投放视频，进行精准营销。其“略显土味”的画风也精准契合当下年轻人认为“土到极致就是潮”的心理，吸引了受众的注意力。

除了线上营销，蜜雪冰城也没有浪费其数量庞大的线下门店。《蜜雪冰城甜蜜蜜》发布后，蜜雪冰城所有门店都开始循环播放自己的主题曲，让用户在信息的反复“轰炸”下，潜移默化地受到影响，甚至产出相关短视频来反哺线上营销。

理论初识

一、新企业的创办

创业者找到了创业机会，组建了创业团队，撰写了创业计划书，获得了创业资金后，就可以开始着手创办一家新企业了。

（一）创办新企业前的准备

创业者在创办一家新企业之前，要做好以下几个方面的准备工作。

1．组织企业股东

股东即企业的出资人，也称为投资者。创办一家新企业首先要组织一定数量的投资者。除国家有禁止或限制的特别规定外，有权代表国家投资的政府部门或机构、企业法人、具有法人资格的事业单位和社会团体、自然人都可以成为企业的股东。

2．确定企业名称

企业名称是作为法人的企业的名称，该名称属于法人人身权，不能转让。企业名称必须经过核准登记才能取得。

3．确定企业地址

（1）企业地址必须与递交申请的注册机构的级别保持一致。

（2）企业地址所在地必须具备完整的产权证明文件。产权证明文件是证明该所在地归谁所有，一般指房产证。

（3）一个地址只能注册一家有限公司。如果选定的地址曾注册过一家公司且该公司还未搬走或注销，则无法用来再注册另外一家公司。即使原来的公司搬走了，也应确认该公司是否办理了地址变更手续。

（4）有些地方的市场监督管理局对注册的有限公司的房屋有要求，在注册之前必须了解当地的规定，或者事先到市场监督管理局咨询。

（5）如果企业地址所在地的所有权不属于任何一个股东，那么必须由其中一个股东和业主签订租赁合同。租赁期限一般在一年以上。

4．确定企业的经营范围

经营范围是指国家允许企业法人生产和经营的商品类别、品种及服务项目，它反映了企业法人业务活动的内容和生产经营方向，是企业法人业务活动范围的法律界限。

根据《中华人民共和国公司法》（以下简称《公司法》）规定，企业的经营范围由公司章程规定，并依法登记。企业可以修改公司章程，改变经营范围，但是应当办理变更登记。企业的经营范围中属于法律、行政法规规定须经批准的项目，应当依法经过批准。

5. 确定股东的出资

（1）出资方式。

① 货币：设立企业必然需要一定数量的货币，用以支付创办企业时的开支和生产经营费用，所以股东可以以货币形式出资。

② 实物：指有形物，即看得见摸得着的东西。实物出资一般是以机器设备、原材料、零部件、建筑物、厂房等进行出资。

③ 知识产权：是权利人依法就作品，发明、实用新型、外观设计，商标，地理标志，商业秘密，集成电路布图设计，植物新品种，以及法律规定的其他客体所享有的专有的权利。

④ 非专利技术：确切地说应该是非专利成果，它是受《中华人民共和国合同法》保护的一种无形财产。在广义上，可以将它看作是一种特殊的知识产权。但在狭义上，由于未经法定程序授予，没有独占性和明确的时间、地域限制，故被排斥在工业产权之外。

（2）股东出资要求。

① 股东以货币出资的，应当将货币出资一次足额存入准备设立的有限责任公司在银行开设的临时账户中。

② 股东以实物、知识产权、非专利技术出资的，必须进行评估作价，并依法办理转移财产或使用权的手续。此处的手续是指过户手续，如以房产出资的必须到房产管理局办理转让所有权的手续。资产评估必须找具有法定评估资格的机构（如资产评估公司或会计师事务所等）进行评估，这些机构在资产评估完成后会出具资产评估报告。以新建或新购入的实物作为投资的，也可以不进行评估作价，但要提供合理的作价证明。建筑物以工程决算书为依据，新购物品以发票上的金额为出资额。

③ 除国家对采用高新技术成果有特别规定的以外，以知识产权、非专利技术作价出资的金额不得超过公司注册资本的20%。资产评估和验资是不同的，资产评估是指评价出实物、知识产权等的具体价值，验资是指证实具体出资的真实性及合法性。

6. 确定企业的组织管理结构

（1）股东会。股东会行使以下职权：

① 决定公司的经营方针和投资计划。

② 选举和更换非由职工代表担任的董事、监事，决定有关董事、监事的报酬事项。

③ 审议批准董事会的报告。

④ 审议批准监事会或者监事的报告。

⑤ 审议批准公司的年度财务预算方案、决算方案。

⑥ 审议批准公司的利润分配方案和弥补亏损方案。

⑦ 对公司增加或者减少注册资本作出决议。

⑧ 对发行公司债券作出决议。

⑨ 对公司合并、分立、解散、清算或者变更公司形式作出决议。

⑩ 修改公司章程。

⑪ 公司章程规定的其他职权。

（2）董事会。董事会的成员为 3～13 人。董事会设董事长一人，可以设副董事长。董事长、副董事长的产生办法由公司章程规定。《公司法》规定，股东人数较少或规模较小的有限责任公司，可以设一名执行董事，不设董事会。执行董事的职权由公司章程规定。董事会对股东会负责，行使以下职权：

① 召集股东会会议，并向股东会报告工作。

② 执行股东会的决议。

③ 决定公司的经营计划和投资方案。

④ 制订公司的年度财务预算方案、决算方案。

⑤ 制订公司的利润分配方案和弥补亏损方案。

⑥ 制订公司增加或者减少注册资本及发行公司债券的方案。

⑦ 制订公司合并、分立、解散或者变更公司形式的方案。

⑧ 决定公司内部管理机构的设置。

⑨ 决定聘任或者解聘公司经理及其报酬事项，并根据经理的提名决定聘任或者解聘公司副经理、财务负责人及其报酬事项。

⑩ 制定公司的基本管理制度。

⑪ 公司章程规定的其他职权。

（3）监事会。监事会也称公司监察委员会，其成员不得少于 3 人。股东人数较少或规模较小的有限责任公司，可以设 1～2 人监事，不设监事会。监事会应当包括股东代表和适当比例的公司职工代表，其中职工代表的比例不得低于三分之一，具体比例由公司章程规定。监事会中的职工代表由公司职工通过职工代表大会、职工大会或者其他形式民主选举产生。董事、高级管理人员不得兼任监事。监事会或不设监事会的公司的监事行使以下职权：

① 检查公司财务。

② 对董事、高级管理人员执行公司职务的行为进行监督，对违反法律、行政法规、公司章程或者股东会决议的董事、高级管理人员提出罢免的建议。

③ 当董事、高级管理人员的行为损害公司的利益时，要求董事、高级管理人员予以纠正。

④ 提议召开临时股东会会议，在董事会不履行《公司法》规定的召集和主持股东会会议职责时召集和主持股东会会议。

⑤ 向股东会会议提出提案。

⑥ 依照《公司法》第一百五十一条的规定，对董事、高级管理人员提起诉讼。

⑦ 公司章程规定的其他职权。

（4）经理。经理是公司中对内有业务管理权限、对外有商业代理权限的人。经理对董事会负责，行使以下职权：

① 主持公司的生产经营管理工作，组织实施董事会决议。

② 组织实施公司年度经营计划和投资方案。

③ 拟订公司内部管理机构设置方案。

④ 拟订公司的基本管理制度。

⑤ 制定公司的具体规章。

⑥ 提请聘任或者解聘公司副经理、财务负责人。

⑦ 决定聘任或者解聘除应由董事会决定聘任或解聘以外的负责管理人员。

⑧ 董事会授予的其他职权。

7. 确定企业的法定代表人

具有以下情形之一的人，不能担任公司的董事、监事、高级管理人员：

（1）无民事行为能力或限制民事行为能力人。

（2）因贪污、贿赂、侵占财产、挪用财产或破坏社会主义市场经济秩序，被判处刑罚，执行期满未逾 5 年，或因犯罪被剥夺政治权利，执行期满未逾 5 年。

（3）担任破产清算的公司、企业的董事或厂长、经理，对该公司、企业的破产负有个人责任的，自该公司、企业破产清算完结之日起未逾 3 年。

（4）担任因违法被吊销营业执照、责令关闭的公司、企业的法定代表人，并负有个人责任的，自该公司、企业被吊销营业执照之日起未逾 3 年。

（5）个人所负数额较大的债务到期未清偿。

8. 制定公司章程

公司章程是关于公司组织和行为的基本规范，它不仅是公司的自治法规，还是国家管理公司的重要依据。公司章程具有以下作用：

（1）公司章程是公司设立的最主要条件和最重要的文件。

（2）公司章程是确定公司权利、义务关系的基本法律文件。

（3）公司章程是公司对外进行经营交往的基本法律依据。

公司章程对公司、股东、董事、监事、经理具有约束力。

（二）新企业的组织形式

创业过程是一个建立组织及带领组织逐渐成长、发展的过程。创业的第一步，除了做好资金、资源、心理等准备之外，还有一件极为重要的事就是针对自身情况，选择合适的企业组织形式。一般来说，创业者可选择的企业组织形式有个人独资企业、合伙企业和公司制企业 3 种。

企业组织形式的选择

1. 个人独资企业

个人独资企业是最简单的企业组织形式，是指依照《中华人民共和国个人独资企业法》（以下简称《个人独资企业法》）在中国境内设立的，由一个自然人投资，财产为投资人个人所有，投资人以其个人财产对企业债务承担无限责任的经营实体。

个人独资企业是非法人型企业，个人独资的财产属投资人个人所有。在企业财产无法清偿债务时，投资人以个人财产承担债务。在各类企业组织形式中，个人独资企业的创设条件最简单，办理手续最简便，尤其适用于初涉市场、资金实力有限的创业者。

根据《个人独资企业法》规定，设立个人独资企业应当具备以下条件：

（1）投资人为一个自然人。

（2）有合法的企业名称。

（3）有投资人申报的出资。

（4）有固定的生产经营场所和必要的生产经营条件。

（5）有必要的从业人员。

2. 合伙企业

合伙企业是指自然人、法人、其他组织依照《中华人民共和国合伙企业法》（以下简称《合伙企业法》）在中国境内设立的普通合伙企业和有限合伙企业。其中，普通合伙企业由普通合伙人组成，合伙人对合伙企业债务承担无限连带责任；有限合伙企业由普通合伙人和有限合伙人组成，普通合伙人对合伙企业债务承担无限连带责任，有限合伙人以其认缴的出资额为限对合伙企业债务承担责任。

合伙企业也是非法人型企业，不具备法人资格。在现代企业中，合伙企业所占比例较高，是一种灵活、简便又不失一定规范和规模的企业组织形式。

根据《合伙企业法》规定，设立合伙企业应当具备以下条件：

（1）有两个以上合伙人，合伙人为自然人的，应当具有完全民事行为能力。

（2）有书面合伙协议。

（3）有合伙人认缴或者实际缴付的出资。

（4）有合伙企业的名称和生产经营场所。

（5）法律、行政法规规定的其他条件。

3. 公司制企业

公司制企业是指按照法律规定，由法定人数以上的投资人（或股东）出资建立、自主经营、自负盈亏、具有法人资格的经济组织。公司是企业法人，以其全部财产对公司的债务承担责任。我国的公司制企业包括有限责任公司和股份有限公司两种形式。

（1）有限责任公司。有限责任公司是指由50个以下的股东出资设立，每个股东以其所认缴的出资额为限对公司承担有限责任，公司法人以其全部资产对公司债务承担全部责

任的经济组织。

有限责任公司是所有企业组织形式中最成熟、最规范、最先进的形式。因此，不少创业者在进行投资时都选择了这一企业组织形式。

根据《公司法》规定，设立有限责任公司应当具备以下条件：

① 股东符合法定人数。

② 有符合公司章程规定的全体股东认缴的出资额。

③ 股东共同制定公司章程。

④ 有公司名称，建立符合有限责任公司要求的组织机构。

⑤ 有公司住所。

（2）股份有限公司。股份有限公司是指将公司全部资本分为等额股份，股东以其认购的股份为限对公司承担责任，公司以其全部资产对公司债务承担责任的企业法人。

根据《公司法》规定，设立股份有限公司应当具备以下条件：

① 发起人符合法定人数。

② 有符合公司章程规定的全体发起人认购的股本总额或者募集的实收股本总额。

③ 股份发行、筹办事项符合法律规定。

④ 发起人制订公司章程，采用募集方式设立的经创立大会通过。

⑤ 有公司名称，建立符合股份有限公司要求的组织机构。

⑥ 有公司住所。

4. 各种企业组织形式的比较

各种企业组织形式没有绝对的好坏之分。对创业者而言，需要考虑的是选择哪种企业组织形式更有利于创业企业的生存与发展。各种企业组织形式的优势与劣势如表 9-1 所示。

表 9-1　各种企业组织形式的优势与劣势

企业组织形式	优势	劣势
个人独资企业	① 企业设立、转让和解散等行为手续简便，仅向登记机关登记即可，且费用低； ② 创业者拥有对企业的控制权； ③ 企业经营灵活性高，可迅速对市场变化做出反应； ④ 利润归创业者所有，无须与他人分享； ⑤ 只需缴纳个人所得税，无须双重纳税（即无须缴纳企业所得税）； ⑥ 在技术和经费方面易于保密	① 创业者承担无限责任； ② 不易从企业外部获得信用资金，筹资困难； ③ 企业寿命有限，易随创业者的退出而消亡； ④ 企业的成功更多地依赖创业者的个人能力； ⑤ 创业者投资的流动性低

续表

企业组织形式	优势	劣势
合伙企业	① 企业设立较简单和容易，费用低； ② 企业经营具有高度的灵活性； ③ 企业资金来源较广，信用度较高	① 合伙人承担无限连带责任； ② 财产转让困难； ③ 融资能力有限，企业规模受限； ④ 企业往往因关键合伙人的退出而解散； ⑤ 合伙人对企业经营有分歧时，决策困难
有限责任公司	① 股东只承担有限责任，风险小； ② 公司具有独立寿命，易于存续； ③ 公司所有权与经营权分离，聘任职业经理人管理，更能适应市场竞争； ④出资人以出资额为限承担公司的经营风险； ⑤ 有利于促使公司形成有效的治理结构； ⑥ 多元化产权结构有利于科学决策； ⑦ 可吸纳多个投资人，促进资本集中	① 税收负担较重，存在双重纳税问题； ② 不能公开发行股票，筹集资金的规模与渠道受限； ③ 公司产权不能充分流动，资产运作受限
股份有限公司	① 股东只承担有限责任，风险小； ② 公司具有独立寿命，易于存续； ③ 公司产权可以股票形式充分流动； ④ 可聘任职业经理人管理，管理水平较高； ⑤ 筹资能力强	① 公司设立程序复杂，费用高； ② 税收负担较重，存在双重纳税问题； ③ 政府限制较多，法规要求比较严格； ④ 公司要定期报告其财务状况，因此公司的相关事务不能严格保密

二、初创企业的基本管理

企业创办之后，会面临许多营销管理、财务管理、人力资源管理问题。其中，营销管理实质上是需求管理，其过程包括市场研究和定位，营销组合策略的制订、执行和控制等；财务管理就是对企业的资金、资产及由此产生的财务关系实行有效的管理，以实现企业利润最大化。此外，为保障初创企业按照既定的战略目标有序运行，必须有效管理企业的人力资源。

（一）企业的营销管理

企业营销活动的实质是一个利用内部可控因素适应外部环境的过程，即通过对市场、产品、价格、分销渠道、促销的计划和实施，对外部不可控因素积极做出反应，从而促成交易的实现，以及个人与组织目标的达成。

1．市场定位

企业营销的首要工作是找准目标市场，即市场定位。市场定位的主要任务是，与竞品相比，明确自己产品的特色与优势，充分突出新企业及产品在市场上的新颖性、显著性及差异性，以获得消费者的认可与青睐。

（1）市场定位的依据。

① 产品特色。构成产品内在特色的许多因素都可以作为产品市场定位的依据，如产品所含成分、材料、质量、价格等。例如，某汽水的定位是“非可乐”，强调它不含咖啡因，与可乐类饮料不同；某止痛药的定位是“非阿司匹林的止痛药”，强调药物成分与以往的止痛药有本质的差别。

② 产品用途。为旧产品寻找一种新用途，是为该产品确定新的市场定位的好方法。例如，某生产曲奇饼干的厂家，最初将其产品定位为家庭休闲食品，后来发现不少消费者购买该产品是为了馈赠，又将之定位为礼品。

③ 消费者利益。产品提供给消费者的利益是消费者最能切实体验到的，也可作为市场定位的依据。例如，有的汽车定位是物美价廉，有的汽车定位是结实耐用等。

④ 消费者类型。企业常常试图将其产品指向某一类特定的消费者，以便根据这些消费者的看法塑造合适的形象。

（2）市场定位的策略。

① 避强定位。这是一种避开强有力的竞争对手进行市场定位的策略。新企业可以避开竞争强手，瞄准市场“空隙”，开发特色产品，开拓新的市场领域。这种定位策略有助于企业迅速在市场上站稳脚跟，并尽快在消费者心中树立起一定的品牌形象。这种定位策略市场风险较小，常常为大多数企业所采用。

② 迎头定位。这是一种与市场强势者针锋相对的市场定位策略，是“冒险家的游戏”，即新企业选择与竞争者正面对抗，争取同样的目标消费者。要实行这种策略，新企业必须做到知己知彼，要了解市场上是否可以容纳两个或两个以上的竞争者，自己是否拥有比竞争者更多的资源和能力，是否能比竞争者做得更好。同时，实行这种策略时，新企业要选择恰当的市场进入时机与地点。

③ 重新定位。重新定位策略通常是指对那些销量少、市场反应差的产品进行第二次市场定位。例如，某企业生产的石英钟由于设计无特色，价格无优势，因而销量很差。为此，该企业对产品进行了重新设计，将石英钟设计成各种装饰品形状，其外观新颖、充满了艺术气息，因此，产品一上市就受到了市场的追捧。虽然价格较一般石英钟高了不少，但销量依然节节攀升。

2．产品策略

产品策略是指企业以向目标市场提供各种满足消费者需求的有形和无形产品的方式来实现其营销目标的营销策略，包括对与产品有关的品种、规格、包装、特色、商标、品

牌及各种服务措施等可控因素的组合和运用。

产品策略是市场营销组合策略的基础，从一定意义上讲，企业成功与发展的关键在于产品满足消费者需求的程度，以及产品策略的正确性。

（1）产品整体概念。市场营销中所指的产品是一个整体概念，它包含 5 个层次，即核心产品、形式产品、期望产品、附加产品和潜在产品，如图 9-1 所示。

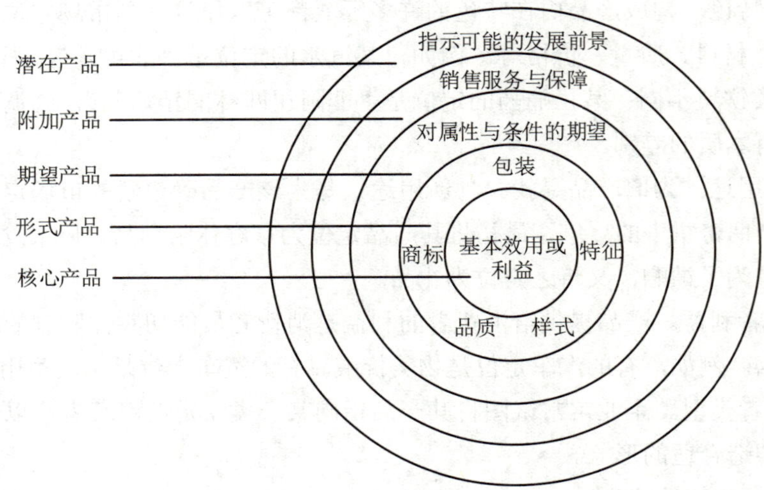

图 9-1　产品整体概念的 5 个层次

① 核心产品，也称实质产品，是指产品能向消费者提供的基本效用或利益，是消费者真正要购买的东西。它是产品整体概念中最基本、最主要的部分。例如，消费者购买洗衣机是为了能够省时省力地清洗衣物。

② 形式产品是指核心产品借以实现的外在形式，包括产品的品质、样式、特征、包装、商标等。

③ 期望产品是指消费者在购买产品时，期望得到的与产品密切相关的一整套属性和条件。例如，对于购买洗衣机的消费者来说，在期望能够通过该产品省时省力地清洗衣物的同时，还期望其不会损坏衣物，使用时噪声小、方便进水，外形美观等。

④ 附加产品是指产品附带的各种利益的总和，包括运送、安装、维修、技术培训等所有服务项目。

⑤ 潜在产品是指可能发展成为未来最终产品的潜在状态的产品。它反映了现有产品可能的演变趋势和前景。

（2）产品组合策略。产品组合是指某一企业所生产或销售的全部产品线和产品项目的组合或搭配。产品线是指产品组合中的某一产品大类，是一组密切相关的产品。这组产品都能满足用户某种需求，或必须一起使用，或售给同一类消费者，或经由相同的销售渠道，或在同一价格范围内出售。产品项目是指产品大类中各种不同品种、档次、质量和价格的特定产品。

优化产品组合，可依据不同情况采取不同策略。一般来说，主要有以下几种：

① 扩大产品组合策略。即在现有产品组合中增加新的产品线，扩大经营范围，或者在现有产品线内增加新的产品项目。企业预测现有产品线的销售额和盈利率在未来可能下降时，就必须考虑采用扩大产品组合策略。

② 缩减产品组合策略。在市场不景气或原料、能源供应紧张时，企业可缩减产品组合，剔除那些获利小甚至亏损的产品线或产品项目，集中力量发展获利多的产品线或产品项目。

③ 产品线延伸策略。即全部或部分地改变现有产品的市场定位的策略，具体有 3 种实现方式：一是向下延伸，即在高档产品线中增加低档产品项目；二是向上延伸，即在现有产品线内增加高档产品项目；三是双向延伸，即原定位于中档产品市场的企业掌握了市场优势以后，向产品线的上下两个方向延伸。

④ 产品线现代化策略。现代社会，科技发展突飞猛进，产品开发也是日新月异，产品的现代化成为发展大趋势，产品线也必然需要进行现代化改造。

⑤ 产品线号召策略。即企业在产品线中选择一个或少数几个产品项目加以精心打造，使之成为颇具特色的号召性产品去吸引消费者。

（3）产品生命周期策略。产品生命周期是指产品从进入市场开始，直到最终退出市场为止所经历的市场生命循环过程。其一般可分为 4 个阶段，即导入期、成长期、成熟期和衰退期。

① 导入期。这一时期，产品刚刚投放市场，产量低，销量增长缓慢，宣传费用高，企业投入较大。同时由于产品质量和性能还不稳定，以及市场的不确定性因素较多，风险也较大。但这一时期同类产品的生产者少，竞争对手少。因此，在这一时期，企业应把握好产品进入市场的时机，设法把销售力量直接投向潜在消费者，使市场尽快接受该产品。

② 成长期。这一时期，产品的市场局面打开，销量迅速增长，企业利润也持续增长，但竞争却日益激烈。该时期企业营销策略的重点应放在创立名牌、提高消费者喜爱度上，以促使消费者在面对竞争产品时更偏向于本企业的产品，从而提高产品的市场占有率。

③ 成熟期。这一时期，产品已被绝大多数潜在消费者接受，其销量增长缓慢，甚至到后期，销量开始负增长。此外，由于竞争加剧，企业的各项成本增加，其利润水平持平甚至开始下降。该时期企业可选择以下 3 种营销策略以改善这种情况：一是市场改进策略，即开发新市场、寻求新用户；二是产品改进策略，即改进产品的品质或服务后再投入市场；三是营销组合改进策略，即通过改变定价、销售渠道及促销方式来延长产品的成熟期。

④ 衰退期。这一时期，产品的需求量、销量和利润迅速下降，多数产品被迫退出市场。该时期企业可将销售维持在一个低水平上，待到适当时机便停止该产品的经营，并退出市场。

3．价格策略

价格通常是影响交易成败的重要因素，也是市场营销组合中最难以确定的因素。企业定价的目标是促进销售、获取利润，这就要求企业在定价时既要考虑成本，又要考虑消费者对价格的接受能力。

价格策略是指企业以按照市场规律确定价格和变动价格等方式来实现其营销目标的营销策略，包括对与定价有关的基本价格、折扣价格、付款期限、商业信用，以及各种定价方法和定价策略等可控因素的组合和运用。

（1）定价方法。

① 成本导向定价法，即以产品单位成本为基本依据，再加上预期利润来确定产品价格的定价方法。成本导向定价法是企业最常用的定价方法，包括总成本加成定价法、目标收益定价法、边际成本定价法、盈亏平衡定价法等几种具体的定价方法。

② 需求导向定价法，即根据消费者对产品的需求差异、需求强度和对产品价值的认识来确定产品价格的定价方法，包括认知价值定价法、反向定价法、需求差异定价法等几种具体的定价方法。利用需求导向定价法定价时，不需要考虑企业成本和市场竞争情况。

（2）定价策略。

① 撇脂定价策略，即在新产品投放市场的初期，利用消费者求新、求奇的心理动机和竞争对手较少的有利条件，以高价销售产品，在短期内获得尽可能多的利润。这是一种高价策略。采用撇脂定价策略，必须具备两个基本条件：一是产品必须新颖，具有较明显的质量、性能优势，并且有较大的市场需求量；二是产品必须有特色，且短期内竞争者无法仿制或推出类似产品。

② 渗透定价策略，即在新产品投放市场的初期，将产品价格定得低于消费者的预期，给消费者以物美价廉的感觉，借此打开销路，占领市场。这是一种低价策略。渗透定价策略适用于资金实力雄厚、生产能力强、在扩大生产以后有降低成本潜力的企业，也适用于新技术已经公开，竞争者纷纷仿制生产，或需求弹性较大，市场上已有替代品的中、高档产品的情况。

③ 满意定价策略是一种介于撇脂定价策略和渗透定价策略之间的定价策略，其所定的价格比撇脂定价策略所定价格低，比渗透定价策略所定价格高，是一种中间价格。满意定价策略由于能使生产者和消费者对价格都比较满意而得名。

④ 组合定价策略是指企业根据各种产品之间的价格关系，进行组合定价的一种定价策略。它包括系列产品定价策略、互补产品定价策略和成套产品定价策略。

⑤ 心理定价策略是指企业有意识地迎合消费者的某些心理需求而采取的一种定价策略。心理定价策略可以达到扩大市场销售、获得最大效益的目的，主要包括整数定价、尾数定价、声望定价和招徕定价等几种具体的定价策略。

⑥ 折扣定价策略是指企业对价格做出一定的让步，直接或间接降低价格，以扩大产

品销量的一种定价策略。其中，直接折扣的形式有现金折扣、数量折扣、功能折扣和季节折扣，间接折扣的形式有回扣和津贴。

⑦ 差别定价策略是指企业按照两种或两种以上不反映成本费用的差别价格销售某种产品或服务的一种定价策略，主要包括消费者差别定价、产品形式差别定价、产品部位差别定价和销售时间差别定价等几种具体的定价策略。

4. 分销渠道策略

分销渠道策略是指企业以合理选择分销渠道和组织产品实体流通的方式来实现其营销目标的营销策略，包括对与分销渠道有关的渠道覆盖面、产品流转环节、中间商、网点设置，以及储存运输等可控因素的组合和运用。

（1）分销渠道系统的发展。20 世纪 80 年代以来，分销渠道系统突破了由生产者、批发商、零售商和消费者组成的传统模式，产生了垂直渠道系统、水平渠道系统和多渠道系统 3 种新模式。

① 垂直渠道系统。这是由生产者、批发商和零售商组成的一种统一的联合体。渠道中实力最强的渠道成员将会成为领导者（可以是批发商，也可以是零售商或生产者），统一规划，渠道成员协调行动。

② 水平渠道系统。这是由两个或两个以上独立企业通过某种形式的合作，共同开发新的市场机会而形成的渠道系统。这种合作可能是暂时的，也可能是永久的。这种渠道系统可发挥群体作用，能够共担风险，获取最佳效益。

③ 多渠道系统。这是指企业在一个或多个细分市场，同时使用多种渠道进行营销的渠道系统。这种渠道系统一般分为两种形式：一是生产者通过多种渠道销售同一品牌的产品，这种形式容易引起不同渠道间的激烈竞争；二是生产者通过多种渠道销售不同品牌的产品。

（2）分销渠道战略决策。绝大多数新企业在最初都会考虑借用现有的外部渠道而不是自建渠道。其中，对于快速消费品企业而言，其销售人员的主要任务是开展渠道服务和促销工作；对于耐用消费品企业而言，则会有服务于渠道的销售团队和外聘的终端促销团队。当品牌发展到一定程度后，企业可以考虑自建销售公司和品牌专卖店。工业品企业一般既有外部渠道也有自建渠道，通常，其自建的销售团队主要用来开发大客户，而传统的代理或经销渠道主要用来满足中小客户的需求。

提　示

快速消费品是指使用寿命较短、消费速度较快的消费品，主要包括日化用品、食品饮料等；耐用消费品是指使用寿命较长、一次性投资较大的消费品，主要包括家用电器、家具、汽车等。

（3）分销渠道管理。新企业需要对分销渠道进行长期的管理和维护，以持续改进渠道绩效。

首先，新企业需要对渠道成员的资源能力、合作意愿和行业口碑等方面进行综合评估，从中选择资源能力符合要求、合作意愿强烈且口碑不错的渠道成员作为合作伙伴。

其次，新企业需要对渠道成员进行培训，包括产品知识和营销技巧的培训，这种培训能直接提高渠道成员的销售能力和意愿。

再次，新企业需要制订一套激励措施，定期给予渠道成员一定的激励，如年终返点、销售竞赛活动奖励等。

最后，新企业需要对渠道成员的绩效进行评估，包括销售指标完成情况、合作水平、特别贡献等方面，对绩效优异的渠道成员进行奖励及其经验推广，对于绩效不理想的渠道成员，则寻找原因令其加以改进甚至予以更换。

（4）终端销售点选择。终端销售点是企业实现自己经营目标的前沿阵地。企业的产品最终能否销售出去，以及企业最终能否实现理想的经济效益，都与终端销售点的选择和经营密切相关。企业在选择终端销售点时，需要综合考虑产品特性、消费者购买能力、消费者活动范围、消费者心理特征、竞争对手情况及销售方式等多种因素。

5．促销策略

促销策略，也称宣传策略，是指企业以利用各种信息传播手段刺激消费者购买欲望，促进产品销售的方式来实现其营销目标的营销策略，包括对与促销有关的广告、人员推销、营业推广及公共关系等可控因素的组合和运用。

（1）广告宣传策略。广告是广告主以促进销售为目的，付出一定的费用，通过特定的媒体传播产品或服务等有关信息的大众传播活动。作为一种传播信息的活动，广告是企业在促销中普遍重视且应用最广泛的促销方式。

广告宣传一般有塑造企业及其产品、商标信誉和声望的形象广告；有展示、介绍、宣传产品特点和优点的产品广告；也有刺激消费者购买欲望的产品定位广告等。广告宣传的关键是在真实性的前提下，迎合消费者的心理和需求，创新意、出奇招，从而给消费者留下美好而深刻的印象。广告宣传策略需要根据不同的产品、不同的消费群体、不同的市场情况及竞争对手的情况等来制订。

（2）人员推销策略。人员推销是最古老的促销手段之一。随着市场经济的发展，人员推销的内容不断扩充，成为现代营销的一种重要的促销方式。

人员推销是指通过推销人员深入中间商或消费者进行直接的宣传介绍活动，使中间商或消费者采取购买行为的促销方式。与其他促销方式相比，人员推销最大的特点是推销人员直接与目标客户接触，因而能及时了解客户的需求。

人员推销主要包括两种组织形式：一是建立自己的销售团队，即利用本企业的推销人员来推销产品，如销售经理、销售代表等；二是利用合同销售人员推销产品，如代理商、经销商等。

（3）营业推广策略。营业推广，也称销售促进，是指企业在短期内为了提升产品销量而采取的各种促销方式，如有奖销售、赠送或试用样品、减价折扣销售等。通过采取这些促销方式，企业可以有效地刺激消费者的购买欲望，并且能在短期内收到显著的促销效果。

营业推广的特点是可以通过强有力的刺激迅速增加企业的销售收入，但必须注意的是，营业推广的最终目标仍然是实现企业的营销目标。如果营业推广方式使用不当，急功近利，不但不会吸引消费者，反而会引起消费者的怀疑和反感，进而对企业及企业的品牌造成负面影响。

（4）公共关系宣传策略。公共关系宣传策略是争取潜在消费者的了解、信任和支持，以树立良好的企业和产品信誉、形象的促销策略。它通过对公众态度的估量，从公众利益出发确定企业的促销对策，从而与广泛的潜在消费者交流、沟通。

公共关系宣传策略一般包括以下几种：一是通过大众媒介进行新闻报道，获得公众的了解、信任和支持；二是通过举办庆祝会、纪念会，或赞助社会活动等社会性策略，提高企业的知名度和影响力；三是通过舆论调查、民意测验、投诉、听取意见等征询性策略，了解消费者的意见，增进与消费者的交流。

无论采取哪种促销策略，经营者都不得违反诚实信用原则，不得发布虚假信息，欺骗和误导消费者。

（二）企业的财务管理

从企业会计学理论上讲，资本是指所有者投入生产经营，且能产生效益的资金。资本是企业经营活动的一项基本要素，是企业创办、生存和发展的一个必要条件。企业创办需要具备必要的资本条件，企业生存需要保持一定的资本规模，企业发展需要不断地筹集资本。

财务管理是在一定的整体目标下，关于资产的购置（投资）、资本的融通（筹资）和经营中现金流量（营运资金），以及利润分配的管理。财务管理是企业管理的一个重要组成部分，它是根据财经法规制度，按照财务管理的原则，组织企业财务活动，处理财务关系的一项经济管理工作。

1. 财务管理的职能

（1）算好账。会计核算是企业财务管理的支撑，是企业财务管理最基础、最重要的职能之一。会计核算通过价值手段来记录企业经营过程，反映企业经营得失，报告企业经营成果。不过，由于会计核算只有在业务发生后才能进行，因此会计核算属于事后反映。

（2）管好“钱”。对于企业来说，资金的运用与管理是一件非常重要的事情。企业财务部门的重要职能之一就是资金的筹集、调度与监管，简单地说就是把企业的“钱”管好。

（3）理好关系。企业经营过程中所涉及的财务关系有很多，既有企业内部各部门之间的关系，也有企业与外部各供应商及银行、税务等政府部门之间的关系，财务部门应协调好这些关系。

（4）监控好资产。财务部门可通过定期与不定期的资产抽查与盘点，将企业资产实物与财务记录数据进行对比，查看二者是否相符，以保证财务记录的真实性，以及企业资产的安全性与完整性。

（5）管好信用。企业的信用政策往往与销售业绩直接联系在一起。根据企业管理的相互制约原则，企业的信用管理工作一般由财务部门负责。管好信用能够降低企业呆坏账的发生率。作为企业财务管理的重要内容之一，信用管理越来越受到企业的重视。

（6）做好参谋。企业财务部门应在会计核算与分析的基础上，为企业生产经营、融资、投资方案等提供决策数据，做好参谋。

（7）计好绩效。绩效考核中的大部分计算工作由企业财务部门负责。

2. 财务管理的注意事项

（1）掌握资金运作规律。财务管理人员应注重从公司经济、市场经济、产业经济的角度出发，对财务问题进行多方面的考量。

（2）更新方法。财务管理人员不仅仅要注重质的分析，更要注重量的分析，应通过专业的财务分析方法与管理工具，优化财务决策。

（3）充实内容。财务管理人员不能只管资金的收支，还要熟悉资本市场上融通资金的业务，有效地进行资金预算和现金计划的编制、应收账款和存货等营运资金的管理与控制、长期投资的可行性研究、投资收益的评估等。

（4）收益与风险的权衡。财务管理人员要能够评价和计量经营风险和财务风险，避免企业承担过高的风险。在追求收益的同时，要努力分散和规避风险。

（5）研究资金成本。财务管理人员要注意探讨不同筹资方式下资金成本的计算方法，以及怎样以最低的代价筹集企业生产经营所必需的资金。

（6）关注财务所涉及的法律问题。财务管理人员有必要了解资本市场的交易规则、各类金融工具的权责关系、举债经营的法律责任等问题，同时还要熟悉税法。

（7）研究目标资本结构。财务管理人员要根据企业内外环境的变化，优化企业的资本结构，合理利用经营杠杆和财务杠杆，使企业在良好的财务状态下获得最大的收益。

（8）注意通货膨胀。在进行投资和融资决策及资产管理时，财务管理人员要注意分析通货膨胀对企业财务的影响，合理调整财务数据，以便正确地评价企业的财务状况。

（9）学习国际财务的相关知识，如外汇风险的规避、国际投资与融资的决策方法等。

（10）确保财务安全。财务管理人员要能够准确评价企业的财务状况，预防出现财务危机。当企业处于财务困境时，要有能力提供相应的对策。

3. 财务管理的关键

（1）加强现金流的预算与控制。企业财务管理首先应关注现金流，而不是会计利润。现金流是企业的命脉，其预算与控制是财务管理的一个关键点。新企业需要通过现金流预算管理来做好现金流控制，确保企业的账上有不少于6个月的现金储备（完成一轮融资通常需要6个月的时间），以避免资金断流。

（2）仔细权衡投资的回报与付出。即使在产品销售情况良好、短期现金流充裕的情况下，新企业仍然需要全面考虑新增投资的回报率和回收期，以及由新增投资所带来的对企业现有能力的挑战。

（3）充分利用产业平台。对于高新企业，应该充分利用所在地区的园区、孵化器等产业平台，争取政府基金及相关政策的支持。这是一种成本相对较低的缓解现金流短缺的方法。孵化器通常是大量政府政策资源的聚集地，孵化器内的新企业在政策资源上有着得天独厚的优势，通过关注、利用政府制定的相关法律条例，创业者有可能争取到政策性低息贷款或无偿扶持基金（如创新基金），以及孵化器提供的廉价房租等。

（4）增收节支，开源节流。开源节流是企业经营中最常用的手段和策略。节流不是简单地减少支出，而是通过分析费用支出结构、支出的必要性和经济性，采取相应的措施来改善费用支出的使用效果。

对于新企业来说，研发费用和营销费用是加强管理和控制的主要对象。在研发投入上，技术偏好型创业团队特别容易只关注技术而忽略转化成果的市场需求。在营销投入上，除了规范内部制度外，还需要特别注意以下两个倾向：第一，避免将短期的成功简单地复制到未来的营销策略上；第二，避免病急乱投医，在企业遇到困难时自乱阵脚。创业团队往往对产品导入期估计不足，实施几次营销策略不见明显成效便就乱了方寸，导致胡乱投入，浪费资金，从而陷入更深的危机之中。

（5）财务风险控制。处于初创期或成长期的企业，需要大量的营运资金来支付快速增加的应付账款（指尚未收回的货款或所提供服务应得的款项），因此，举债经营成为企业发展的途径之一。但是，由于负债要支付利息，债务到期要及时偿还，因此，新企业必须正确、客观地评估财务风险，采取稳健的财务策略。

（6）资金控制。在市场竞争异常激烈的今天，新企业往往不得不用信用形式进行业务交易，从而导致企业经营中的应收账款比重较大。许多大企业认为可以延迟支付小企业或新企业的款项，因为小企业或新企业几乎没有讨价议价的能力。

应收账款是一个重要的财务控制点。新企业要控制好应收账款，应做到以下几点：一是客观评价客户资信程度；二是建立合理的信用标准；三是对所发生的应收账款和客户加强管理，制订催款计划，定期向赊销客户寄送对账单和催缴欠款通知书，或者拨打催款电话，同时要对有经常性业务往来的赊销客户进行单独管理。

（三）企业的人力资源管理

在创业过程中，人力资源是最活跃、最重要的创业资源。人力资源管理就是人力资源的获取、整合、激励、控制、调整及开发的过程，主要包括求才、用才、激才、留才等内容和工作任务。企业人力资源管理的主要内容有以下几个方面。

1. 制订人力资源计划

人力资源计划是指为完成企业的生产经营目标，根据企业内外部环境和条件的变化，运用科学的方法进行组织设计，对人力资源的获取、配置、使用、保护等各个环节进行职能性策划，制订企业人力资源供需平衡计划，从而实现人力资源与其他资源的合理配置，有效激励、开发员工。

通过制订人力资源计划，一方面可以保证人力资源管理活动与企业的战略方向和目标一致；另一方面可以保证人力资源管理活动的各个环节相互协调、避免冲突。同时，在实施企业计划时，还必须要在法律和道德方面创造公平的就业机会。

2. 设置组织机构

设置组织机构是组织为了实现目标所进行的专业分工和各种必需资源的合理安排，以便在适当的时间、地点使各部分相互有机地协调配合，各方面有力有效地组合在一起的管理活动过程。总的来说，组织机构的类型有直线型、职能型、直线职能型、事业部型、矩阵型和网络型。

3. 职位分析

职位分析又称岗位分析或工作分析，主要是指通过系统地收集、确定与组织目标职位有关的信息，对目标职位进行研究分析，最终确定目标职位的名称、督导关系、工作职责与任职要求等的活动过程。

4. 招聘合适的员工

新企业招聘员工时，需考虑以下几点：哪些岗位需要招聘员工；需要招聘的员工应具备哪些技能和其他要求；各个岗位需要招聘的具体人数；向这些招聘的员工支付多少工资。

企业需要参照岗位职责的要求来招聘员工，不但需要考虑员工的专业技能，还要把握员工的素质与品行。一般要进行面试甚至笔试，而不能仅凭个人简历就做出招聘决定。

面试时，通过提问可以掌握应聘人员的基本情况。除了一般的提问之外，还可以利用专业的职业测评技术，评价应聘人员的各种素质与应聘岗位的匹配程度，这能帮助企业更加科学地判断应聘者是否符合岗位的需要，是否有良好的意愿到本企业工作。

5. 管理员工

良好的员工管理可以提升企业的效益，新企业的员工管理可从以下几个方面进行：

（1）向企业的每一位员工说明企业的详细情况，明确他们的工作任务。

（2）给员工提供与其工作相匹配的工资和奖金。

（3）尽可能让员工的工作稳定，并给他们提供良好的工作环境。

（4）让员工融入企业的团队之中，让他们对企业和团队有归属感。

（5）对员工进行必要的绩效考评，并根据考评结果实施奖惩。

（6）尽可能为员工提供培训和学习的机会，为他们在企业中升职和发展提供机会。

三、初创企业的成长管理

新企业成立后，尤其是在创业初期和发展期时，企业的经营与管理至关重要，这关系到企业能否长久发展。

（一）企业生命周期

通常来说，企业成立后需要经历初创期、成长期、成熟期和衰退期4个阶段。

1. 初创期

初创期是企业不断摸索、学习和求得生存的阶段。在这一阶段，企业刚刚成立，创业者的素质和管理风格成为一切管理的核心。由于缺乏经验，企业的经营方针也比较模糊，创业者往往很难建立规范的规章制度，因此，企业的管理尚处于不稳定的状态，没有明确的战略和成型的企业文化，经常被意想不到的危机所左右。但也正因这一阶段的管理没有成型，此时企业的创新能力也是最强的。

随着企业的成长，当具有创造性思想但对企业管理不正规的创业者被过多细小的事务和具体的经营问题所困扰，不能继续有效地管理企业时，就会开始对企业进行变革，调整企业的组织结构并建立一个正规的领导班子，从而使企业顺利过渡到成长期。

2. 成长期

成长期是企业快速发展的阶段。在这一阶段，企业的产品开始被用户接受，市场份额不断扩大，销售能力也不断增强，虽然在发展速度上可能会有所波动，但总体上能够保持较高的增长水平。不过，成长期的企业也会面临许多问题，如企业管理水平低下、运行效率不高、销售额虽在持续增长但利润却没有起色等。

其中，人力资源管理是成长期企业面临的一个重要问题。例如，企业引进的职业经理人所奉行的管理模式可能会与创业者的管理模式存在矛盾，从而导致企业内部管理出现一定的混乱；由于员工可能缺乏对企业发展方向的理解，从而导致人员流动性过高等。总之，在这一阶段，创业者应当努力完善企业的规章制度，使企业的组织形式真正发挥作用，使企业走上规范的发展轨道。

3. 成熟期

成熟期是指企业发展到一定程度，市场占有率和收益达到最大化，企业声誉卓著的时

期。进入成熟期后，企业的主要业务已经稳定下来，产品销售额能够保持在较高和较稳定的水平。这时，企业的灵活性和可控性较高，组织形式与职能能够达到平衡。此外，企业的业务经验已比较丰富，能根据需求变化及时开发新产品，产品标准化也有所提高，并已经通过各种媒体渠道在公众心目中树立了良好的企业形象。

在这一阶段，企业管理人员的管理水平已有明显提高，各项管理制度也更为完善和专业，因此，因管理失误带来的风险大量减少。

不过，稳定的经营状况持续一段时间之后，企业的管理就开始变得僵化。各种极具约束力的规章制度也使这一阶段的企业逐渐丧失活力，趋向保守，使企业的创新能力受到极大限制。

4. 衰退期

衰退期是企业生命周期中的最后一个阶段，它具有以下几个特征：一是钱越来越多地花在了控制系统、福利和一般设备上；二是企业越来越强调做事的方式，而不问行事的原因、内容和结果；三是企业内部越来越缺乏创新机制。

（二）企业成长的驱动因素

1. 创业者

创业者是初创企业的决策者和领导者，对企业的成长具有重要的作用。具体来说，初创企业能否快速成长取决于创业者的两项素质——创新能力和成长欲望。

（1）创业者的创新能力。创业者具备勇于挑战的精神、识别和把握机会的能力，使其能把各种资源从生产率较低、产量较小的领域转到生产率较高、产量较大的领域，从而使企业具有创新优势，并赢得快速成长的机会。

（2）创业者的成长欲望。在企业生产产品并投入市场，最终获得一定利润后，创业者一般并不满足于现状，而是将利润进行再投资，以使企业快速成长，以更多地占据市场份额。创业者这种勇往直前的激情，使其在实现企业目标的过程中表现得更加坚定、乐观，这种高成就动机不仅使消费者、资源提供者及企业员工深深信服，更能激发团队成员的工作热情，进而实现企业的快速发展。

2. 创业团队

（1）创业团队的创业精神。创业精神表现为创业欲望、决心和干劲等，也彰显着团队的创业价值观。创业价值观作为创业精神的核心，对初创企业的价值取向起着引领和支配作用，并能在企业成长过程中形成创业战略与创业文化。

（2）创业团队的专业水平。专业水平主要是指创业团队在技术、营销、管理方面的专业素质和能力水平，它属于技术层面的特征。专业水平作为创业团队推动企业成长的实践动力，在很大程度上体现了创业团队的价值。创业团队的专业水平越高，企业的创业之路会越顺利，也越容易取得成功。

（3）创业团队的组织方式。组织方式主要体现为创业团队的组织形式和治理结构，它属于运作机制和制度范畴层面的特征，对创业团队起着激发创业热情、管理创业活动、提高创业能力的保障作用。实践表明，创业团队的组织方式能在企业战略制订、经营管理、人才吸引和技术创新等方面起到强大的促进作用。

3. 市场

在市场经济背景下，市场是企业生存的根本。企业进入成长期后，面临着更加激烈的市场竞争，其成长与发展往往举步维艰。但是，企业在供应商的竞价力、消费者的满意度、新进入企业的威胁、替代品的冲击等因素的驱动下，也会快速成长。

（1）供应商的竞价力。供应商主要通过提高原材料价格与降低原材料质量来影响企业的产品竞争力与盈利能力。而供应商的强弱主要取决于他们所提供给企业的原材料的稀缺程度、不可替代程度等。为削弱或消除供应商竞价力的影响，企业必须寻找多家供应商，以保证供应渠道的畅通、稳定，降低长期原材料购买成本，进而提高自身竞争力，促进自身的成长。

（2）消费者的满意度。消费者通过压价或要求企业提供较好的产品或服务来影响企业的产品竞争力与盈利能力。消费者对企业成长的驱动力量主要来自于其对产品或服务偏好的变化、所需产品的数量、购买其他替代产品所需的成本和所追求的购买目标。这就促使企业必须提供消费者所追求的产品或服务，同时不断提升消费者对企业产品或服务的满意度，从而促进自身的成长。

（3）新进入企业的威胁。新进入企业可能会与企业发生原材料和市场份额的竞争，从而影响企业的盈利水平，甚至可能危及企业的生存。这种威胁会迫使企业调整经营策略，如扩大批量生产、降低生产成本、改变营销方式等，以增强市场竞争力，促进自身的成长。

（4）替代品的冲击。当有替代品进入市场时，一方面，企业可能会因替代品的出现而导致盈利能力降低，使企业成长受到制约；另一方面，由于替代品生产企业的侵入，企业必须提高产品质量、进行产品改良、实现产品创新、逐步实现产品的多元化和系列化，以提高产品的价值空间，不断提高消费者的满意度，由此促进自身的快速成长。

4. 组织资源

组织资源一般是指企业的各类管理系统，包括企业的组织结构、作业流程、工作规范、信息沟通、决策体系、质量系统，以及正式和非正式的计划等。完备的组织资源与企业的市场占有率、销售量和现金流量有着直接的关系。一个企业只有有效控制和科学利用组织资源，关注组织资源基本要素之间的契合度，在趋于合理的组织结构、再造整合的作业流程、日益科学的工作规范、准确有效的信息沟通等要素的共同作用下，形成竞争优势，才能获得市场占有率和提升销售业绩，实现自身的成长与发展。

（三）企业成长的管理策略

企业的成长与发展是一个动态的过程，是在变革创新和强化管理的基础上，通过各种资源的不断积累与整合，实现企业的可持续发展的过程。企业成长的管理策略主要有以下几个方面的内容。

1. 整合外部资源

由于新企业的规模小，各种资源相对匮乏，为了在不确定的环境中持续成长，新企业必须学会整合外部资源，发挥资源的杠杆效应。为此，新企业可通过缔结战略联盟、首次公开上市等方式实现快速成长。

（1）缔结战略联盟。新企业可通过缔结垂直联盟，使得处于营销上下游环节的不同企业（如供应商、制造商、经销商等）可以共享利益、共担风险、长期合作。新企业还可以缔结水平联盟，使不同行业的企业共担营销费用，并在产品促销、营销宣传、品牌建设等方面实现资源共享，如生产刀具的企业与生产厨房电器的企业联盟。

（2）首次公开上市。新企业发展到一定的规模，符合首次公开上市的要求时，就可选择这一管理策略。首次公开上市可为企业带来以下好处：首先，能在资本市场上获取企业发展所需要的大量资本，并能增强其他金融机构对企业的信心，从而提升企业的融资能力。其次，可以提高企业的知名度，也可以提高企业在利益相关者（如消费者、供应商和投资者）心目中的可信度。再次，能为创业者在短期内创造大量财富，实现财富聚集。最后，能为企业员工和股东创造财富，使大家对企业的发展更具信心。

2. 及时实现从创造资源到管好用好资源的转变

从创造资源到管好用好资源是指企业在开发各种生产经营所必需的资源的同时，也应采取必要的措施，加强对各种资源的管理，并充分利用已开发的资源为企业创造更大的价值，实现创造与利用并举。

若企业只注重创造资源，而忽视对所创造的资源进行科学管理和有效利用，则容易导致某些资源被企业内部员工占用，使企业蒙受经济损失，还可能会在无形中培养出一批同行业竞争对手。相反，若企业在生产经营中树立创造资源、管理资源和利用资源并重的管理理念与经营思想，建立起良好的企业资源管理制度和资源利用监督机制，加强对企业员工、核心技术、关键设备、客户关系等的管理，则可以确保企业的核心竞争力不受侵蚀，进而确保企业利润保持在稳定的水平上，从而使企业在市场竞争中始终占据优势。

3. 形成比较固定的企业价值观和文化氛围

企业价值观是在长期生产经营活动中逐渐形成的，是由企业的管理者和员工共同分享的价值观念，是企业成长与发展的灵魂。企业一般以企业宗旨、企业精神、企业经营理念等形式，将自身的价值观传递给员工，使员工明确企业的目标，领悟企业的精神，并努力把企业的价值追求内化为生产经营的实际行动。

企业价值观虽然是无形的，但却融入了企业成长的全过程，渗透在企业生产经营的方方面面，如怎样与员工分享财富与成功，以何种方式回报社区与社会，如何利用和节约资源、保护生态环境等。

企业文化氛围是由企业员工对企业使命和愿景的期望及创业者的目标、理念和态度共同形成的，是企业应对成长过程中出现的一系列问题的关键。企业在制订兼顾长远目标的

短期目标、设立高水平的道德标准、激发员工个人的能动性、采用特定的管理方式、打造清晰的团队精神等方面所形成的文化氛围，会对企业的绩效产生十分显著的影响。主要原因是，员工清楚创业者及管理团队的目标追求与管理方式后，其在生产经营中的付出与努力将直接反映在企业业绩上，从而促进企业成长。

知识链接

华为的核心价值观

以人为本、尊重个性、集体奋斗、视人才为公司的最大财富而不迁就人才；在独立自主的基础上开放合作和创造性地发展世界领先的核心技术体系，崇尚创新精神和敬业精神；爱祖国、爱人民、爱事业和爱生活，绝不让“雷锋”吃亏；在顾客、员工与合作者之间结成利益共同体。

4. 注重用成长的方式解决成长过程中出现的问题

用成长的方式解决成长过程中出现的问题，其本质是不断变革。随着企业的成长，企业的规模在不断壮大，效益越来越好，社会地位越来越高。与此同时，企业的管理也越来越复杂。企业可通过以下途径来解决成长过程中出现的各种问题：

（1）创新人力资源管理。人力资源是企业实行变革与创新最重要的因素，即企业实行变革与创新需要强有力的管理团队和高素质的管理人员。为此，企业应采取积极的人力资源政策，加大人力资源管理创新的力度。例如，通过创新人才内部培养机制，开发企业现有人才的潜力；通过创新人才引进机制，为企业引进高层次人才；通过创新利益分配机制，留住人才。

（2）创新经营管理体系。企业的经营管理体系涉及员工招聘与培训，物资采购，产品生产、运输、销售等各个环节。随着企业的成长，其经营管理越来越复杂。因此，企业只有不断变革，构建更加科学、合理的经营管理体系，才能适应企业成长的需要。

（3）掌握变革与创新的切入点。进入成长期的企业要善于把握变革与创新的切入点，或从经营策略切入，或从竞争策略切入，或从售后服务切入，由点及面、逐步推进。这样做的好处是成本小、见效快，失控的可能性小。即使在变革与创新的过程中出现一些问题，也能及时止损、快速调整。

5. 从过分追求速度到追求企业的价值增加

新企业的成长主要表现为规模的扩大，具体体现在销售额的增长与利润的增加上。但是，企业过分追求发展速度，往往导致销售额增长很快，但利润却没有增加。因此，新企业发展到一定程度时，应通过企业经营结构、组织结构和技术结构等方面的更新与完善，企业内部资源的合理配置和企业核心竞争力的增强，使其从追求企业发展速度的提升转向追求企业的价值增加。

知识拓展

一、新企业的名称与选址

（一）新企业的名称

1. 企业名称的构成

企业名称一般由字号（商号）、所属行业（经营特点）、组织形式 3 个部分组成，前面可以加上行政区划。

（1）行政区划。行政区划是指企业所在地县级以上行政区域的名称或地名。除国务院决定设立的企业外，企业名称一般不得冠以“中国”“中华”“全国”“国家”“国际”等字样。

（2）字号。企业名称中的字号应当由两个及以上的汉字组成，行政区划名称不得用作字号，但县级以上行政区划地名具有其他含义的除外。此外，企业名称中的字号也可以使用自然人投资人的姓名。

（3）所属行业。企业名称中的所属行业应当由反映企业经营活动所属的国民经济行业或反映企业经营特点的用语组成。企业经营活动分别属于国民经济行业不同大类的，应当选择主要经营活动所属的国民经济行业。

（4）组织形式。依据《公司法》《中华人民共和国外商投资法》申请登记的企业名称，其组织形式为有限公司（有限责任公司）或者股份有限公司；依据其他法律、法规申请登记的企业名称（如个人独资企业、合伙企业等），组织形式不得为有限公司（有限责任公司）或者股份有限公司；非公司制企业可以用“厂”“店”“部”等作为企业名称的组织形式。

例如，延安恒兴监理咨询有限公司，延安为行政区划，恒兴为字号，监理咨询为所属行业，有限公司为组织形式。其中起主要识别作用的是字号，即恒兴。

2. 设计企业名称时的注意事项

一个设计独特、易读易记，并富有艺术性和形象性的企业名称，能迅速抓住大众的眼球，诱发其浓厚的兴趣和丰富的想象，使之留下深刻的印象。新企业在设计企业名称时，应该注意以下几个方面：

（1）名称中尽量避免使用字母和数字。

（2）名称字数不应太多。名称应易读易写，不要过于专业化，不要使用生僻字。

（3）应避免无特征的名称，应突显名称的个性，且尽量不要与同类企业名称雷同。

（4）能反映企业产品的文化底蕴、时代特色、历史传承等。

（5）注意名称与企业商标、品牌的统一性。

（二）新企业的选址

1. 影响企业选址的因素

创业者选择企业地址时，须考虑政治因素、经济因素、技术因素、社会文化因素、人口因素及自然因素等。其中，经济因素和技术因素对选址决策起着基础性作用。

（1）政治因素。在选择企业地址时，创业者应注意研究政府在市场发展、产业发展等方面的相关规定。例如，创业者应先研究政府在不同时期的产业发展重点和优惠政策，然后将企业建在有产业政策支持的地区，以使企业发展抢占市场先机。

（2）经济因素。经济因素决定了企业预选地址所在地的消费者购买力。消费者购买力一般体现在该地区消费者的银行存款、收入水平、家庭总收入等指标上，这些指标与该地区的经济发达程度有密切关系。因此，创业者应注意评估企业预选地址所在地的相关经济指标。同时，创业者还应注意考察企业预选地址所在地的商业环境，了解那里是否形成了具有竞争力的企业集群。一般来说，创业者将企业地址确定在关联企业比较集中的地区更容易获得成功。

（3）技术因素。对于以科技研发与生产为主导方向的高新技术企业，创业者可将企业地址确定在某地区的技术研发中心附近，或者在新技术信息通畅的地区，以便及时了解和掌握国内外新技术发展变化的新规律、新特点和新趋势，避免技术进步的难以预测性和技术市场变化的不确定性给高新技术企业的发展带来不利影响。

（4）社会文化因素。由于价值取向与生活态度的差异，不同文化背景的消费者对健康、营养、安全、环境等的关注程度不同，这会直接影响企业产品或服务的市场需求与市场拓展。因此，创业者在选择企业地址时应考虑企业预选地址所在城市的影响力、所在地区的社区文化与商业文化，分析企业产品或服务的目标消费群体的文化品位与消费心理。

（5）人口因素。人口因素往往反映一个地区的市场需求及市场容量（即在不考虑产品价格或供应商策略的前提下，市场在一定时期内能够吸纳某种产品或服务的数量）。因此，创业者应重点了解企业预选地址所在地区的人口结构、人口数量、人口稳定情况，以及消费者的职业与收入情况，还要了解消费者的购买习惯、购买能力等情况。

（6）自然因素。创业者应关注企业预选地址的地质状况、水资源状况、气候状况等自然因素是否符合企业生产经营的客观需要。同时，创业者还应考虑企业预选地址所在地的地理环境对企业发展是否有利，如交通是否便利，能否为企业营销发展提供有利条件等。

案例阅读

商品价格与店面选址

小孙很喜欢喝咖啡，一直梦想开一家属于自己的咖啡店。大学毕业后，她在亲友的帮助下，在长沙一个老小区的幽静地段开了一家咖啡馆。这家咖啡馆分上下两层，共有30多个座位，环境优雅舒适，很有品位和格调。

然而，经过一段时间的经营，小孙发现店里的咖啡就算只要18元一杯顾客都嫌贵，而在市中心的商场里，同样的咖啡38元一杯却能吸引不少顾客。她这才意识到，是她的咖啡馆所在地段的消费对象不够。因为咖啡馆周边社区居住的多是长沙本地居民，白天在社区活动的大多是退休的老人，而在市中心工作的年轻人回到家时已经是晚上了，无暇光顾她的咖啡馆。简而言之，由于地段不好，咖啡馆的效益很一般。

最后，小孙把咖啡馆转让给了一对夫妇，而这对夫妇在接管咖啡馆以后将其改造成一家棋牌室。从此，店里的生意逐渐兴隆起来。

2．企业选址的策略和技巧

科学的选址对企业的成长至关重要，因此，创业者必须掌握企业选址的策略和技巧。

（1）在搜集与研究市场信息的基础上选址。市场信息对企业选址的影响是不可忽视的。创业者可依据影响企业选址的各种因素，亲自或委托中介机构搜集市场信息，并对所搜集的市场信息进行定性与定量的科学分析，进而在此基础上科学选址。

（2）在考察与评估备选地址的基础上选址。创业者应对多个备选地址进行实地考察，并采用科学的定量分析方法对备选地址进行评估。然后按照企业“必需的”和“希望的”选址条件，对备选地址进行详细的比较与分析，最终选出最佳地址。

（3）在咨询与听取多方建议的基础上选址。创业者在选址时应咨询有经验的企业家或相关人士，听取他们的意见与建议，以获得有益的帮助。同时，还应综合分析各种信息、意见与建议，制作出备选地址的优势与劣势对比表，然后根据企业所在行业的特点与市场定位等，做出正确的选址决策。

二、新企业相关文件的编写

创业者需要根据所选择的企业组织形式的具体要求，填写各种登记表，编写合伙协议、公司章程、发起人协议等相关文件。

（一）合伙协议

合伙协议主要是规范和约束合伙人关系和行为的法律文件，一份正规的合伙协议不仅能达到统一思想、团结一心的目的，而且还能避免合伙经营过程中可能出现的纠纷和分歧。

标准的合伙协议应当载明以下事项：

（1）合伙企业的名称和主要经营场所的地点。

（2）合伙目的和合伙经营范围。

（3）合伙人的姓名或者名称、住所。

（4）合伙人的出资方式、数额和缴付期限。

（5）利润分配、亏损分担方式。

（6）合伙事务的执行。

（7）入伙与退伙。

（8）争议解决办法。

（9）合伙企业的解散与清算。

（10）违约责任。

合伙协议经全体合伙人签名、盖章后生效。合伙人按照合伙协议享有权利，履行义务。修改或补充合伙协议，应当经全体合伙人一致同意。但是，合伙协议另有约定的除外。合伙协议未约定或约定不明确的事项，由合伙人协商决定；协商不成的，依照《合伙企业法》和其他有关法律、行政法规的规定处理。

案例阅读

××文化传媒合伙企业（普通合伙）合伙协议

合伙人甲：小明（身份证号：5*****************）

合伙人乙：小波（身份证号：4*****************）

第一条　合伙宗旨

本合伙企业的宗旨为：诚信合作，平等互利。

第二条　合伙经营项目和范围

1. 合伙经营项目的名称：××文化传媒合伙企业（普通合伙）。

2. 合伙经营项目的范围：文化艺术交流活动策划、多媒体制作、互联网信息服务、展览展示服务、网站设计。

第三条　合伙期限

合伙期限为20年，自2021年11月26日起，至2041年11月26日止。

第四条　出资额、方式、期限

1. 合伙人小明以货币方式出资，计人民币伍（大写）万元。

2. 合伙人小波以货币方式出资，计人民币伍（大写）万元。

3. 各合伙人的出资，于2021年12月31日前交齐。逾期不交或未交齐的，应对应交未交金额数计付银行利息，并赔偿由此造成的损失。

4. 本合伙出资共计人民币拾（大写）万元。合伙期间各合伙人的出资为共有财产，不得随意请求分割。合伙终止后，各合伙人的出资为个人所有，届时予以返还。

第五条　盈余分配与债务承担

1. 盈余分配：以出资额为依据，按比例分配。

2. 债务承担：合伙债务先由合伙财产偿还，合伙财产不足清偿时，以各合伙人的出资额为依据，按比例承担。

第六条　入伙、退伙，出资的转让

1. 入伙：

（1）需承认本协议。

（2）需经全体合伙人同意。

（3）按合同规定享受权利和履行义务。

2. 退伙：

（1）需有正当理由方可退伙。

（2）不得在合伙不利时退伙。

（3）需提前一个月告知其他合伙人并经全体合伙人同意。

（4）退伙后以退伙时的财产状况进行结算，不论以何种方式出资，均以货币结算。

（5）未经合伙人同意而自行退伙给合伙项目造成损失的，应进行赔偿。

3. 出资的转让：经其他合伙人一致同意，允许合伙人转让自己的出资。转让时其他合伙人有优先受让权。如转让给其他合伙人以外的第三人，对第三人应按入伙对待。

第七条　合伙负责人及其他合伙人的权利

1. 小明为合伙负责人。其权利是：

（1）对外开展业务，订立合同。

（2）对合伙项目进行管理。

（3）确定经营价格。

（4）支付合伙债务。

2. 其他合伙人的权利：

（1）参与合伙项目的管理。

（2）听取合伙负责人开展业务情况的报告。

（3）检查合伙项目财务及经营情况。

（4）共同决定合伙经营重大事项。

第八条　禁止行为

1. 未经全体合伙人同意，禁止任何合伙人私自以合伙名义进行业务活动。如有违反，以其业务获得利益的两倍赔付其他合伙人，造成的损失由该合伙人个人按实际损失进行赔偿。

2. 禁止合伙人经营与合伙企业竞争的业务。

3. 禁止合伙人再加入其他合伙企业。

4. 禁止合伙人与本合伙企业进行交易。

第九条　合伙营业的继续

1. 在退伙的情况下，其他合伙人有权继续以原企业名称继续经营原企业业务，也可以选择、吸收新的合伙人入伙经营。

2. 在合伙人死亡或被宣告死亡的情况下，依死亡合伙人继承人的选择，可以退回继承人应继承的财产份额继续经营；也可依照合伙协议的约定或者经全体合伙人同意，接纳该继承人为新的合伙人继续经营。

第十条　合伙的解散和清算

1. 合伙的解散：

（1）合伙期限届满。

（2）全体合伙人同意终止合伙关系。

（3）已不具备法定合伙人数。

（4）合伙事务完成或不能完成。

（5）被依法撤销。

（6）出现法律、行政法规规定的合伙企业解散的其他原因。

2. 合伙的清算：

（1）合伙解散后应当进行清算，并通知债权人。

（2）由全体合伙人担任清算人；经全体合伙人过半数同意，可以自合伙企业解散事由出现后 15 日内指定一个或者数个合伙人，或者委托第三人担任清算人；自合伙企业解散事由出现后 15 日内未确定清算人的，合伙人或者其他利害关系人可以申请人民法院指定清算人。

（3）合伙财产在支付清算费用后，按合伙所欠职工薪酬、合伙所欠税款、合伙债务、合伙人出资的顺序清偿。

（4）清偿后如有剩余，则按本协议第五条第一款的办法进行分配。

（5）当合伙财产不足以清偿债务时，依本协议第五条第二款的办法办理。当某个合伙人无法清偿自己应承担的债务时，其他合伙人应代为清偿。

第十一条　违约责任

1. 合伙人未经其他合伙人一致同意而转让其财产份额的，如果其他合伙人不愿接纳受让人为新的合伙人，可按退伙处理，转让人应赔偿其他合伙人由此而造成的损失。

2. 合伙人私自以其在合伙企业中的财产份额出质的，其行为无效，由此给其他合伙人造成损失的，该合伙人承担全部赔偿责任。

3. 当合伙人因严重违反本协议，出现重大过失，或由违反《中华人民共和国合伙企业法》而导致合伙企业解散的，应当对其他合伙人承担赔偿责任。

4. 合伙人违反本协议第八条规定的，应按实际损失进行全额赔偿。对于劝阻不听者，可由全体合伙人集体决定除名。

第十二条　争议解决方式

对于与本协议有关的一切争议，合伙人之间应共同协商确定。

第十三条　其他

1. 经协商一致，合伙人可以修改本协议或对未尽事宜进行补充。其中，补充、修改内容与本协议相冲突的，以补充、修改后的内容为准。

2. 入伙合同可作为本协议的组成部分。

3. 本协议一式三份，合伙人各执一份，送登记机关存档一份。

4. 本协议经全体合伙人签名、盖章后生效。

合伙人（签章）:

合伙人（签章）:

××××年××月××日

（二）公司章程

公司章程是指公司依法制定的，规定公司名称、住所、经营范围及经营管理制度等重大事项的基本文件。

1. 有限责任公司章程

有限责任公司章程应当载明以下事项：

（1）公司名称和住所。

（2）公司经营范围。

（3）公司注册资本。

（4）股东的姓名或者名称。

（5）股东的出资方式、出资额和出资时间。

（6）公司的机构及其产生办法、职权、议事规则。

（7）公司法定代表人。

（8）股东会会议认为需要规定的其他事项。

股东应当在公司章程上签名、盖章。

案例阅读

××商贸有限责任公司章程

第一章　总则

第一条　依据《中华人民共和国公司法》（以下简称《公司法》）及有关法律、法规、规章的规定，由陈×、杨×、叶×、周×、赵×等五方共同出资，设立××商贸有限责任公司（以下简称“公司”），特制订本章程。

第二条　本章程中的各项条款与法律、法规、规章不符的，以法律、法规、规章的规定为准。

第二章　公司名称和住所

第三条　公司名称：××商贸有限责任公司。

第四条　公司住所：××市××商务中心3号楼A座23层。

第三章　公司经营范围

第五条　公司经营范围：五金交电、日用百货、针纺织品、包装材料、橡塑制品、羽绒制品、机械配件、建筑装饰材料、电脑软硬件、皮革制品、照明电器、不锈钢制品、厨房设备、钢材、电线电缆、机电产品、环卫设备及材料、汽摩配件、工程机械设备及配件、花卉及苗木批发和零售。

第四章　股东姓名（名称）、出资方式、认缴及实缴的出资额和出资时间

第六条　股东姓名（名称）、出资方式、认缴及实缴的出资额和出资时间如表9-2所示。

表9-2　股东姓名（名称）、出资方式、认缴及实缴的出资额和出资时间

股东姓名	认缴情况			设立时实际缴付情况		
	出资数额（元）	出资时间	出资方式	设立时实际缴付（元）	出资时间	出资方式
陈×	400 000	2021.11.26	货币	400 000	2021.12.10	货币
杨×	200 000	2021.11.26	货币	200 000	2021.12.10	货币
叶×	200 000	2021.11.26	货币	200 000	2021.12.10	货币
周×	100 000	2021.11.26	货币	100 000	2021.12.10	货币
赵×	100 000	2021.11.26	货币	100 000	2021.12.10	货币
合计	1 000 000			1 000 000		

第五章　公司机构及其产生办法、职权、议事规则

第七条　股东会由全体股东组成，是公司的权力机构，行使以下职权：

（一）决定公司的经营方针和投资计划。

（二）选举和更换非由职工代表担任的董事、监事，决定有关董事、监事的报酬事项。

（三）审议批准董事会的报告。

（四）审议批准监事会或者监事的报告。

（五）审议批准公司的年度财务预算方案、决算方案。

（六）审议批准公司的利润分配方案和弥补亏损方案。

（七）对公司增加或者减少注册资本做出决议。

（八）对发行公司债券做出决议。

（九）对公司合并、分立、解散、清算或者变更公司形式做出决议。

（十）修改公司章程。

（十一）公司章程规定的其他职权。

第八条　股东会的首次会议由出资最多的股东召集和主持。

第九条　股东会会议由股东按照出资比例行使表决权。

第十条　股东会会议分为定期会议和临时会议。

召开股东会会议时，应当于会议召开十五日前通知全体股东。

定期会议应按照规定按时召开。代表十分之一以上表决权的股东，三分之一以上的董事，监事会或者执行监事（不设监事会时）提议召开临时会议的，应当召开临时会议。

第十一条　股东会会议由董事会召集，董事长主持；董事长不能履行职务或者不履行职务的，由副董事长主持；副董事长不能履行职务或者不履行职务的，由半数以上董事共同推举一名董事主持。董事会或者执行董事不能履行或者不履行召集股东会会议职责的，由监事会或者执行监事（不设监事会时）召集和主持；监事会或者执行监事不召集和主持的，代表十分之一以上表决权的股东可以自行召集和主持。

第十二条　股东会会议做出修改公司章程、增加或者减少注册资本的决议，以及公司合并、分立、解散或者变更公司形式的决议，必须经代表三分之二以上表决权的股东通过。

第十三条　公司设董事会，成员为三人，由股东会选举产生。董事任期三年，任期届满，可连选连任。

董事会设董事长一人，由陈×担任，由股东会选举产生。

第十四条　董事会行使以下职权：

（一）召集股东会会议，并向股东会报告工作。

（二）执行股东会的决议。

（三）决定公司的经营计划和投资方案。

（四）制订公司的年度财务预算方案、决算方案。

（五）制订公司的利润分配方案和弥补亏损方案。

（六）制订公司增加或者减少注册资本及发行公司债券的方案。

（七）制订公司合并、分立、解散或者变更公司形式的方案。

（八）决定公司内部管理机构的设置。

（九）决定聘任或者解聘公司经理及其报酬事项，并根据经理的提名决定聘任或者解聘公司副经理、财务负责人及其报酬事项。

（十）制定公司的基本管理制度。

第十五条　董事会会议由董事长召集和主持；董事长不能履行职务或者不履行职务的，由副董事长召集和主持；副董事长不能履行职务或者不履行职务的，由半数以上董事共同推举一名董事召集和主持。

第十六条　董事会决议的表决，实行一人一票。

第十七条　公司设经理一名，由董事长提名，交由董事会决定聘任或者解聘。经理对董事会负责，行使以下职权：

（一）主持公司的生产经营管理工作，组织实施董事会决议。

（二）组织实施公司年度经营计划和投资方案。

（三）拟订公司内部管理机构设置方案。

（四）拟订公司的基本管理制度。

（五）制定公司的具体规章。

（六）提请聘任或者解聘公司副经理、财务负责人。

（七）决定聘任或者解聘除应由董事会决定聘任或者解聘以外的负责管理人员。

（八）董事会授予的其他职权。

第十八条　公司暂不设监事会，经选举由杨×担任执行监事。

第十九条　执行监事的任期每届为三年，任期届满，可连选连任。

第二十条　执行监事行使以下职权：

（一）检查公司财务。

（二）对董事、高级管理人员执行公司职务的行为进行监督，对违反法律、行政法规、公司章程或者股东会决议的董事、高级管理人员提出罢免的建议。

（三）当董事、高级管理人员的行为损害公司的利益时，要求董事、高级管理人员予以纠正。

（四）提议召开临时股东会会议，在董事会不履行本规定的召集和主持股东会会议职责时召集和主持股东会会议。

（五）向股东会会议提出提案。

（六）依照《公司法》第一百五十二条的规定，对董事、高级管理人员提起诉讼。

第二十一条　监事可以列席董事会会议。

第六章　公司的法定代表人

第二十二条　董事长为公司的法定代表人，任期三年，由股东会选举产生。任期届满后，可连选连任。

第七章　股东会会议认为需要规定的其他事项

第二十三条　股东之间可以相互转让其部分或全部出资。

第二十四条　股东向股东以外的人转让股权，应当经其他三分之二以上的股东同意。股东应就其股权转让事项书面通知其他股东征求同意，其他股东自接到书面通知之日起满三十日未答复的，视为同意转让。其他三分之二以上的股东不同意转让的，不同意的股东应当购买该转让的股权；不购买的，视为同意转让。

经股东同意转让的股权，在同等条件下，其他股东有优先购买权。两个以上股东主张行使优先购买权的，协商确定各自的购买比例；协商不成的，按照转让时各自的出资比例行使优先购买权。

第二十五条　公司的营业期限为二十年，自公司营业执照签发之日起计算。

第二十六条　有以下情形之一的，公司清算组应当自公司清算结束之日起三十日内向原公司登记机关申请注销登记：

（一）公司被依法宣告破产。

（二）公司章程规定的营业期限届满或者公司章程规定的其他解散事由出现，但公司通过修改公司章程而存续的除外。

（三）股东会决议解散。

（四）依法被吊销营业执照、责令关闭或者被撤销。

（五）人民法院依法予以解散。

（六）法律、行政法规规定的其他解散情形。

第八章　附则

第二十七条　公司登记事项以公司登记机关核定的为准。

第二十八条　本章程一式六份，并报公司登记机关一份。

全体股东签名、盖公章：

××××年××月××日

2. 股份有限公司章程

股份有限公司章程应当载明以下事项：

（1）公司名称和住所。

（2）公司经营范围。

（3）公司设立方式。

（4）公司股份总数、每股金额和注册资本。

（5）发起人的姓名或名称、认购的股份数、出资方式和出资时间。

（6）董事会的组成、职权和议事规则。

（7）公司法定代表人。

（8）监事会的组成、职权和议事规则。

（9）公司利润分配办法。

（10）公司的解散事由与清算办法。

（11）公司的通知和公告办法。

（12）股东大会会议认为需要规定的其他事项。

（三）发起人协议

发起人协议是指股份有限公司发起人就拟设立公司的主要事宜达成的协议。发起人协议应当载明以下事项：

（1）各发起人。

（2）拟设立公司的名字。

（3）拟设立公司的经营范围。

（4）股本总额。

（5）各发起人认购的份额。

（6）各发起人的权利和义务。

（7）公司筹办事项。

（8）违约责任。

（9）协议的修改与终止。

三、新企业的设立登记流程

2015 年 6 月 29 日，国务院办公厅印发了《关于加快推进“三证合一”登记制度改革的意见》(国办发〔2015〕50 号)，以简化企业登记、审批的程序，提高登记效率，方便企业准入。

2015 年 10 月 1 日起，“三证合一、一照一码”登记制度改革开始在全国推行。2015 年 12 月 29 日，国家市场监督管理总局、国家税务总局联合印发了《关于进一步做好“三证合一”有关工作衔接的补充通知》(工商企注字〔2015〕228 号)，要求各地建立健全信息共享机制，做好企业登记和税务管理衔接有关工作，确保“三证合一”工作衔接顺畅高效。

“三证合一”是将企业依次申请的工商营业执照、组织机构代码证和税务登记证三证合为一证，提高市场准入效率；“一照一码”则是在此基础上更进一步，通过“一口受理、并联审批、信息共享、结果互认”，实现由一个部门核发载有“统一社会信用代码”(共 18 位)的营业执照。企业无须再次进行税务登记，也不用再领取税务登记证。“一照”即营业执照，“一码”即统一社会信用代码。

2016 年 7 月 5 日，国务院办公厅印发了《关于加快推进“五证合一、一照一码”登记制度改革的通知》(国办发〔2016〕53号),在“三证合一”登记制度改革的基础上,再整合社会保险登记证和统计登记证,实现“五证合一、一照一码”。

2018年6月15日,全国各省(自治区、直辖市)级及计划单列市国税局、地税局合并,且统一挂牌。此次省级新税务局挂牌后,至2018年7月底,市、县级税务局逐级分步完成集中办公、新机构挂牌等改革事项。2018年8月起,国家税务总局整合办税流程,全面实现了“一厅通办”“一网办理”。

提　示

国家计划单列市的全称为“国家社会与经济发展计划单列市”,即在行政建制不变的情况下,省辖市在国家计划中单列户头,国家赋予这些城市相当于省一级的经济管理权限。目前,全国的计划单列市有大连、青岛、宁波、厦门和深圳。

上述制度简化了企业的设立登记流程。一般情况下,企业的设立登记需要经过以下5个步骤:① 预先核准企业名称;② 准备申请材料并在线提交申请;③ 领取营业执照并刻制印章;④ 开立银行账户;⑤ 税务报到。企业设立登记的管理机关为当地的市场监督管理局,具体的注册登记工作可以通过网络平台进行。

注册公司的一般流程

(一)预先核准企业名称

创业者设立企业时,首先需要核准企业名称。创业者可登录所在地的市场监督管理局官方网站,进入“办事服务”栏目或所在地的政务服务系统,注册账号并登录。然后选择“企业开办”选项或在搜索栏搜索“企业开办”关键词,在“企业开办”页面中根据需要选择“内资公司设立登记”“合伙企业设立登记”等服务进行在线办理。最后按系统要求填写事先准备好的企业名称并提交。企业名称经审核通过后,创业者即可获得“企业名称预先核准通知书”。

(二)准备申请材料并在线提交申请

企业名称经审核通过后,创业者即可按要求填写企业登记的相关信息,如企业住所地、企业类型、注册资本、经营范围、投资人名单及其出资比例等。

同时,创业者应预先准备企业登记的相关申请材料,并按照系统提示上传申请材料的PDF文件。对于有限责任公司的设立而言,创业者通常应准备法定代表人、全体股东、财务负责人的身份证明材料,代理人资料,备案登记资料,公司章程,住所证明等。具体的申请材料包括以下内容:

(1)企业设立登记申请书。该申请书包括企业设立登记申请表,单位投资人(单位股东、发起人)名录,自然人股东(发起人)、个人独资企业投资人、合伙企业合伙人名录,投资人注册资本(注册资金、出资额)缴付情况,董事会成员、经理、监事任职证明,

企业住所证明等材料，均由法定代表人亲笔签署。

（2）公司章程。由全体股东签字。有法人股东的，还应加盖法人单位公章。

（3）股东资格证明。自然人股东应提交身份证复印件，企业法人股东应提交加盖公章的营业执照复印件。

（4）指定（委托）书。即创业者委托代表或代理人办理企业登记注册手续的授权委托书。

（5）经营范围涉及前置许可项目（如危险品经营、快递业务经营等）时，创业者应提交有关审批部门的批准文件。

企业登记的相关申请材料提交完成后，市场监督管理局会在5个工作日内进行审核。如果申请材料存在问题，市场监督管理局会另行通知，申请人修正后继续提交。网上审查通过后，申请人将收到“准予设立登记通知书”。

（三）领取营业执照并刻制印章

创业者与市场监督管理局预约领证时间，然后携带“准予设立登记通知书”、申请人的身份证原件，到市场监督管理局领取营业执照正、副本。创业者领取营业执照之后，凭营业执照到公安局指定刻章点刻制公司公章、财务专用章、合同专用章、法人章和发票专用章。新企业印章完成刻制后，创业者还须到公安机关及相应的主管部门进行印鉴备案。

（四）开立银行账户

银行账户是企业为办理结算和申请贷款在银行开立的户头，也是企业委托银行办理信贷与转账结算及现金支付业务的工具，它具有监督和反映国民经济各部门、各单位活动的作用。根据《人民币银行结算账户管理办法》规定，单位银行结算账户分为基本存款账户、一般存款账户、专用存款账户和临时存款账户。各类账户有不同的设置和开户条件。按照规定，企业只能在银行开立一个基本存款账户。

单位银行结算账户

基本存款账户是存款人因办理日常转账结算和现金收付需要开立的银行结算账户。一般存款账户是存款人因借款或其他结算需要，在基本存款账户开户银行以外的银行营业机构开立的银行结算账户。专用存款账户是存款人按照法律、行政法规和规章，对其特定用途资金进行专项管理和使用而开立的银行结算账户。临时存款账户是存款人因临时需要并在规定期限内使用而开立的银行结算账户，如设立临时机构、开展异地临时经营活动、注册验证时开立的账户。

企业开立银行账户的基本程序如下：

（1）企业选定开户银行，向该银行领取开户申请书并如实填写，交由主管部门审核盖章后，附上营业执照正本，交给开户银行审核。

（2）银行同意开户后，企业送交预留印鉴，包括财务专用章和法人章。

开立银行账户之后，企业可根据业务需要向开户银行购领有关结算凭证，如现金缴款单、支票等。

（五）税务报到

在市场监督管理局办理完“五证合一、一照一码”登记后，创业者应携带营业执照正、副本原件，法人身份证原件及公章，法人章到当地税务局报到，登录当地税务局官网并办理税务登记业务。

课堂活动

一、企业创办与管理构想

以下的创业构想将帮助你明确自己的创业目标：

（1）企业名称及创办日期为：________________

（2）企业形式为：□个人独资企业　□有限责任公司　□股份有限公司

（3）目标用户主要是：□个人　□团体　□公共机关　□其他（简述）

（4）目前的产品或服务包括：

____

（5）5 个最主要的竞争对手是：

____

（6）可能的竞争来自：□其他公司　□技术　□行业人员

（7）企业竞争地位：□弱　□较弱　□平均水平　□较强　□强

（8）用户对产品或服务的需要在递增/递减：

____

（9）可能引进的产品或服务是：

____

（10）可能进入的市场是：

____

（11）企业的与众不同之处是：

____

（12）当前最大的营销障碍是：

______

（13）最大的营销机会是：

______

（14）总体经营目标和增长计划是：

______

二、企业选址策略分析练习

小王想开一家服装店，却在选择店面地址时犹豫不决。在她所在的城市里，南边已经有了许多服装店，竞争非常激烈；而北边则没有什么服装店，竞争对手也少。小王一时不知该如何抉择。后来，她在一个公园里看到很多人在两个鱼池边钓鱼，小鱼池处围满了人，而大鱼池处却冷冷清清的，只有两三个人。经过打探后得知，小鱼池中的鱼多，不断有人钓上鱼来；而大鱼池中的鱼少，很少有人钓上鱼来。小王豁然开朗，很快就决定了开店的地址。

讨论：如果你是小王，你会把服装店开在哪儿？为什么？

三、企业营销与财务管理分析

（1）不知从何时开始，人们买衣服的方式悄悄地发生了变化：去实体店铺挑选衣服，去网上购买。即当人们在网上看中一件品牌服装，却对面料、尺寸等问题拿不准时，往往会到该品牌的实体店铺查看商品并试穿，试穿满意后，再到网上购买。因此，当人们收到自己网购的服装时，已经知道这件衣服肯定是自己满意的了。

请问：

① 你认为互联网时代的购物模式与传统购物模式有哪些不同？

② 人们为什么喜欢线下体验、线上购买？请你分析一下，这说明了人们的什么心理？

③ 给选定的服装品牌设计一种新的营销模式，并说明理由。

（2）分析企业资金管理过程中经常出现的一些问题，根据拟创办企业的自身情况，制定企业现金管理和使用制度，提出公司成本控制的有效措施。

要求：

① 了解企业所属行业的资金运作特点。

② 通过网络等途径搜集相关行业、企业的资金运作情况。

③ 讨论同行企业的资金运作特点，总结可以借鉴的经验。

四、品牌故事之格力电器

珠海格力电器股份有限公司（以下简称“格力电器”）成立于1991年，创业初期只有一条简陋的、年产量不超过两万台窗式空调的生产线。1994年至1996年，格力电器开始以质量为中心，提出了“出精品，创名牌，上规模，创世界一流水平”的质量方针，建立和完善质量管理体系，推行“零缺陷工程”，使公司产品在质量上实现了质的飞跃。2005年，格力电器实现销售收入196亿元，实现利润总额7.4亿元，出口创汇5.5亿美元。2014年，格力电器实现营业总收入1 400.05亿元，实现净利润141.55亿元。2021年，格力电器实现营业收入1 878.69亿元，同比增长11.69%；实现归母净利润230.64亿元，同比增长4.01%。

查阅资料了解格力电器，并思考以下问题：

（1）格力电器的品牌定位是什么？

（2）格力电器是如何打造自身品牌效应的？

（3）你认为格力电器未来的发展方向是什么？

五、知名企业成长管理对比分析

选择一个你比较熟悉的行业，从中选择两个有代表性的企业（如华为与中兴、国美与苏宁、万科与万通等）作为研究对象，对这两个企业进行对比分析。分析的内容包括企业的成长历程、企业成长的驱动因素、企业成长的管理策略，并谈谈你所获得的启示。

延伸阅读

一、新企业营销过程中易犯的错误

以下列出新企业营销过程中易犯的7个错误，希望能够为其营销活动提供一些参考建议：

（1）不够理解目标客户。很多新企业都会把客户的需求概况化。虽然产品或服务针对的是一个特定的市场，但是需要明白，每一个客户所面临的挑战都是不同的。很多创业者在产品营销前都会进行一些调查，可是不会针对客户具体的需求和难点提出问题。他们只是滔滔不绝地夸赞自己的产品的优势，有多少个好用的功能。虽说创业者对自己的创意充满激情无可厚非，但是也不可忽视对客户的了解。

（2）产品卖点并不能满足目标客户的需求。大多数新企业会很详尽地说明自己产品的各种附加功能，却不会为客户真正需要解决的问题提出解决方案。为此，作为新企业，必须通过询问了解客户的需求。要想获得一名潜在客户，则产品至少应有 2～3 个让客户感到实用的功能，而不是自己想当然地为产品添加的 100 个功能。

（3）创业者没有和客户“亲密接触”。大部分创业者都不会亲自去兜售自己的产品，他们并不会亲临现场和客户接触。这种体验对创业者来说至关重要，而他们就这样白白错过了。首先，创业者失掉了和最早期客户直接联系继而发展为长期客户的机会。其次，他们失掉了从客户那里直接获得回馈的机会，而这些回馈一般能够为公司产品和服务的改善提供最佳建议。

（4）没有对客户保持持续不断的跟进。新企业创业者可能出于销售的考虑，担心占用客户太多时间让对方反感。因此，一旦营销活动结束就不再对客户进行跟进，或者跟进过一两次就不管了。实际上，跟进客户并不是要频繁地打电话联系客户，直到烦得他们拒接电话。如果因为跟进而流失掉潜在客户，那么这些客户早晚都会流失。但是，如果对潜在客户不进行跟进，那么也可能不会多一个新客户。因此，应该保持跟进潜在客户，直到他们给出明确的答案。

（5）新企业大都会对用户界面/用户体验进行优化，但是却不会对销售漏斗进行优化。如今，新企业都可以获得海量数据，但是却不会追踪销售漏斗的基本指标，如电话/电子邮件、有效的联系、潜在客户、达成的交易/交易价值和达成交易的时间点。

（6）价格定位不合理。创业者通常会认为，产品或服务价格越低越好。当然，低价标签会降低客户的进入壁垒，但是同样会稀释产品的价值。当产品通过病毒式扩散收获了很多客户的吸引力时，就需要考虑自己的价格定位，以维持业务发展。产品或服务为客户提供了价值，他们需要为之付费。创业者需要出售的是产品或服务的价值，而不是靠价格标签来吸引客户。

（7）创业者不过问产品营销业务。有时候只需要简单过问一下营销业务，就能让整个流程按照创业者的方向走。

一些企业家出于对艺术、时尚或者科技的热爱而成立了自己的公司。一名成功的企业家同时也应是一名合格的销售人员，能够兜售自己的产品或服务，从而实现自己的创意。以上所有关于新企业营销过程中易犯的 7 个错误都是有迹可循的。因此，新企业的销售团队一旦意识到自己犯了以上错误，应该立即纠正。

二、新企业现金流需求的预测

新企业预测现金流需求，可以按照以下 3 个步骤进行。

（一）预测收入

预测收入的逻辑很简单，只需要根据产品或服务的定价，对销售进行预测即可。由于新企业大多规模小，初期资金紧张，因此必须精打细算，对销售要按照月度来做预测。预

测最好做两份，一份“保守的”，一份“乐观的”。

以一家运动耳机公司为例，如果采用分销方式销售，可以向分销商了解每月大概可以卖出多少个运动耳机；如果采用直销方式销售，则需要考虑广告的投放效果。例如，该公司在某杂志上做广告，杂志发行量 10 万份，一般的广告有效率是 2‰～3‰（一些广告测评机构可以提供类似数据），所以一期杂志最多可以带来 300（100 000×3‰）个消费者。

一般来说，投资者会要求创业者做 3～5 年的收入预测。

（二）计算成本

成本一般包括以下几种：① 固定成本，具体包括人员工资、房租、保险费、职工福利费、办公费等；② 可变成本，具体包括原材料成本、包装费、运输费等；③ 销售成本，具体包括广告费、销售费、客户服务费等；④ 设备投入，具体包括装修费，以及办公家具、电脑、服务器、生产设备等采购费。

（三）分析和调整

把每月的收入预测和成本预测对应着放入同一个时间框架中，就会得出新企业的现金流量表。此时应首先找到收支平衡点，把收支平衡点之前的所有亏损加在一起，就可以得出需要为企业准备的资金数目。

当然，企业的现金流需求预测不是一成不变的，每个月都应该根据企业的实际运营情况进行相应的调整，使之更符合现实，更加优化。如果实际情况和预测总是相差甚远，要及时找出原因并调整，否则应立即停下来，重新考虑企业未来的发展策略。

三、新企业必须考虑的法律与伦理问题

（一）新企业必须考虑的法律问题

新企业创办时，创业者必须熟悉和掌握与企业相关的法律知识，如知识产权法、劳动法、合同法、产品质量法等。法律法规不仅对新企业具有约束作用，而且会给新企业的运营与发展以法律保护。遵纪守法的企业将赢得消费者的信任、供应商的合作、员工的信赖和政府的支持，甚至赢得竞争对手的尊重，也将为企业营造一个良好的生存发展空间。

1. 知识产权法

知识产权是指人们对自己创造性的智力劳动成果所享有的民事权利，如著作权、专利权、商标专用权等。知识产权法是调整知识产权的获取、利用和保护所涉及的社会关系的法律规范的总称，主要由著作权法、专利法、商标法、反不正当竞争法等若干法律、行政法规或规章、司法解释、相关国际条约等共同构成。

2. 劳动法

劳动法是为了完善劳动合同制度，明确劳动合同双方当事人的权利和义务，保护劳动者的合法权益，构建和发展和谐稳定的劳动关系而制定的法律。依法规范新企业与员工之

间的劳动关系，对于调动员工积极性、确保新企业创业成功具有重要意义。

劳动法对劳动合同的订立、履行和变更、解除和终止等内容做了规定。用人单位招用劳动者时，应当如实告知劳动者工作内容、工作条件、工作地点、职业危害、安全生产状况、劳动报酬，以及劳动者要求了解的其他情况。用人单位有权了解劳动者与劳动合同直接相关的基本情况，劳动者应当如实说明。建立劳动关系，应当订立书面劳动合同。劳动合同文本由用人单位和劳动者各执一份。

3．合同法

合同是民事主体之间设立、变更、终止民事法律关系的协议。合同法是调整平等主体之间合同关系的法律规范的总和，其立法目的是保护合同当事人的合法权益。创业者学习合同法，有利于防止新企业盲目签约，防止与无签约资格、无履约能力或不讲信用的当事人签约；有利于确保合同内容的合法性与条款的完整性；有利于新企业获得合同纠纷的主动权。

提　示

> 我国于1999年3月15日通过了《中华人民共和国合同法》，并于1999年10月1日起施行。此后20多年的时间里，《中华人民共和国合同法》都是我国公民在订立合同过程中遵守的基本准则，同时也为司法机关裁决提供了坚实基础。
>
> 2021年1月1日，《中华人民共和国民法典》正式施行，其中第三编对合同作出明确翔实的规定，《中华人民共和国合同法》同时废止。

4．产品质量法

产品质量法是调整在生产、流通及监督管理过程中，因产品质量而发生的各种经济关系的法律规范的总称。其立法目的是为了加强对产品质量的监督管理，提高产品质量水平，明确产品质量责任，保护消费者的合法权益，维护社会经济秩序。

产品质量法规定了生产者和销售者应当承担的责任和义务。因产品存在缺陷，造成人身、缺陷产品以外的其他财产损害的，生产者应当承担赔偿责任。因销售者的过错使产品存在缺陷，造成人身、他人财产损害的，销售者应当承担赔偿责任。销售者不能指明缺陷产品的生产者也不能指明缺陷产品的供货者的，销售者应当承担赔偿责任。

（二）新企业必须考虑的伦理问题

管理学意义上的伦理一般也称为商业伦理，是指组织处理与外界关系、处理组织内部成员之间权利和义务的规则，以及在决策过程中所体现的人与人之间的关系和所应用的价值观念。新企业在遵守国家法律法规的同时，必须考虑商业伦理问题。

1．企业伦理的作用

新企业用企业伦理规范企业内部员工之间、企业与社会之间、企业与环境之间的关系，

将企业定位在追求经济效益和推动社会进步与和谐发展上，只有自觉维护广大消费者的权益、赢得社会公众对企业的信任，企业才能谋求自身的长远发展。

相反，新企业违反国家法律法规、无视企业伦理准则、不兼顾企业伦理与企业生存，不仅会给消费者和社会带来巨大危害，影响社会伦理风气，还会极大地影响企业的声誉，甚至使企业陷入严重的危机之中。

2．新企业基于创办与经营应注意的伦理问题

新企业基于创办与经营应注意的伦理问题包括创业者与原雇主之间、创业者与创业团队之间、创业者与其他利益相关者之间的伦理问题。

（1）创业者与原雇主之间的伦理问题。创业者在创办新企业之前，在原雇主的企业当雇员，是原雇主企业经营管理团队中的一名成员。随着作为雇员的创业者自身的创业素质与能力的不断提升，加之在日常企业经营中，对原雇主企业所在行业产业特点的了解和掌握，以及产品营销、经营人脉等各种资源的积累，受创办企业愿望的驱动，创业者开始创办新企业。

此时，创业者与原来雇主由利益共同体的关系转变为竞争对手的关系，可能会出现创业者在未经原雇主允许的情况下，擅自使用原雇主的资源来弥补自己新创企业资源不足的情形，如抢夺原雇主的供应商、带走原雇主团队成员、占用原雇主的营销渠道、借用原雇主企业的名义进行各种宣传等。这些行为都是不道德的，而且有悖商业伦理，情节严重的，会因其行为违背相关法律法规和市场经济规则而受到惩罚。

（2）创业者与团队成员之间的伦理问题。企业团队成员由为了共同目的、共享创业受益和共担创业风险的一群人组成，团队成员在团队成立初期往往处在企业高层管理的位置上，会对企业重大问题决策产生影响，甚至影响到企业的生存。

此时，创业者与团队成员之间常出现的伦理问题有：创业者不尊重团队成员的合法劳动、延迟发放或克扣团队成员的工资、随意延长团队成员工作时间且无报酬、不主动为团队成员办理社会保险等。以上问题的出现，会使团队成员应得的利益得不到保障，团队成员的积极性和创造性也会遭受重创，进而影响团队的凝聚力，团队的总体利益也会受到损失。

（3）创业者与其他利益相关者之间的伦理问题。其他利益相关者是指与新企业经营管理有直接或间接利益关系的组织或个体，如银行、供应商、投资商、企业员工、消费者、社区和政府等。新企业在创办过程中，与各种利益相关者形成相互关系，常出现的伦理问题有：不按时偿付供应商或其他债权人的账款、不能维护员工合法权益、内部交易、有意识传播企业虚假信息、偷税漏税、串通竞标、破坏社区生态环境等。以上问题不仅损害他人利益，而且也违背企业竞争的公平原则。

参考文献

［1］李德平．大学生创业基础教程［M］．2 版．北京：高等教育出版社，2022．

［2］孟德娜，吴万贵，林晓丹．超越自我：大学生创新创业基础教程［M］．上海：上海交通大学出版社，2021．

［3］赵科宁，李艳艳，李亮．大学生创新创业教育［M］．上海：上海交通大学出版社，2021．

［4］刘小强，钱芳．大学生创新创业基础教程［M］．上海：上海交通大学出版社，2020．

［5］杨文超，王超，雷刚跃．驾驭未来：创新创业基础与实践教程［M］．镇江：江苏大学出版社，2019．

［6］魏发辰．创新创业与就业导论［M］．北京：北京交通大学出版社，2019．

［7］兰小毅，苏兵．创新创业学［M］．北京：清华大学出版社，2019．

［8］王小锋．创新筑梦 创业远航：从思维创新到实践创业［M］．上海：上海交通大学出版社，2018．

［9］王凯，赵荣，李峰．大学生创新创业理论与实务［M］．上海：上海交通大学出版社，2018．